KNOWLEDGE OF INTERIOR

インテリア計画の知識

第2版

PLANNING

渡辺秀俊 編

内田青藏・奥平与人・木村戦太郎・小原二郎・佐野友紀・谷口久美子・土田義郎・
鳥井貴正・花田愛・久木章江・丸茂みゆき・宮宇地一彦・柳澤要・湯澤幸子・渡辺秀俊 著

彰国社

目次

Ⅰ章 **基礎知識**

1. インテリアとその歴史　　内田青藏
- ① 日本の室内意匠の歴史 ……… **8**
- ② 西欧の室内意匠の歴史 ……… **14**

2. インテリアと住生活　　谷口久美子
- ① ライフサイクルとその変化 ……… **20**
- ② ライフスタイルとその変化 ……… **22**
- ③ 生活環境の変化 ……… **24**

3. インテリアと人間　　渡辺秀俊
- ① 人間の視覚 ……… **26**
- ② 人間の聴覚・嗅覚・皮膚感覚 ……… **28**
- ③ 人間の形態 ……… **30**
- ④ 人間の動作 ……… **32**
- ⑤ 人間の行動 ……… **34**
- ⑥ 椅子・机と人間 ……… **36**
- ⑦ ベッドと人間 ……… **38**

4. インテリアと環境　　土田義郎
- ① 光と色彩のコントロール ……… **40**
- ② 熱のコントロール ……… **44**
- ③ 空気のコントロール ……… **46**
- ④ 音のコントロール ……… **48**
- ⑤ 設備の計画 ……… **50**

5. インテリアと安全　　佐野友紀
- ① 日常災害と安全計画 ……… **52**
- ② 地震・火災と安全計画 ……… **54**
- ③ 群集事故と安全計画 ……… **56**
- ④ 防犯と安心計画 ……… **58**
- ⑤ シックハウスと防止計画 ……… **60**

6. インテリアと構法　　久木章江
- ① 建物の構法 ……… **62**
- ② 床の構法と仕上げ ……… **64**
- ③ 壁の構法と仕上げ ……… **66**
- ④ 天井の構法と仕上げ ……… **68**
- ⑤ 開口部の構法と仕上げ ……… **70**

7. インテリア関連法規　　宮宇地一彦・渡辺秀俊
- ① 建築基準法－室内 ……… **72**
- ② 建築基準法－材料 ……… **74**
- ③ 建築基準法以外の法律 ……… **76**

Ⅱ章 **設計の知識**

1. 住まいのインテリア設計　　谷口久美子
- ① 住まいの計画と設計 ……… **80**

　　② 家族と住まい ……… **82**
　　③ 住要求と住まい ……… **84**
　　④ 住まいの集合 ……… **86**

　2. 施設のインテリア設計
　　① 商業施設のインテリア ……… **88**　　　奥平与人
　　② 教育施設のインテリア ……… **98**　　　柳澤要
　　③ 医療施設のインテリア ……… **102**　　　　柳澤要
　　④ 業務施設のインテリア ……… **104**　　　花田愛
　　⑤ 宿泊施設のインテリア ……… **106**　　　湯澤幸子・奥平与人
　　⑥ 地域コミュニティ施設のインテリア ……… **108**　　　　柳澤要

　3. インテリアエレメントの設計　　木村戦太郎・丸茂みゆき
　　① 家具 ……… **110**
　　② 照明器具 ……… **116**
　　③ ウィンドウトリートメント ……… **118**

Ⅲ章　表現・伝達の知識

　1. 建築図面の描き方　　宮宇地一彦
　　① 設計図書－配置図・建物概要・外部／内部仕上げ表・平面図 ……… **124**
　　② 設計図書－立面図・断面図・展開図 ……… **126**
　　③ 設計図書－建具表・基礎伏図・床伏図・天井伏図 ……… **128**
　　④ 設計図書－梁伏図・小屋伏図・屋根伏図・給排水設備図・電気設備図 ……… **130**

　2. インテリアプレゼンテーション　　鳥井貴正
　　① プレゼンテーションのテクニック ……… **132**
　　② パースによる表現 ……… **134**
　　③ 立体表現とイメージボード ……… **136**
　　④ PC活用とインテリア模型 ……… **138**
　　⑤ BIM（Building Information Modeling）の活用 ……… **140**

Ⅳ章　ワークブック

　1. 物品・空間の実測　　宮宇地一彦
　　① 寸法感覚を養う ……… **142**

　2. 住まいの行動場面のアイデア事例　　宮宇地一彦
　　①「食事をつくる」と「食べる」 ……… **146**
　　②「家族で憩う」と「寝る」 ……… **148**
　　③「子どもが育つ」と「衛生を保つ」 ……… **150**
　　④「植物が育つ」と「移動する」 ……… **152**

　3. 建築図面の描き方　　宮宇地一彦
　　① 矩形図の描き方事例 ……… **154**

インテリア産業の歴史とその課題 ……… **163**　　　　小原二郎

装丁　宇那木孝俊（宇那木デザイン室）
本文デザイン　犬塚陽一

はじめに

　本書はインテリアを学ぶ学生のための教科書としてまとめられたものである。現在、インテリア教育を行っている大学、短大、専門学校、工業高校では、インテリアに関する実務教育のほか、インテリアコーディネーターやインテリアプランナーなどの関連資格教育にも力点が置かれている。本書はこうした教育ニーズを背景にして編纂されている。

　インテリア産業の業態が変化しつつある近年、「インテリア」という用語にもいろいろな解釈があり得る。一方で、個性的なインテリア論が多彩に展開されるに先立って、多くの人々の共通認識としての必要最小限の基本知識をまとめておくことも必要であろう。そこで、本書は定説を述べるに徹したコンパクトな内容構成とした。また、教員の講義のしやすさを考慮して、図版や基本データを多用すること、幅広い科目で利用できることを目標とした。

　「インテリア」という用語については、本書では「人々の活動を成り立たせている室内空間および家具・設備・その他の室内エレメント」と考えている。また、「計画」という用語については、「何をつくるか」「どうつくるか」「どう伝えるか」という知識であると考えている。本書では、Ⅰ章が「何をつくるか」に先立って知っておくべき基礎知識、Ⅱ章が具体的に「どうつくるか」という設計の知識、Ⅲ章が計画案を「どう伝えるか」という表現・伝達の知識としている。なお、Ⅳ章はワークブックとして、物品や空間の実測例、室のアイデア事例、矩計図の描き方事例などを掲載したので参考にしていただきたい。また、各項には「考えてみよう」という学生自身の気付きを促す課題を用意した。

　インテリア計画を体系的にまとめることはなかなか難しい。本書にも不足している部分があろうかと思うが、読者からのご批判を賜ることで、この分野の体系が少しずつ明確になっていくことを願っている。

　終わりに、本書の企画にご賛同いただき、インテリア産業の歴史という貴重な原稿をお寄せ下さった小原二郎先生に厚く御礼を申し上げたい。

　　2008年2月

　　　　　　　　　　　　　　　　　　　　　　　　　　　　　　渡辺秀俊

第2版にあたって

　本書の初版が発刊されてから16年余りが経つが、この間、人々の活動を取り巻く社会状況にも大きな変化があった。人口減少社会における空き家問題、新型コロナウイルス感染症による在宅勤務の普及、働き方改革によるワークライフバランスの変化、地球温暖化による豪雨や地震といった自然災害の多発、持続型社会への志向などは、インテリア計画の対象や目的そのものに見直しを迫る出来事であった。

　人々の活動の基盤となる社会・文化的な歴史、生理・心理・行動にかかわる基本原理には普遍的な部分も多いが、本改訂版では、可能な限り今日の社会的な状況をふまえて編纂することとした。そこで、全般的にデータなどを最新のものにしたほか、家族とライフスタイルに関する記述の更新、オフィスとホテルのインテリア計画の追加、法令関係の情報の更新をした。

　なお、初版発行後に、本書の著者である小原二郎先生、木村戦太郎先生がご逝去されたことは誠に残念であり、ここに心より哀悼の意を表する。木村戦太郎先生にご執筆いただいた部分は、丸茂みゆき先生に引き継いでいただいた。

　本書を通して、読者自身が身を置く環境を能動的に整えることを意識していただくことを願っている。

　2024年7月

渡辺秀俊

I章

基礎知識

日本の室内意匠の歴史

【学習のねらい】古代から現代までの日本のインテリアの変遷過程を概観し、現在の私たちを取り巻くインテリアがどのような特徴を有しているのかを理解する。

1）原始住居

　私たちの国の住まいの間取りの変化の過程は、さまざまな機能を大きな一つの空間で兼用していた状態から、機能分化に伴い用途に応じた小空間が部屋として独立していく様相ととらえることができる。

　古代の代表的な住まいとして、竪穴住居がある（図表1）。間取りからみればワンルームで、火は外で扱っていたが、やがて、炉が取り入れられ、調理から食事、睡眠といったさまざまな生活がワンルームの空間の中で行われ始めた。時代と共にワンルームの室内にはベッド状の睡眠専用の場が設けられ、炉に代わって隅に竈が

設けられ、周辺は調理の場に整備されている（図表2）。ワンルームの中で機能に応じた領域が確立され、やがて、壁による空間の分割が始まることになる。

　古墳時代に出土した家屋文鏡に描かれた高床住居では、屋外に広縁がある（図表3）。内部の空間分割の一方で、外部と内部をつなぐ中間的な空間─縁側的空間─も生まれ始めていたのである。こうした空間分割や縁側的空間の付加の中で生まれた住まいの間取りを示しているのが、現存する最古の住宅の遺構といわれる法隆寺伝法堂の前身建物である（図表4）。扉と壁で囲まれた部屋、屋根のある吹放ちの部屋、そして、広縁というように、室内空間・半屋外空間・屋外空間からなる。

■図表1 竪穴住居の概要（外観と構造）

■図表2 古墳時代の竪穴住居の間取り例（長野県塩尻市平出遺跡の竪穴住居跡）

■図表3 家屋文鏡（奈良県佐味田宝塚古墳出土）の4種類の住居

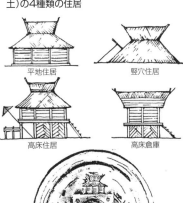

平地住居　　竪穴住居

高床住居　　高床倉庫

■図表4 法隆寺東院伝法堂復原平面図（浅野清による）

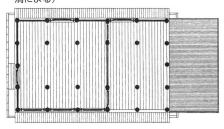

■図表5 群馬県赤堀村茶臼山古墳出土の家形埴輪。8戸を左右対称に配置した図

各部屋の機能は不明だが、少なくとも閉鎖的な室内空間は寝室の場であったと思われる。いずれにせよ、一つの空間が用途に応じて独立した部屋に分割されていく様子がうかがえる。

一方、出土した家形埴輪をみると、8戸同時に出土した茶臼山古墳の場合は、全体で一つの住宅を示すものと考えられ、堅魚木を載せた家形埴輪を主屋とし、ほかの建物が左右対称に配されていたと推定されている（図表5）。このことは、用途に応じた複数の建物による住まいが存在していたことを意味する。おそらく上流層では、空間の分割と共に、建物そのものを連結していくことで機能分化に対応していたのであり、やがて寝殿造へと発展したのである。

2) 古代の住まい、寝殿造とインテリア

貴族の住まいであった寝殿造は、塗籠と呼ばれる独立した寝室が設けられた寝殿を中心に、複数の建物を左右対称に連結したものである（図表6）。寝殿は、母屋と庇からなる大きな板敷きの開放的な空間と壁で閉ざされた塗籠からなり、主人の生活の場であり、ときには、儀式・行事の場として使われた（図表7）。用途に応じて一つの空間を使い分けるシステムは、「しつらい」と称され、可動の家具を用いて多様な機能に対応していた。儀式・行事の際は、開放的な空間に机と円座・置畳の座具が置かれ、日常生活の場は母屋の一部に棚や置畳を置き、周囲には屏風や衝立を配して視覚的に閉ざされた空間を確保した（図表8）。

なお、母屋の中央には寝室となる御帳台と呼ばれるベッド状の家具が置かれることもあった（図表9）。ちなみに、正倉院の御物には奈良時代の家具として、収納家具である床脚付きの両開き扉の厨子などと共に聖武天皇（701～756年、在位724～749年）が使用した寝台「御床」（図表10）や胡床と呼ばれる椅子があり、奈良時代から平安時代には、椅子座の起居様式も取り入れられていたことがわかる。この椅子座は儀礼的には残るが、日常的な起居様式としては床座が浸透していくことになる。

■図表6 寝殿造の概要

■図表7 小規模寝殿の基本的平面図

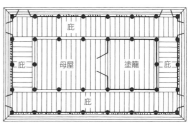

■図表8 寝殿の「しつらい」の様子

■図表9 寝殿の内部

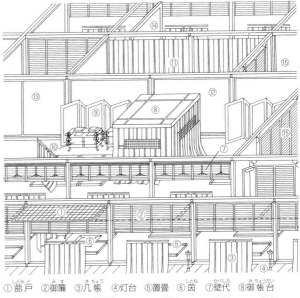

①蔀戸 ②御簾 ③几帳 ④灯台 ⑤置畳 ⑥茵 ⑦壁代 ⑧御帳台
⑨屏風 ⑩二階厨子 ⑪引帷 ⑫障子 ⑬遣戸障子 ⑭衝立障子 ⑮塗籠

■図表10 聖武天皇の「御床」

3) 主殿造とインテリア

　中世の主殿造（しゅでんづくり）になると、外側の蔀戸（しとみど）は引違いの遣戸（やりど）などが、また室内では間仕切りの機能をもっていた衝立や屏風が固定化され、遣戸・杉戸・襖（ふすま）そして明り障子といった引違いの建具が普及する（図表11）。これに伴い、大きな部屋は建具で区画され、小間（こま）が出現した。初期の寝殿造では寝殿を生活の場と儀式・行事の場として使い分けていたが、その煩雑さを解消するため生活の場を寝殿北側に移し、南側を儀式・行事の専用の場、そして、北側部分を機能に合わせて分割して小間としたのである（図表12）。こうした小間には、やがて天井が張られ、床には畳が敷き詰められ、用途に応じて押板（おしいた）（床の間）（図表13）や違い棚あるいは付け書院（図表14）などが設けられた。押板（床の間）には掛軸と共に香炉・燭台・花瓶の三具足（みつぐそく）を、また、付け書院には硯（すずり）・水入れ・筆が置かれ、室内を飾る文化が定着することになる（図表15）。また、壁や建具に絵を描くことは寝殿造でもみられたが、儀式や行事を行う接客の場には鮮やかな極彩色の障壁画が描かれたのに対し、私的な生活の場には淡彩の山水画の落ち着いたものが描かれた。また、家具は、一般には収納家具として唐櫃が普及し（図表16）、衣服から書物や武具さらには食物といったあらゆるものの収納に用いられた。

4) 書院造とインテリア

　近世の書院造（しょいんづくり）になると、接客・対面の場がより重視され、それまで用途に応じて個々の小間に設けられていた床の間・違い棚・付け書院そして帳台構（ちょうだいがまえ）をひとまとめとした座敷飾りが出現し（図表17）、天井も二重折上げ格天井（おりあげごうてんじょう）で、障壁画も金箔をベースとした豪華絢爛な装飾が施されるようになる。書院造の全体の間取りは、小間からなる建物が雁行型に連結されていた（図表18）。それらは、接客ゾーン、家族の生活ゾーン、使用人のゾーンを構成し、とくに、接客ゾーンの占める割合が大きく、玄関から連続して接客・対面という機能に対応できるように配され、また、南側には観賞用の庭が設けられていた。各建物は、主殿造同様に襖と障子で仕

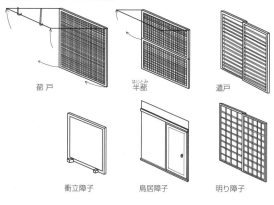

■図表11 さまざまな建具

蔀戸　　半蔀（はじとみ）　　遣戸

衝立障子　　鳥居障子　　明り障子

■図表12 足利義教室町殿平面図（1431年）

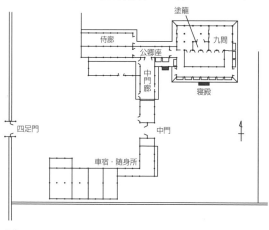

四足門　　侍廊　　公卿座　　中門廊　　塗籠　　九間　　寝殿　　中門　　車宿・随身所

■図表13
『慕帰絵』
（1351年）：
床（押板）はいまだ固定されてはいない様子を示す

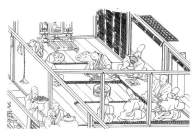

■図表14
『法然上人絵伝』
（鎌倉時代）：付け書院が描かれている

■図表15
『君台観左右帳記』
（室町時代）「床（押板）飾」の図

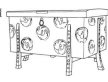

■図表16 室町時代の唐櫃

切られていた。そのため、襖や障子を取り外せば、ワンルームの空間が再現され、屋外と一体となる開放的な空間でもあった。

こうした身分制を建築として表現した書院造が完成される一方、私的な場にふさわしいものとして数寄屋風書院も生まれている。この数寄屋風書院は、平面形式上は書院造と同じであるが、書院造の格式制を取り除くために長押を省略し、柱は四隅の面に皮を残した面皮柱とし、部材も色付け、あるいは、部材そのものも檜以外の木材や竹や土壁を用いるなど、素朴さを重視した軽妙な意匠の建物であった（図表19）。

5) 江戸時代の庶民の住まい、生活、インテリア

近世になると、地方特有の形式をもつ民家や町家が出現する。民家の多くは土間と床上部からなり、上層民家では書院造の影響を受けた座敷が設けられた。座敷部分を除く内部は天井がなく、囲炉裏で火を焚くため黒光りしたダイナミックな曲線状の梁組がみえる独自の力強いインテリアが誕生した（図表20）。また、町家では、室内の壁や襖に絵を描くことが禁じられ、多くは唐紙などを用いていた。

■図表17 書院造の内部（二条城二の丸御殿大広間、1626年）

①床の間 ②付け書院 ③違い棚 ④帳台構 ⑤天袋 ⑥折上げ格天井 ⑦上段框 ⑧上段の間 ⑨下段の間 ⑩小壁 ⑪天井長押 ⑫内法長押 ⑬落し掛け

■図表18 二条城平面図

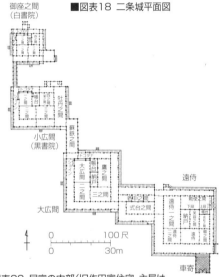

■図表19 数寄屋風書院の内部（臨春閣第二屋上段の間、1649年）

■図表20 民家の内部（旧作田家住宅、主屋は17世紀末頃）

■図表21 車長持（『好色五人女』1686年より）

■図表22 商家の店先の造り付けの箪笥（『好色一代男』1682年より）

■図表23 階段箪笥

■図表24 角行灯（『百人女郎品定』1723年より）

11

家具は、16世紀末から17世紀初めごろに一般家財の収納家具として唐櫃に代わって車長持が出現する。火災などの非常時に持ち出しやすいこともあって庶民の間でも普及した（図表21）。17世紀末から18世紀初めになると、車長持に代わって引出しによる箪笥が出現した。箪笥は、町家の店に造り付けされ（図表22）、階段を兼ねた階段箪笥が出現するなど、大いに普及した（図表23）。

また、このころになると、室内用の床置きの照明器具として行灯が普及し（図表24）、また、釣行灯のように天井に下げる照明器具も出現し、蝋燭を用いる提灯やぼんぼり（図表25）と共に夜の生活を支えた。また、冬の暖房器具としては、火鉢や置炬燵（図表26）が使用されていた。台所には、煮炊きの竈があり、水は水甕が使用された。調理は、床座の起居様式を反映し、床に置いた足付きの大きなまな板で行われた。食事は、箱膳などの銘々膳が用いられ、食事風景は今日とは大きく異なっていた（図表27）。

6）明治期以降の住まいとインテリア

明治期以降の住まいは、欧米文化の導入に伴い、住まいの様相も大きく変わる。上流層の住宅形式は和洋館並列型住宅と称されるもので、江戸時代の書院造による和館の横に洋館を併設したものであった（図表28）。

この併設された洋館の各部屋は、固定された壁で区画されていた。すなわち、洋館の導入により、これまでの襖・障子による開放的な分割とは異なる固定壁によって分割された住まいが導入されたのである。そして、この固定壁による閉鎖的分割は、大正期になると、中小規模の住まいにも波及し始めた（図表29）。ただ、明治期以降にみられる閉鎖的分割も、浸透の過程で三方を固定した壁で仕切る閉鎖的な形式から、部屋境に建具を据えて連続使用が可能な形式のものへと変化していく。いわば、私たちの国の開放性という伝統的な特性を受け継いだ間取りへとゆるやかに移行し、今日の住まいの間取りへと変化してきたのである。

一方、洋館の出現は、椅子座の起居様式の導入を意味し、また、椅子座の家具や新しいインテリアの出現をも意味していた。新しいインテリアとは、いわゆる大壁造のインテリアのことである。すなわち、構法的にみれば私たちの国の建築は真壁造、欧米の建築は大壁造といえる。柱と壁が視覚的にも明快に区分されている

■図表25 ぼんぼり（『市川三升円』江戸時代より）

■図表26 置炬燵（『好色一代男』1682年より）

■図表29 大正期の住まいの間取り

■図表27 江戸の食事風景（『日本永代蔵』1688年より）

■図表30 真壁造（上）と大壁造（下）

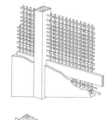

■図表28 和洋館並列型住宅の外観と平面図

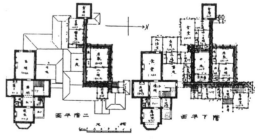

■図表31 真壁造の室内

■図表32 大壁造の室内

真壁造に対し、柱が見えずに壁で支えられているように見えるものを大壁造という（図表30）。その違いはインテリアの要素として現れ、真壁造では、壁面に柱や長押、鴨居といった水平材と垂直材が表出するため、各部材はインテリアの基本的要素としてプロポーションはもとより、材質や仕上げなどが重視されることになる（図表31）。これに対し、大壁造では一面無装飾の壁面のため、新しい要素を加えてインテリアを創出する必要性が生じる（図表32）。また、欧米建築は椅子座のため、各部屋は用途に応じた多様な家具が導入された。いずれにせよ、こうした家具を中心とした大壁造のインテリアが私たちの国にも出現することになる。

新しいインテリアは、新しい建築様式の導入と共に次々ともたらされた。すなわち、明治後期には、ヨーロッパの新しい建築の動きの中で生まれたアール・ヌーヴォー風の家具やインテリアが導入され（図表33）、以後、セセッション風、ライト風（図表34）、アール・デコ風（図表35）、国際様式のモダニズム風（図表36）というように時代と共に新しいデザインが出現している。

なお、椅子座は、明治初期には官公庁にいち早く導入され、また、小学校などにも椅子と机が採用された。そして、明治中期以降になると、男性の仕事着の洋服化が定着し、伝統的な住まいにも、洋服だんすや椅子とテーブルといった家具が徐々に導入された。また、ちゃぶ台と称される大きな座卓テーブルを囲んで摂る食事形式は、明治期後半ごろから浸透し始めるが、こうした食事形式も洋館の導入の影響により生まれたものである。

また、大正期になると、上流層の住宅も、洋館の内部に和室を取り込んだ洋館単独和室吸収型住宅がみられるなど、和洋の折衷化が始まる。こうした和洋折衷化はインテリアにもみられ、とりわけ、中小規模住宅では、和風意匠を基調とした椅子座のインテリアなどが積極的に提案され（図表37）、真壁造の特徴として露出している柱や鴨居といった部材を意図的に抑える試みもみられる（図表38）。こうした伝統を意識したモダンなデザインの提案は昭和期以降も展開され、家具も竹や籐などの素材を用いた新しい家具（図表39）や、座の高さを低くして床座と共存できる家具づくりも積極的に行われ（図表40）、今日に至っている。

■図表33 松本邸洋館
（設計／辰野金吾、1910年）

■図表34 山邑邸（原設計／F・L・ライト、1924年）

■図表35 朝香宮邸
（設計／権藤要吉、アンリ・ラパン、1933年）

■図表36 土浦邸
（設計／土浦亀城、1935年）

■図表37 聴竹居
（設計／藤井厚二、1928年）

■図表39 竹を用いた和風家具（形而工房　竹製応接セットA、昭和初期）

■図表40 座の低い椅子
（聴竹居の応接室）

■図表38 吉田五十八の明朗性を導く提案図（1935年）
右に行くほど明朗性が高まる形式となる

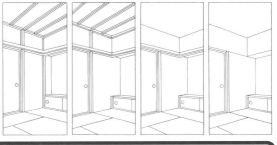

考えてみよう　●日本のインテリアの特徴を整理してみよう。
●明治期以降の洋風建築を探し出し、その建物のインテリアを分析してみよう。

西欧の室内意匠の歴史

【学習のねらい】古代から現代までの西欧のインテリアの変遷過程を概観し、様式名、様式相互の関係性などを理解する。

1）古代

日本の建築が木造でつくられるのに対し、北欧などのように木造建築が主流の地域もみられるが、相対的にみれば西欧の建築は煉瓦・石造でつくられているといえる。構法的には、日本は柱と梁で建築を支えるのに対し、西欧の煉瓦や石の場合はそれらを積み重ねた壁で建築を支えているといえる。もっとも、古くは西欧も柱と梁による木造建築で、それゆえ、たとえば、古代ギリシャの神殿建築の周囲に立つ独立した柱や列柱は、いにしえの木造建築であったときの姿を伝えるものと考えられているのである。

そうした木造建築から石造建築への変化は、絶対的権力の誕生と共に建築の永遠性が求められ、火に弱い木造から火や風雨に耐える永遠なる石造建築へと移行したと考えられている。一方、エジプトやオリエントのような砂漠地帯では、木材も大理石もなく、身の回りに無限に存在する砂を利用して日干し煉瓦とし、それを積み重ねて建築をつくる構法を発展させた。そして、日干し煉瓦を風雨から守るために表面をタイルやテラコッタで覆う技法も編み出した。こうした外装材で建物を覆う技法は、やがて装飾表現としてインテリアの発展を促した。

こうした建築物では、基本的には椅子座の生活が行われ、椅子は権力の象徴としてインテリアの基本要素として欠かせない存在となった（図表1）。

ギリシャそしてローマになると、住宅の多くは煉瓦造で、煉瓦の上を漆喰で仕上げた。そして、ポンペイの

■図表1 古代の椅子（黄金の玉座）

■図表2 ポンペイのインテリア

■図表3 古代ローマの神殿建築（メゾン・カレ、紀元前19年頃）

■図表4 ドリス式オーダー

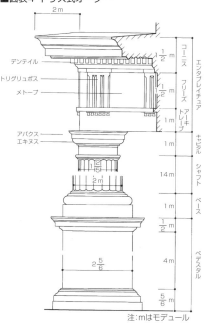

注：mはモデュール

遺跡にみられるように上流層の建築の漆喰壁にはフレスコ画、床には多様な模様のモザイク、また、室内や中庭などには写実的な彫刻が配され、家具も装飾性の豊かなものが多かった（図表2）。なお、ギリシャの神殿建物は、円柱によって取り囲まれた独特のスタイルのものであったが、ローマの建築ではその柱を装飾として建築化した（図表3）。そのため、この柱や柱頭そして梁といったものの構成とそのプロポーションの関係性を示すオーダーという考え方が建築のインテリアにおいても重要な要素として多用されることになる（図表4、5）。

2）中世

　ロマネスクの建築は、教会堂を中心として厚い壁、太い柱、半円アーチなどに象徴される重厚な石造建築であった。（図表6）。ローマの装飾豊かな建築とは異なり、きわめて質素なもので、家具も簡素なものであった。ゴシック建築になると、教会堂の様相も大きく変わり始めることになる。すなわち、尖頭アーチ、リブヴォールト、フライングバットレスなどの新しい構造技術の出現により、建築はきわめて合理的な構造形式を取り入れ、天高く聳え立つ建築が出現したのである。新しい構造形式の採用により、それまでの厚くて大きな壁で構成されていた教会堂は、壁に代わって大きな開口部をもつことができた。そして、その大きな開口部にはステンドグラスが嵌め込まれた。インテリアとしてのステンドグラスの導入である。その後、このゴシック建築は新しく出現した構造部のリブが装飾化され、ステンドグラスも一層華やかな装飾と化すなど華麗なインテリアが出現することになる（図表7）。この時代の家具は、装飾として建築の意匠と共通したアーチ型や布を折って広げた形のリネンフォールドパターンのモチーフが多用されるなど、独特のデザインのものが出現した（図表8）。また、家具の製造技術も向上し、オーク材を用いて框に薄板を嵌め込む技術が普及し、大型の家具の出現を容易にした。こうした中で家具のバリエーションも増え、食器戸棚や天蓋付きのベッドもこのころから出現し、また、フランドル地方の毛織物業が栄え、織物がインテリアにも取り入れられることにもなるのである（図表9、10）。

■図表5　ローマ時代の五つのオーダー

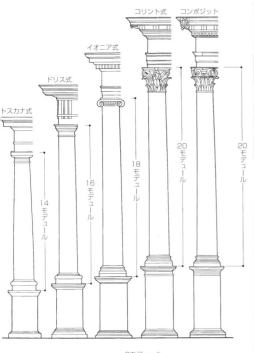

コリント式　コンポジット

イオニア式

ドリス式

トスカナ式

20モデュール
20モデュール
18モデュール
16モデュール
14モデュール
14モデュール

2モデュール

■図表6　ロマネスクの教会堂の内部
（ヴィニョリの聖堂、1005年頃）

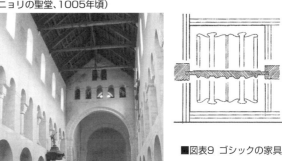

■図表7　ゴシックの教会堂
（アミアンの大聖堂、13世紀）

■図表8　リネンフォールド

■図表9　ゴシックの家具

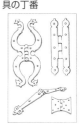

■図表10　ゴシックの家具の丁番

15

3) 近世

ルネサンスは、華やかなローマの復興を唱えた時代であり、建築には、再びローマ建築のような柱や柱頭・梁といったオーダーを重要なモチーフとするルネサンスの建築が出現し、宮殿建築などのインテリアは、大理石の床、羽目板張りの壁面、天井や壁に絵画を描くなど、華麗なものが出現することになる。家具のデザインも建築と同様に古典回帰がみられた。

イギリスでは、ルネサンス様式の導入が遅れ、ゴシック様式を基調とするハーフティンバーのチューダー様式が引き続き展開され、家具もオーク材のゴシックアーチやリネンフォールドパターンをモチーフとした家具が流行していた。こうした中で、ルネサンス様式の影響を受けた装飾性の豊かなエリザベス様式が出現した（図表11）。なお、このチューダー様式はこの後の19世紀のゴシック・リバイバルの動きの中で、一時期

再興され、もてはやされることになる。

一方、17世紀になると、最も華麗で装飾性の豊かなインテリアを生み出したバロック建築が出現する。この時期の様式は、フランスではルイ14世様式、イギリスではジャコビアン様式、ウィリアム・アンド・マリース様式と呼ばれている（図表12）。バロックを代表する建築家であり彫刻家でもあるイタリアのジャン・ロレンツォ・ベルニーニは、サン・ピエトロ大聖堂の中に天蓋（バルダッキーノ）をデザインした。その黄金に輝く姿や天蓋を支える動き出しそうなほど躍動感のある4本のねじり柱は、家具の支柱などにも取り入れられるなどバロックのインテリアの特徴の一つとなった（図表13、14）。また、ベルサイユ宮殿の鏡の間に象徴されるように、イタリアのガラス技術が普及し、大きな窓や鏡がインテリアにも積極的に取り入れられた（図表15）。また、このころから、壁面には木製パネルや壁紙が使用され、天井には漆喰細工（プラスターワーク）な

■図表11 エリザベス様式の家具

■図表12 ジャコビアン様式の家具

■図表13 サン・ピエトロ大聖堂の天蓋
（設計／G・L・ベルニーニ、1633年）

■図表14 バロック様式の暖炉

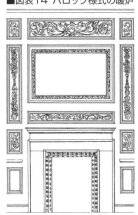

■図表15 ベルサイユ宮殿の鏡の間
（設計／マンサールおよびル・ブラン、1684年）

どが盛んに試みられた。

18世紀になると、バロックの装飾性をより発展させたロココ様式が出現する。この時期の様式は、フランスではレジェンシー様式、ルイ15世様式、イギリスではクイーン・アン様式、ジョージアン様式と呼ばれている。繊細な軽やかさと豊かな装飾性を特徴とする女性的なデザインで、家具はとりわけ猫脚（ガブリオレ）に象徴されるような曲線が好まれ、中国趣味（シノワズリー）も取り入れられた。また、ルイ15世様式のインテリアでは壁面の柱や梁などの建築の基本要素が消えるものまで現れた（図表16、17）。

18世紀後期になると、新古典主義の時代となる。フランスではルイ16世様式、イギリスではジョージアン様式と呼ばれている。ポンペイの発掘を契機に、再び古典様式への関心が高まり、家具は曲線が消え、再び直線的なデザインへと移行し、インテリアも古典的で厳格なデザインが復活した。ルイ16世様式の家具では、フルートの付いた円柱をモチーフとした先細りの足が好まれた（図表18）。また、イギリスではロバート・アダムらが古代風のスタッコによる浅浮彫り装飾を採用するなど行きすぎた装飾を排除し、また、家具においても輸入材のサテンウッドやローズウッドを用いながら均整の取れたアダム様式と称される端正なプロポーションを追求した（図表19）。

18世紀末から19世紀になると、市民社会への変貌と共に産業革命が起こり、大量生産化が進み、建築様式も古典主義の傾向の中で、ネオゴシックの再生を求める中世主義の動きも生じる。こうした中で、インテリアの分野も、フランスでは古典系の重厚感のあるアンピール様式が、イギリスではアンピール様式の影響を受けたリージェンシー様式が起こり、ビクトリア様式へと展開する。また、アメリカでもさまざまな様式が試みられ、独自の素朴ながらも合理的なシェーカー家具などが生まれた（図表20）。

■図表16 ロココ様式のインテリア

■図表17 ルイ15世様式の家具

■図表18 ルイ16世様式の家具

■図表20 シェーカー家具

■図表19 アダム様式のインテリア

4) 近代・現代

19世紀になると、鉄とガラスとコンクリートという新しい材料の大量生産によるローコスト化を背景として、近代特有の建築の追求が開始された。家具においても工場生産のものが登場した。しかしながら、その出来栄えは質に問題があり、上流層の間では依然として過去の家具を求める動きが強く、新しい家具はなかなか生まれなかった。こうした中で、ウィリアム・モリスは、手仕事の見直しを主張し、生活に根ざしたデザインによる家具や壁紙の生産を始めた（図表21）。こうした動きは、アーツ・アンド・クラフツ運動へと広がり、さらに、19世紀末から20世紀初頭にはアール・ヌーヴォーを生み出す基礎となった。このアール・ヌーヴォーは曲線主体のグラフィカルなデザインで、建築分野ではスチールを曲線化して、建築の階段部分や手すり、さらにはベランダなどに導入するものが現れ（図表22）、また、家具ではギマールやガウディの曲木による独特の椅子やテーブルが出現した（図表23）。ただ、こうした作品は、大量生産には向かず、工業化社会

に向かおうとしていた時代の流れに逆行するもので、長続きはしなかった。

一方、同じころ、グラスゴーではマッキントッシュが直線主体のグラフィカルなデザインを展開し（図表24）、やがて、その斬新さからウィーンに紹介され、セセッション運動に影響を与えることになる。セセッション様式は直線主体のデザインで、大量生産の流れに沿うものであり、近代にふさわしいモダニズムのデザインの原形の一つとなった（図表25）。

このように、新しい建築を求めて各地で近代建築の運動が展開された。ドイツではドイツ工作連盟が設立され、メンバーの一人のペーター・ベーレンスがAEG電気会社の電化製品のデザイン（図表26）を手掛けるなど、新しい生産システムに対応する動きが出始めていた。そして、1919年にはドイツで、近代的な造形理論をもとに新しいデザイン教育を行うバウハウスが開校された。1925年、このバウハウスは、デッサウに移り、グロピウスの設計によるインターナショナル・スタイル建築として知られる新しい校舎で教育を続けた。スチールの特性を生かしたマルセル・ブロイヤーのパ

■図表21 モリス商会の壁紙「葡萄樹」（W・モリス、1873年）

■図表22 アール・ヌーヴォー様式のインテリア（オルタ自邸、設計／V・オルタ、1898年）

■図表23 ガウディの椅子（A・ガウディ、1907年）

■図表26 P・ベーレンスによる卓上扇風機（1908年）および直流・交流用アーク灯（1907年）

■図表24 ヒルハウスのインテリア（設計／C・R・マッキントッシュ、1904年）

■図表25 ウィーン郵便貯金局のインテリア（設計／O・ワグナー、1912年）

イプイスはこうした教育の中で誕生した（図表27）。

また、オランダでは、1917年デ・スティルと称されるグループが組織され、メンバーの一人であった家具職人のリートフェルトは新しい時代の感性を取り入れた家具として、赤色と青色の原色による幾何学的な部材を組み合わせた「レッド・アンド・ブルーチェア」（1918）を発表している（図表28）。そして、1924年にはこの考えを発展させ、シュレーダー邸では新しいインテリアを提示してみせた（図表29）。こうした各国のさまざまな動きを総合化し、具体的な建築様式にまで高めたのがル・コルビュジエであった。近代建築のスタイルを具体的に示す近代建築五原則は、つとに有名である。実際、コルビュジエは自ら五原則に基づく建築を発表し、1927年のドイツ工作連盟の主催する住宅展に招かれ、実物を展示した。また、代表作品のサヴォア邸（1931）は、無装飾の白を基調とした幾何学的な形態の明快な建物で、インテリアも新しく、とりわけ、キッチンはアルミという新しい材料を用いた食器戸棚や調理台などにみられるように、きわめて合理的で機能性を重視したものである（図表30、31）。

一方、アメリカではシカゴを中心にフランク・ロイド・ライトがプレーリー・スタイルと呼ばれる水平線を強調した独特のデザインを始め、とくに造り付け家具による建築と家具の一体化されたデザインを展開していた。なお、ライトのデザインは、時代の中で大きく変化している。すなわち、実作のなかった1920年代から1936年を狭んだ1920年代以前と1936年以降の二期に分けられ、前期は直線的ながらも装飾性の豊かなデザインを、後期は装飾を抑えた機能的なデザインをそれぞれ展開している（図表32）。

また、高層建築では、1925年様式ともいわれる金属・木材・ガラス・タイルといった多様な材料を取り入れた幾何学的なデザインのアール・デコがニューヨークやシカゴの高層建築に採用され、今日の都市建築やインテリアの 礎（いしずえ） となった。ミース・ファン・デル・ローエは、ガラスと鉄を主体とした建築を試み、四方ガラス張りのインテリアを提案した。こうした中で、現代建築やインテリアの原形が提示されたのである（図表33）。

■図表27 ワシリーチェア（M・ブロイヤー、1925年）

■図表28 レッド・アンド・ブルーチェア（G・T・リートフェルト、1918年）

■図表29 シュレーダー邸のインテリア（設計／G・T・リートフェルト、1924年）

■図表30 サヴォア邸台所のインテリア（設計／ル・コルビュジエ、1931年）

■図表31 サヴォア邸居間のインテリア

■図表32 ジョンソン・ワックス社のインテリア（設計／F・L・ライト、1939年）

■図表33 バルセロナ・パビリオンのインテリア（設計／ミース・ファン・デル・ローエ、1929年）

考えてみよう　●西洋のインテリアと日本の伝統的なインテリアを比較し、特徴を整理してみよう。
●著名な建築家のデザインした椅子を取り上げ、その特徴をまとめてみよう。

ライフサイクルとその変化

【学習のねらい】ライフサイクルと家族類型の基礎知識と、現代日本における人口減少などの課題について学ぶ。

1）家族の類型とその変化

家族とは、夫婦の配偶関係や親子・兄弟などの血縁関係によって結ばれた親族関係を基にして成立する小集団であり、社会を構成する基本単位である。とくに「夫婦とその子ども」のみで構成される家族は最小単位の家族という意味で「核家族」というが、世界的、歴史的に見ると家族の形態は多様である。結婚した夫妻がどちらかの生まれた家族と同居する「複合家族」や「直系家族」は昭和初期までは多く見られたが、都市化の進展と共に世帯規模が縮小され、核家族化が進行した。近年では、「夫婦のみ」の世帯や「単身」世帯が総世帯数の半数を占め、「ひとり親と子ども」世帯や「その他」世帯も増えるなど、家族構成の多様化が進み、「夫婦とその子ども」世帯は、家族構成の典型ではなくなりつつある（図表1、2）。

2）ライフサイクルとライフステージ

ライフサイクル（life cycle）とは、生命体が出生してから死亡に至るまでの発達過程の繰返し現象に着目した考え方で、人間では乳児期・幼児期・学童期・青年期・壮年期・老年期などの発達段階に区分する。家族単位においても発達段階があり、多くの家族が似た過程を辿るという考えから、家族周期（family cycle）の概念が生まれた。家族周期の段階（life stage）は、子どもの年齢やイベントから新婚期・育児期・教育期・排出期（子独立期）・老後期に分ける方法が一般的である。近代から現代にかけて日本女性のライフサイクルは大きく変化している（図表3）。また離婚・再婚の増加や結婚・出産年齢の多様化に伴って家族が同一周期を辿るという前提が崩れ、近年ライフステージは時系列上の発達段階ではなく、個別性の高いライフコースの一期間と考えられている（図表4）。

■図表1 一般世帯の推移

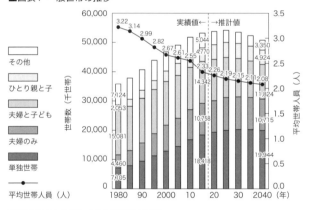

■図表2 単独世帯の年齢構成の推移

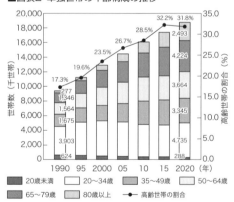

■図表3 ライフサイクルモデルの変化

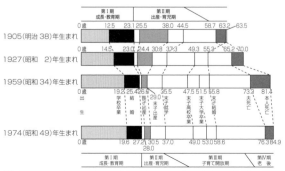

（注）このモデルの出生年は、1928年、1950年、1984年、2001年の平均初婚年齢から逆算して設定した。学校卒業時は初婚年齢の人が実際に進学する年の進学率を用いた。ほかのライフステージは婚姻時における平均値。

■図表4 ライフコースの考え方

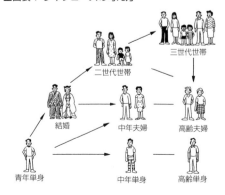

3) 長寿命化と高齢社会

　人口の高齢化を示す指標に、老齢人口比率（総人口に占める65歳以上人口の比率）がある。国連では、老齢人口比率が7%を超える社会を高齢化社会とし、14%を超えると高齢社会としている。日本の老齢人口比率は、1970年に7%を、1994年には14%を超えており、すでに高齢社会に移行している。日本の高齢化は、欧米諸国と比較すると急激に進行し、かつ世界有数の高水準に到達している特徴があり、2013年には老齢人口比率が25%を超えた（図表5）。2020年の総務省統計では、65歳以上の高齢者人口は3,619万人（年齢不詳人口を含む）、老齢人口比率は28.8%で、過去最高となった。高齢者人口は2042年に3,935万人でピークを迎え、その後は減少に転じると推計されているが、総人口の減少により老齢人口比率は上昇を続け、2060年には38.1%になると予測されている（図表5）。

　また、高齢者のうち独り暮らしの割合は、2020年では男性15.0%、女性22.1%となり、高齢者の単身居住は住居計画においても大きな課題といえる。

4) 出生率の低下と少子社会

　少子化とは、合計特殊出生率（1人の女性が一生の間に産む子どもの数）が人口置換水準（長期的に人口が安定的に維持される合計特殊出生率）を相当長期間下回っている状況のことをいう。日本政府は「合計特殊出生率が人口置換水準をはるかに下回り、かつ子どもの数が高齢者人口（65歳以上人口）よりも少なくなった社会」を「少子社会」と定義した。日本の人口置換水準は2.08と推計されているが、1974年に合計特殊出生率が2.05となって以降、水準を下回っており、1997年には少子社会となった（図表7）。また日本の総人口は2008年をピークに継続的に減少している。少子化に影響を与える要因として、非婚化・晩婚化および結婚している女性の出生率低下などが挙げられる。1970年代後半から晩婚化が始まり、1980年代に入ってからは、30歳代以上の女性の未婚率も上昇しており、晩婚化とあわせて未婚化も進むこととなった（図表8）。また晩婚化、晩産化が進んだ一因として、女性の就労機会の上昇などライフスタイルや価値観の変化によって結婚・育児の人生における優先順位が低下したことが挙げられる。

■図表5 世界の高齢化率の推移

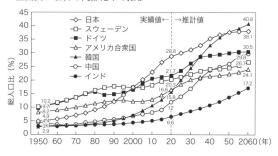

■図表7 出生数と合計特殊出生率の推移

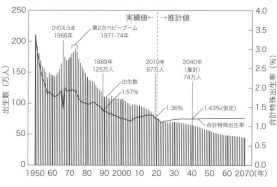

■図表6 男女年齢別人口の変化

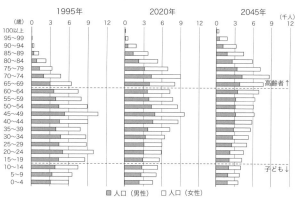

■図表8 女性の年齢別未婚率、平均初婚・出産年齢の推移

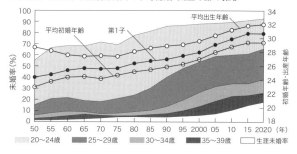

考えてみよう
- 自分と両親世代、祖父母世代の家族構成を比べてみよう。
- 10年後の自分の家族構成を想像してみよう。

ライフスタイルとその変化

【学習のねらい】ライフスタイルの指標となる生活時間と働き方の変化、夫婦の役割分担などの価値観の変化について学ぶ。

1）生活時間の変化

　生活時間とは、人間の行動を時間の面からとらえるもので、生活行為ごとの時間量から生活の一側面が把握できる。日本人の生活時間調査は総務省統計局やNHKによって定期的に行われており、その時間量の変化をみることで生活の変化がとらえられる（図表1）。

❶余暇時間の増加と交際時間の減少

　生活時間の中で増加が目立つのは「休養・くつろぎ」「身の回りの用事」「趣味・娯楽」などである（図表2）。「身の回りの用事」には、美容や装身が含まれるため、増加した行為はおおむね余暇行動であると考えられる。一方「交際・付き合い」の時間は減少傾向にあり、「個」を重視する傾向がうかがえる。また生活の力点の推移においても「レジャー・余暇生活」は常に高い比率を示している（図表3）。

❷就業時間の減少と就業形態の変化

　社会生活基本調査の開始（1976年）から「睡眠」や「食事」など生存に必要な時間には大きな変化がみられないが、「仕事」をする時間は徐々に減少している（図表4）。この要因として1987年に改正された労働基準法の影響と、パート労働の拡大が考えられる。日本では終

■図表1　生活行為の分類	
睡　眠	睡　眠
食　事	食　事
身の回りの用事	洗面、身仕度、化粧、髪のセット、散髪、入浴
労　働	仕事、勤務、商売、店番、行商、配達、外交販売、出張、農事、農作業、山仕事、家畜の世話、出漁、内職、仕事の準備
勉　強	学校、授業、予習、復習、学校の掃除
家　事	炊事、食事の準備や後片付けなど、掃除、洗濯、裁縫、編物、家事手伝いなどの雑用、子どもの世話、家族の世話、病人の世話、買物
外　出	通勤、通学、買物・訪問などの途上の時間、外出、電車、バス
交　際	仲間付き合い、会合、行事の出席、来客との応待、知人親戚訪問、冠婚葬祭、役場へ行くこと、手紙、見舞い、教会
休　養	休息、ぶらぶらしていること、お茶、間食、タバコ、雑談、一家団らん、療養、診療を受ける
趣　味	映画、演劇、スポーツをしたり見たりすること、生花、手芸、音楽、洋裁学校、自動車教習所、英会話塾などへ行くこと、囲碁、将棋、カルタ、レコード、散歩、ハイキング、庭いじり、小鳥の世話、遊び
新聞・雑誌	新聞、雑誌、書物などを読むこと
ラジオ	ラジオを聴くこと
テレビ	テレビを見ること

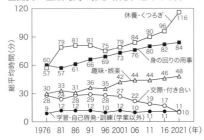

■図表2　生活時間の推移（休養・趣味・交際）

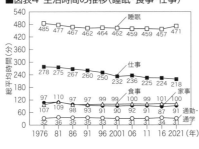

■図表4　生活時間の推移（睡眠・食事・仕事）

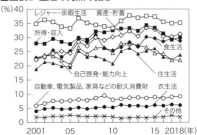

■図表3　生活の力点の推移

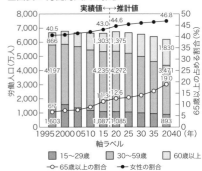

■図表6　労働力人口の推移

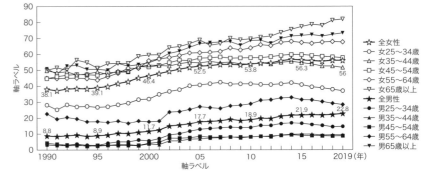

■図表5　非正規雇用の増加

身雇用制度が定着していたが、近年は派遣社員や契約社員など雇用形態が多様化し、2019年には非正規雇用労働者の割合は男性で22.8％、女性56.0％となっている（図表5）。一方、団塊の世代が定年を迎えた2007年から労働力人口は減少傾向にあり、女性雇用者の割合が増加するとともに、65歳以上の労働者の割合が増加し、2040年には労働者のおよそ5人に1人が高齢者となる見込みである（図表6）。

2）女性の就業と家庭内の役割分担

　日本では海外に比較し「夫は外で働き、妻は家庭を守るべき」という固定的な性別役割分担意識が強く、昭和時代までは女性は結婚または出産を機に退職し家事や育児に専念することが一般的であった（図表7）。そのため女性の年齢階層別就業率は出産年齢前後の20代後半から30代にかけて落ち込むM型であったが、近年では30歳前後の減少が緩やかになっている（図表8）。これは女性の就労に関する意識の変化によるものと考えられ（図表9）、若い層では家事・育児に積極的に参加する意識をもつ男性も多くなっている（図表10）。しかし、実際の労働時間を見ると女性の無償労働時間の割合が高く、諸外国に比べると男女格差が大きい（図表11）。

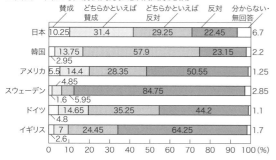

■図表7 固定的性別役割分担意識（国際比較）

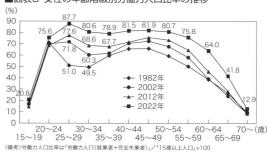

■図表8 女性の年齢階級別労働力人口比率の推移

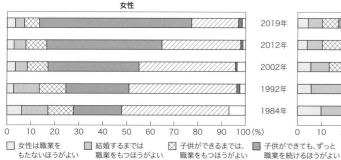

■図表9 女性が仕事をもつことへの意識の変化

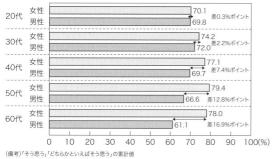

■図表10 家事・育児等への考え方（自分が率先してするべきことである）

（備考）「そう思う」「どちらかといえばそう思う」の累計値

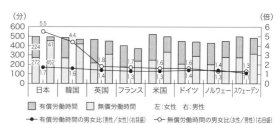

■図表11 男女別に見た有償・無償の労働時間（国際比較）

（備考）1.有償労働は「paid work or study」に該当する生活時間、無償労働は「unpaid work」に該当する生活時間
2.「有償労働」は「有償労働（すべての仕事）」「通勤・通学」「授業や講義・学校での活動等」「調査・宿題」「求職活動」「その他の有償労働・学業関連行動」の時間の合計。「無償労働」は「日常の家事」「買い物」「世帯員のケア」「非世帯員のケア」「ボランティア活動」「家事関連活動のための移動」「その他の無償労働」の時間の合計
3.日本は2016年、韓国は2014年、英国は2014年、フランスは2009年、米国は2019年、ドイツは2012年、ノルウェーは2010年、スウェーデンは2010年の数値

考えてみよう
●一日の生活時間を記録してみよう。週・月・年単位で繰り返す生活行為も考えてみよう。
●家事や育児、介護に関する考え方を家族や友人と話し合ってみよう。

2. インテリアと住生活—③
生活環境の変化

【学習のねらい】家具・家電の普及や情報化の急速な進展による、現代日本の生活環境の現状と課題について学ぶ。

1）耐久消費財の普及と起居様式の変化

　生活様式の中で立ち居振る舞いに関するものを起居様式という。日本では、畳に正座したり胡坐（あぐら）をかいたりする床座が一般的であったが、近年は和室や畳スペースのない住宅が増え、面積も減っている（図表１）。またダイニングセットやベッドの普及率は上昇傾向にあることから、椅子座へ移行していることが推察できる（図表2）。

2）家庭電化製品の普及と情報化

　生活財は、生活を営むための道具であるが、そのもち方は、家族構成、住宅条件、生活水準、家族や個人の価値観によって多様であり、ライフスタイルを反映する要素の一つになっている。現代の日本では、家庭電化製品が急速に普及し、家事労働時間の短縮や負荷の軽減に寄与していると推察される（図表3）。またパソコンや携帯電話などの情報機器が急速に普及し、インター

■図表1 和室や畳スペースの有無（上）と広さ（下）

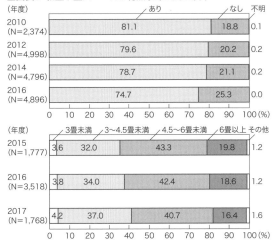

■図表2 洋家具の世帯普及率

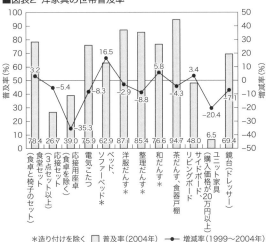

■図表3 主要家具・家電の保有率の推移

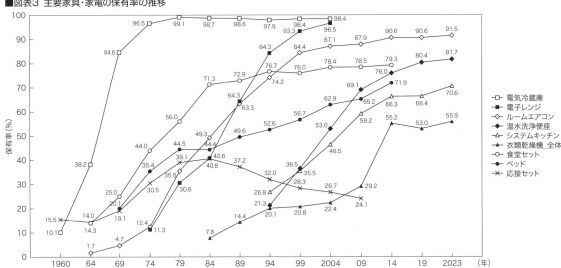

ネット利用率は中・高生および現役社会人世代ではほぼ100%に近づいている（図表4、5）。利用サービスも情報収集のほか、買い物、コミュニケーションと、日常生活に欠かせない内容となっている（図表6）。

3）ポストコロナ時代の新しい生活様式

　2019年末から急速に感染拡大した新型コロナウイルス感染症の影響により、企業によるテレワークの導入が急速に進み、イベントの多くが中止またはデジ

タル配信になるなど、人々の日常生活にも大きな変化がみられた（図表7、8）。この機会にデジタル化が進むと考える企業も多いが、在宅勤務を含むテレワークについては、一時的な対応と考える企業もみられる（図表9）。テレワークの導入状況は業種や職種によってかなり差異があることから、働き方は多様化すると予測される。

■図表4　主要情報機器の保有率の推移

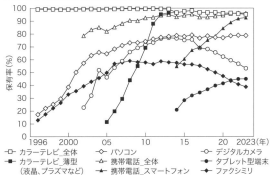

■図表6　インターネットで利用しているサービス

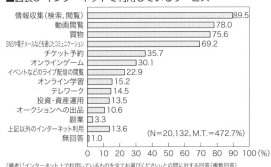

■図表8　インターネットで利用しているサービスの利用頻度の変化

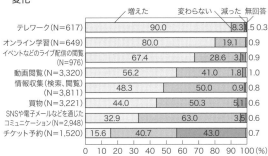

■図表5　年齢階層別インターネット利用率の推移

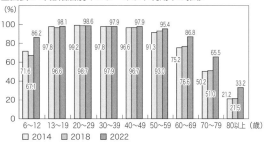

■図表7　企業によるテレワークの実施状況の推移

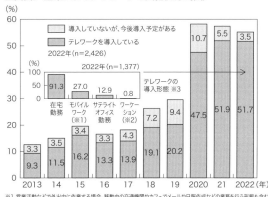

※1　営業活動などで外出中に作業する場合。移動中の交通機関やカフェでメールや日報作成などの業務を行う形態も含む
※2　テレワークなどを活用し、普段の職場や自宅とは異なる場所で仕事をしつつ、自分の時間も過ごすこと
※3　導入形態の無回答を含む形で集計

■図表9　ポストコロナにおけるデジタル関連項目に関する企業の考え

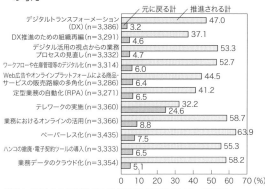

（注）「より一層推進される」「やや推進される」「やや元に戻る」「元に戻る」「わからない」の5択のうち、「より一層推進される」「やや推進される」の合計を「推進される計」に、「やや元に戻る」「元に戻る」の合計を「元に戻る計」としてグラフ化

考えてみよう
　●家の中にあるものについて、その使用頻度と保管場所を調べてみよう。
　●さまざまな情報技術の進化が私たちの生活や住空間に与える影響について考えてみよう。

3. インテリアと人間─①

人間の視覚

【学習のねらい】人間はどのような感覚によってインテリア空間全体の雰囲気を感じ取っているかを考える。ここでは、視覚の特性について理解する。

1）感覚の種類

感覚は、生理学的には図表1のように分類される。人間はこれらの感覚を総合的に理解し、一つの外界として感じている。人間は、感覚の中でもとくに視覚が発達している。インテリアの空間を知覚する際にも、視覚の占める割合はきわめて大きい。しかし、聴覚・嗅覚・皮膚感覚・体性感覚などの視覚以外の感覚も、インテリア空間の雰囲気を感じる上で重要な働きをしている。

2）視覚

❶人間の視野範囲

頭を固定して両眼で見える範囲は、左右約200度、上下約130度の範囲である（図表2）。ただし、この範囲を一様の視力で見ているわけではない。視力は視野の中心部から少し外れると急速に減少する。視野の周辺部の視力は中心視力の1/40程度である。また、細かい作業などで注視できる範囲は、わずかに1度である。この1度の視野範囲で見ることを中心視（焦点視）といい、それ以外の視野範囲で見ることを周辺視（環境視）という（図表3）。周辺視は色彩の知覚や空間分解能には劣るが、暗所視や時間分解能には優れている（図表4）。このように、周辺視は視対象物の動きには敏感に反応するため、室内で動くものを気配として知覚する能力は高い。

❷人間の視線角度

図表5に示すように、人間の視線は水平よりもやや下向きである。立位では約10度、椅座位では約15度下向きである。展示物などは0～30度下向きに、VDT作業のディスプレイ画面も20度程度下向きに見下ろす角度が自然である。近年の大型商業施設では、案内サインも見下ろす角度で床上に設置される例も多い。

また、立位での視線が下向きであることから、歩行時に突起物に額を打ちつける事故も多い。照明器具やウォールキャビネットなどは、この目線と頭頂部の間に突出しやすいので、設置に際しては注意を要する。

❸可視光域と比視感度

人間が光として感じることができる電磁波の波長は、380～780ナノメータ（nm）である。この範囲を可視光域という。それより波長の短い紫外線や波長の

■図表1 感覚の種類

感覚の種類			刺激の例	感覚器官	刺激の到達距離	刺激の到達のしかた
特殊感覚	遠感覚	視　覚	遠くの山、夜空の星	目	∞	直線的
		聴　覚	犬の遠吠え、雷鳴	耳	数Km	包囲的
	近感覚	嗅　覚	香の香り、木の香り	鼻	数m	
		皮膚感覚	部屋の温度、肌のぬくもり	皮膚	0	
		味　覚	甘味、辛味	舌	0	
体性感覚	運動感覚（深部感覚）		電車の加速度、物体の重さ			
	平衡感覚（静的感覚）		床の傾き			
	内臓感覚（有機感覚）		空腹、渇き、尿意、便意			

■図表2 日本人の両眼視野

100°
80°
60°
40°
20°
20°
40°
60°
80°
100°
左目視野
右目視野

■図表3 視野範囲と性能

種類	視軸からの範囲
中心視（焦点視）	1～2度
周辺視（環境視）	中心視の外側の視野内
文字判読限界	5～10度
色彩弁別限界	30～60度

■図表4 中心視と周辺視の特徴

種類	知覚範囲	色彩の知覚	空間分解能	暗所視	時間分解能
中心視	狭い	優れる	高い	不可	低い
周辺視	広い	劣る	ぼける	可能	高い

■図表5 眼球の視野範囲

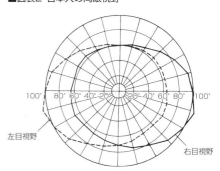

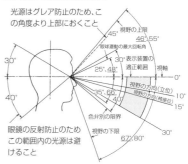

光源はグレア防止のため、この角度より上部におくこと
45°
視野の上限
46°、55°
眼球運動の最大回転角
30°
表示装置の適正範囲
25°、48°
視軸
0°
30°
40°
視野の方向（立位）
視野の方向（椅座位）
10°
15°
35°、66°
40°
色弁別の限界
眼鏡の反射防止のためこの範囲内の光源は避けること
視野の下限
67°、80°
30°

長い赤外線は、眼には感知されない（図表6）。

眼の網膜に分布している視細胞には、錐体と桿体という2種類の視細胞がある。錐体は網膜の中央付近にある中心窩（図表7）に存在し、色と明るさに対して感応する。また、桿体は網膜の周辺部分に存在し、色に対しては感応しないが、錐体では感応しない弱い光に対しても感応する。このため、明るい室内では錐体が、暗い室内では桿体が主に働く。

一方、人間の眼が感じる明るさは、波長によって異なる。これを比視感度といい、最大値を1としてほかの割合を示したものが比視感度曲線である（図表8）。比視感度は、錐体では555 nm（黄緑）で、桿体では507 nm（緑）で最も高くなる。このため、最も明るく見える色は、明るい所では黄緑であるが、暗い所では緑にずれる。この現象をプルキンエ現象という。

❹明順応と暗順応

眼の感度が周囲の明るさに合わせて自動的に変化することを順応という。夜中に寝室で電気をつけたときのように、暗い状態から明るい状態に慣れる過程を明順応という。反対に、明るい戸外から映画館に入ったときのように、明るい状態から暗い状態に慣れる過程を暗順応という。前者は1分程度で順応するのに対して、後者は30分程度の時間がかかる。

明順応では錐体が働き、暗順応では桿体が働く。明順応より暗順応のほうが時間がかかるのは、両視細胞の反応速度の違いによる。錐体は反応は早いが、感度は10倍程度しかよくならない。一方、桿体は反応はゆっくりだが、感度は1万倍も増加する。「星明かり」などのわずかな明るさを感じられるのは、桿体の感度のよさのためである。

❺立体視（奥行知覚）

人間の眼の網膜に映る外界は二次元である。しかし、人間は物や空間を奥行のある三次元の立体として理解している。この理由は、おもに図表9に示す三つの立体視の仕組みによるものと考えられている。このほか、人間は、図表10に示すように、見ている対象物の網膜上の像からも奥行の手掛かりを得ている。

❻恒常視

たとえば、長方形のテーブルの甲板を斜め上方から見たら、網膜には遠近法により台形あるいは菱形に映るはずである。しかし、実際には、長方形として感じられる。過去の経験や知識によって正しい形に認識するのである。このように、対象物を正しく知覚する視覚の特性を、恒常視もしくは恒常性という。

■図表6 可視光域

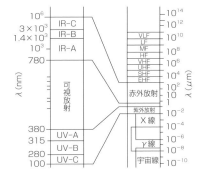

■図表7 眼球の水平断面

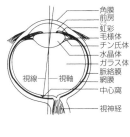

■図表8 比視感度曲線

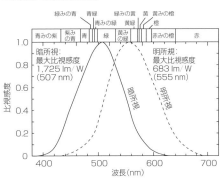

■図表9 立体視の仕組み

両眼視差：ある対象物を見たとき、左右の眼の網膜に結ばれる像はわずかにずれている。この違いによって立体視が可能だとする考え方のこと。

輻輳角：対象物の遠近によって、左右の眼の視線交角に違いができる。このときの眼の回転角度の違いを、眼筋の緊張度によって感じている。

調節：対象物の遠近によって、眼球内の水晶体の厚さを変化させる。このとき、水晶体の厚みを調節する毛様筋の緊張度によって、遠近を感じている。

■図表10 奥行の手掛かり

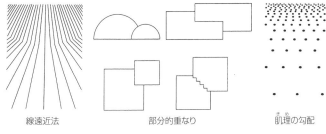

線遠近法　　　部分的重なり　　　肌理の勾配

考えてみよう　●歩行中に頭頂部を打つ危険性のある突起物とそのデザインを探してみよう。
●明順応、暗順応を体験する生活場面の例を挙げてみよう。

人間の聴覚・嗅覚・皮膚感覚

【学習のねらい】視覚以外の感覚として、聴覚・嗅覚・皮膚感覚を取り上げ、インテリア空間を知覚する際の役割について理解する。

1）聴覚

❶音の特性

音の性質は、大きさ・高さ・音色の三つの属性で表される（図表1）。このほか、音の主観的なうるささを表す指標として騒音レベルがある。

音の大きさとは、音波のエネルギーの大小のことで、人間の耳には音の大小として感じられる。単位はデシベル（dB）を用いる。人間の耳は一般に120 dBまでの音を聞くことができる。130 dBになると耳が痛くなり、150 dBで鼓膜が破れるといわれている。

音の高さとは、音波が1秒間に振動する回数（周波数）のことで、人間の耳には音の高低として感じられる。単位はヘルツ（Hz）を用いる。周波数が大きい音は高い音として、周波数が小さい音は低い音として聞こえる。多くの人は20 Hz〜10,000 Hz、中には20,000 Hzまで聞こえる人もいる。こうした人間が聞き取ることのできる周波数の範囲を可聴音域と呼ぶ。

音色とは、さまざまな高さ（周波数）の音が混合されることによりもたらされる感覚のことである。同じ高さに聞こえる音でも、楽器の種類によって音色が異なるのは、これらの音に含まれる音の高さ成分が異なるからである。このように自然界の音はさまざまな高さの音が混合されていることが一般的である。なお、音叉の音は単一の周波数からなる音で、純音と呼ばれる。

聴力は20歳ごろが最も優れており、その後、年齢と共に低下する（図表2）。

❷音のネガティブな働き

音には、本人にとって不快に感じるものと、快く感じるものがある。窓から室内に入ってくる工事現場の杭打ちの音、車の騒音、室内での空調音、上階や隣室からの生活音などは不快な音の例である。

しかし、何が快適で何が不快な音かは、個人差が大きい。隣室からの生活音などは、日ごろから交流がある隣人の場合と、面識のない他人の場合では騒音と感じるか否かに違いがある。このように人間関係によっても不快に感じる音は異なる。たとえ小さな音でも、本人にとっての騒音が長期間続けばストレスになる。

❸音のポジティブな働き

一方で、音にはインテリア空間の雰囲気や臨場感を演出する効果もある。自然界には、ウグイスのさえずり、秋の虫の鳴き声、木枯らしの吹き荒れる音など、時間や季節を感じさせる音がある。これらは、室内にいる人間の気分や情緒にも影響を与えている。

自然界の音のみならず、人工的に音を出すことで、室内にいる人々の疲労の軽減や気分の転換を図ることも行われている。たとえば、工場や商業施設などでは音楽を流すことが行われている。このように、作業効率を向上させたり疲労感を軽減させるために流す音楽のことを環境音楽という。また、病院や歯科医院などでも環境音楽が使われることが多く、患者の恐怖心や痛みを和

■図表1 音の属性と指標

指　標	単　位	意　　味
大きさ	dB	音波のエネルギー
高　さ	Hz	音波の振動数／秒
音　色	－	各種の高さ（振動数）の複合による感覚
騒音レベル	dB	音の主観的なうるささの指標

■図表2 最小可聴域の年齢変化

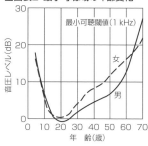

■図表3 2点弁別閾

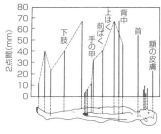

■図表4 インテリア空間の特徴と材料との対応

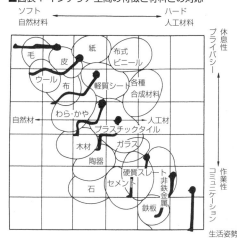

らげる効果があるといわれている。さらには、視覚障がい者のために地下鉄の出口を音で誘導するなど、音がサインとして使われることもある。

2) 嗅覚

❶嗅覚の特性

　嗅覚は、人間の五感の中でも原初的感覚といわれる。また、大脳の機能分布をみると、嗅覚をつかさどる部位と記憶をつかさどる部位は近くに分布している。このため、においは記憶と関係していることが知られている。路上で花の香りを感じたときに、突然、過去の体験が思い出されたりするのはこのためである。

❷においの働き

　においにもネガティブな面とポジティブな面がある。汚物や排水のにおいは悪臭である。一方、香やアロマテラピーなどのように、においを積極的に利用してインテリア空間を演出することもある。

3) 皮膚感覚

❶皮膚感覚の特性

　人間の皮膚感覚は、温覚・冷覚・痛覚・圧覚・触覚で成り立っている。これらの感覚細胞の密度分布や感度は身体の部位や年齢によっても異なっている。たとえば、図表3は2本の針を皮膚に押しつけた場合に、それを2点として感じ分ける最小距離である。このように触覚は、舌先や唇、指の先の部位が敏感であることがわかる。

❷テクスチャー（材質感）の働き

　インテリア材料のテクスチャー（材質感）は、主に視覚と皮膚感覚によって判断される。人はその材料が本物であるかを確かめるために、手で撫でてみたりする。このように皮膚感覚は、その物体のテクスチャーを知るための重要な感覚である。家具や機器・設備のほか、床・壁・建具などのエレメントは、人間が直接触れるものである。したがって、風合いや馴染みなどの感触要素について十分に検討する必要がある。

❸インテリア空間と材料の関係

　図表4は、休息場面なのか作業場面なのかというインテリア空間の性質を縦軸にとり、自然材料なのか人工材料なのかという材料の性質を横軸にとり、各種の材料と生活姿勢を布置したモデル図である。休息性の高い場面ほど自然材料が、作業性の高い場面ほど人工材料が利用されることが多い。

❹材料の皮膚感覚

　材料によってもたらされる皮膚感覚には、温冷感・硬柔感・粗滑感が関係している。図表5は、これらの感覚と各種の材料の対応関係を示したものである。一般に、熱伝導率（熱移動量）の大きい材料ほど、肌で触れたときに冷たい感じが強い。これは、体温が材料を伝わって逃げていく程度が大きいからである。

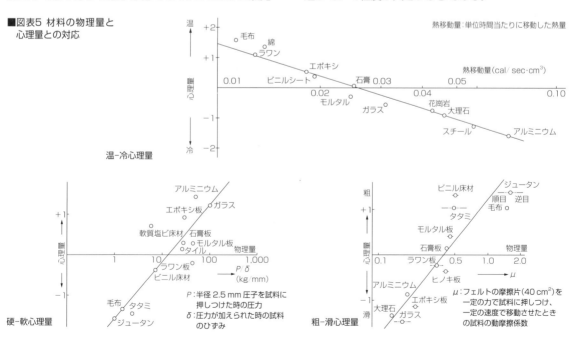

■図表5 材料の物理量と心理量との対応

考えてみよう　●音によってインテリア空間を演出しているデザイン事例を調べてみよう。
　　　　　　　●においと記憶が関連しているという説について、自分の体験を思い起こしてみよう。

人間の形態

【学習のねらい】人体の寸法やプロポーション、重さに関する設計資料に何があるのかを知る。また、人体寸法の設計への応用上の注意点について理解する。

1) 尺度としての人体

古来、人体の各部位は、長さや距離を測る単位として用いられてきた(図表1)。また、建築家のル・コルビュジエは人体を黄金比(1:1,618≒1:(1+√5)/2)で分割して、その数の体系をモデュロールと呼んだ。彼

は、これらのモデュール(寸法の体系)を、均整のとれた建築をデザインするための道具とした(図表2)。

2) 人体寸法の応用上の注意と略算値

図表3は日本人の人体寸法である。人体寸法は性別、年齢、職業、民族などによって異なる。たとえば日本国

■図表1 寸法の単位としての人体各部位

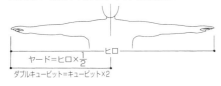

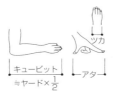

■図表2 ル・コルビュジエのモデュロール

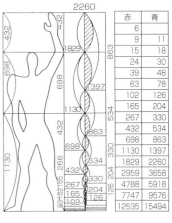

■図表4 体位の地域差(12歳男子):1976年

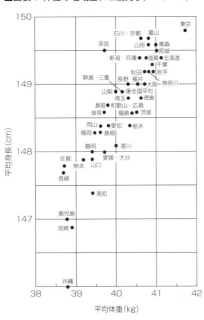

コルビュジエは、足、へそ、手を上げた指先の3点の高さに黄金比を見い出し、これを展開して赤系列と青系列の2種類の数列を導いた。

■図表5 各国人の身長と体重

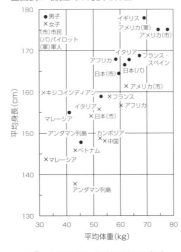

■図表6 人体寸法の略算値

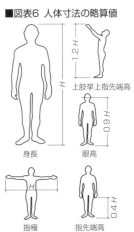

■図表7 年齢と体型の変化

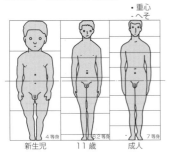

■図表8 人体の質量比(%)

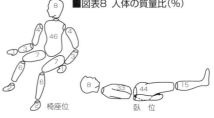

内あるいは世界的にみても、身長と体重は南方が小さく、北方が大きい傾向にある（図4、5）。人体寸法を設計へ応用する際は、利用者属性を考慮して人体寸法値を参照する必要がある。また、設計寸法は人体寸法に何らかのゆとり寸法を加減して決める必要がある。

　統計的にみると、各部位の長さ寸法は身長と比例し、幅寸法は体重と比例する傾向がある。このため身長からほかの部位の寸法を略算できる（図表6）。

3) 人体の重心と質量

　人体の重心位置は姿勢や年齢によっても異なるが、成人の直立姿勢の場合は、身長の54〜58％とされている。この位置は、人体の中央よりやや上寄りで、へその下あたりに相当する（図表7）。また、男子の重心のほうが女子よりも高い位置にある。

　人体各部位の体重に対する重さの割合についても報告されている（図表8）。これは、身体を支持する家具の強度を計画する際の参考になる。

■図表3 日本人の
人体計測値
（1992〜94）

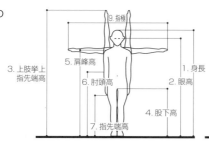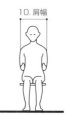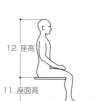

σ：標準偏差(mm)

部位	年齢(歳)	7	8	9	10	11	12	13	14	15	16	17	18	19	20-24	25-29	30-39	40-49	50-59	60-69	70-79	80-99
1. 身長	男	1,193	1,246	1,303	1,358	1,406	1,473	1,552	1,610	1,656	1,687	1,691	1,693	1,702	1,705	1,706	1,695	1,673	1,648	1,612	1,586	1,571
	σ	48	51	54	59	62	74	76	71	61	57	57	54	58	59	57	58	56	56	58	57	69
	女	1,186	1,236	1,300	1,358	1,427	1,485	1,531	1,556	1,572	1,573	1,578	1,581	1,577	1,582	1,582	1,571	1,545	1,524	1,497	1,460	1,435
	σ	52	51	59	61	65	65	57	52	52	53	55	54	52	54	51	55	53	53	54	55	53
2. 眼高	男	1,070	1,124	1,179	1,233	1,280	1,346	1,424	1,481	1,526	1,556	1,561	1,566	1,572	1,579	1,581	1,573	1,552	1,527	1,491	1,465	1,449
	女	1,072	1,118	1,183	1,241	1,305	1,365	1,407	1,433	1,447	1,448	1,453	1,457	1,455	1,459	1,459	1,452	1,429	1,410	1,383	1,348	1,316
3. 上肢挙上指先端高	男	1,460	1,529	1,604	1,681	1,746	1,836	1,937	2,009	2,066	2,097	2,102	2,103	2,113	2,115	2,115	2,101	2,073	2,040	1,995	1,962	1,942
	女	1,446	1,512	1,596	1,673	1,768	1,840	1,895	1,924	1,944	1,934	1,941	1,942	1,935	1,941	1,943	1,931	1,902	1,881	1,858	1,813	1,787
4. 股下高	男	513	546	578	612	640	677	708	733	752	763	760	764	760	760	760	750	734	717	703	689	685
	女	523	550	588	620	661	690	711	724	729	717	720	718	711	715	713	702	681	671	660	641	631
5. 肩峰高	男	932	980	1,031	1,082	1,123	1,183	1,253	1,302	1,343	1,372	1,374	1,378	1,383	1,387	1,385	1,378	1,363	1,341	1,314	1,293	1,279
	女	930	972	1,031	1,083	1,141	1,197	1,236	1,258	1,270	1,273	1,278	1,281	1,276	1,281	1,279	1,272	1,252	1,231	1,211	1,181	1,159
6. 肘頭高	男	711	745	782	820	854	900	950	986	1,014	1,038	1,042	1,044	1,049	1,051	1,052	1,048	1,035	1,016	992	974	965
	女	710	740	783	823	867	906	938	952	963	966	970	971	969	973	973	969	953	936	917	890	871
7. 指先端高	男	429	453	479	503	522	551	582	607	627	643	647	651	658	663	665	664	657	643	621	606	593
	女	433	454	482	507	535	563	581	594	602	608	611	613	616	616	616	614	606	591	571	549	526
8. 上肢長	男	505	529	555	581	604	634	671	697	717	730	729	729	731	728	727	722	712	704	698	691	692
	女	498	521	552	577	611	637	656	665	671	669	671	671	669	669	668	664	652	647	645	639	640
9. 指極	男	1,167	1,224	1,281	1,340	1,396	1,472	1,558	1,620	1,669	1,697	1,702	1,706	1,714	1,716	1,716	1,702	1,680	1,659	1,629	1,607	1,601
	女	1,157	1,207	1,278	1,333	1,414	1,476	1,524	1,547	1,568	1,566	1,568	1,574	1,566	1,568	1,571	1,557	1,536	1,525	1,507	1,484	1,476
10. 肩幅	男	294	307	323	337	350	364	386	403	423	431	437	441	450	450	454	453	448	440	427	417	412
	女	294	305	322	333	351	367	377	388	394	398	403	403	402	400	399	402	407	406	402	390	377
11. 座面高	男	285	301	321	333	349	368	388	400	407	410	408	409	412	404	401	395	386	381	377	373	371
	女	285	295	312	330	348	360	364	364	367	374	372	370	373	365	365	363	350	347	342	342	342
12. 座高	男	655	677	702	724	745	773	815	845	874	894	901	903	908	913	915	913	905	894	870	852	840
	σ	27	29	30	31	33	40	43	42	37	33	33	31	31	32	32	32	32	32	36	37	44
	女	648	673	701	725	757	789	817	831	843	843	847	852	850	855	856	854	844	829	810	785	762
	σ	29	28	31	32	36	37	33	31	28	30	30	29	30	30	29	30	29	32	32	36	39

考えてみよう
- 黄金比になっているインテリアエレメントや空間を見付けてみよう。
- 図表3の部位を実測して、身長から求めた図表6の略算値と比較してみよう。

人間の動作

【学習のねらい】家具や設備機器の形状や配置を計画する際には、人間の動作に要する寸法を知っておく必要がある。また、人間の力のデータは、窓やドアなどの可動性のあるインテリアエレメントを計画する際の参考になる。

1）日常生活姿勢と作業域・機能寸法

日常生活で頻繁にとられる基本的な姿勢を日常生活姿勢と呼ぶ（図表1）。また、さまざまな姿勢における視点の高さは、インテリア空間の高さ方向を計画する際の参考となる（図表2）。

人間の手足の可動範囲を示したものを作業域と呼ぶ。作業域は、本来立体的なもの（立体作業域）である。しかし、設計においては、任意の高さに対する水平作業域と垂直作業域の資料が利用されることが多い。また、

上肢の水平作業域には、手を伸ばして届く限界を示す最大作業域と、上腕を体側に保ったまま肘を曲げて楽に手の届く範囲である通常作業域がある（図表3）。

上肢の水平作業域は、机や作業台の広さや、その上の操作具のレイアウトなどを検討する資料として利用される。一方、下肢の垂直作業域は、フットレストや操作ペダルの設置位置を検討する際に参考とされる。

こうした作業域を考慮して、設備機器や収納家具などの機能的な寸法値が資料化されている（図表4〜9）。

■図表1 日常生活姿勢

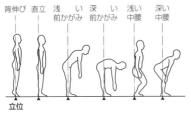

■図表2 姿勢によるアイレベルの違い(cm)

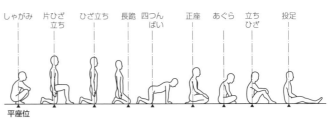

■図表3 成人の水平作業域(cm)

―――― 手を伸ばして届く範囲（最大作業域）
------ 肘を曲げて楽に作業のできる範囲（通常作業域）

■図表4 調理台の寸法(cm)　　■図表5 洗面化粧台の寸法(cm)

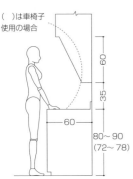

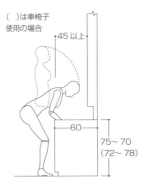

■図表6 カウンターの寸法(cm)

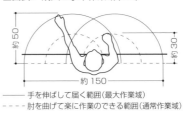

■図表7 ドア回りの寸法(cm)

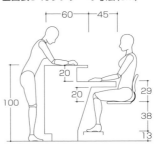

2）動作空間と通行のためのあき寸法

　ある特定の動作をするとき、およそどの程度の空間が必要かを示した資料に動作空間がある。動作空間は、動作をする「人間の寸法」と動作に必要な「ものの寸法」と動作のための「あき寸法」からなる。通常、一つの室空間の中には、複数の動作空間が存在する。しかし、これらの動作空間は、各動作が同時に行われない限りは重なりが許されるので、単純に動作空間の総和が室空間になるわけではない（図表10）。

　生活空間の中では、人間はその場に停留するだけでなく、つねに身体そのものを移動させている。通行のた

めの必要寸法はその余裕によって段階的に適正値が提唱されている。図表11、12は椅子やテーブル回りの必要寸法を示している。

3）人間の発揮力

　上腕によって引いたり押したりする力は、身体に対する方向によって異なる（図表13）。これらの力のデータは、ドアや引戸の開閉抵抗を検討する際などの参考になる。

■図表8 車椅子のための設備寸法(cm)

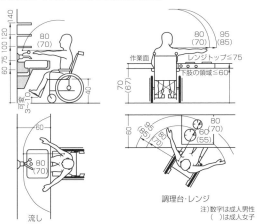

調理台・レンジ
注）数字は成人男性
（　）は成人女子

■図表10 部屋の空間の構成

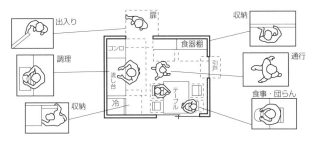

■図表13 立位のときの押す力と引く力(体重を100にして示してある)

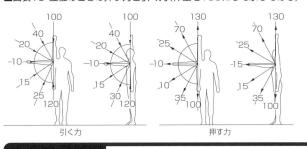

引く力　　　　　押す力

■図表9 握りやすい大きさ(mm)

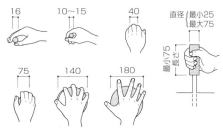

■図表11 テーブル回りの必要寸法(cm)

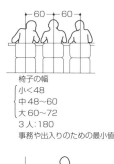

椅子の幅
小<48
中48〜60
大60〜72
3人：180
事務や出入りのための最小値

3人：195
事務や出入りのための適正値

3人：225
事務では肘が十分左右に伸ばせる。出入りに際しては中型椅子でも差支えない

■図表12 テーブルの間隔と通り抜け寸法(cm)

〈テーブル間隔85〉
椅子を引いてもらって通れる寸法

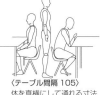

〈テーブル間隔105〉
体を真横にして通れる寸法

〈テーブル間隔125〉
体を斜めにして通れる寸法

考えてみよう
●自宅の調理台と洗面台の寸法を実測し、図表4、5の寸法と比較してみよう。
●教室の机間の距離を変えながら、通行しやすい通路幅を実測してみよう。

人間の行動

【学習のねらい】人間の行動特性を知ることは、迷わずに直感的に使えるインテリアエレメントや、心理的ストレスの少ない座の設定をする上での参考になる。

1) 環境のアフォーダンス

　図表1は、さまざまな形をしたドアノブの写真である。これらをみたときに、人はどういう操作を仕掛けようとするだろうか。AからCになるほど、操作方法が限定され、容易に直感的に操作することが可能であろう。このように、人間は無意識のうちに身の回りにあるものに行為の可能性としての情報を読み取っている。

　J.J.ギブソンは、こうした「環境やその中の事物が生物の特定の行為を可能にするべく備えている情報」のことをアフォーダンスと命名した。図表1では、AからCになるほどアフォーダンスが限定されているために、操作に迷いが生じにくいということになる。

　身の回りのインテリアエレメントはすべてアフォーダンスであり、デザインとは豊かなアフォーダンスの創造活動にほかならない。ここでは環境に対する人間の行動特性に関する知見を紹介する。ここでいう環境とは、他者、もの、両者が構成する間であったりする。

2) ポピュレーションステレオタイプ

　図表2は、表示板に示された表示指針に対する操作レバーの操作方向を示している。このように、ある集団に共通する動作や行動の「くせ」のことをポピュレーションステレオタイプという。これらの知見は、わかりやすく安全な設備機器の操作具や開口部の取手などをデザインするための設計資料として参考にされる。

3) 人間同士の距離や向き

　エドワード・ホールは、人間同士の距離の取り方も一つのコミュニケーション機能であると考えた。そこで、

■図表1　ドアノブの形状による操作方法の知覚

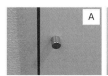

つまんで→引く？回す？上げる？　　握って→引く？回す？　　握って→右に回す

■図表2　表示指針方向と操作のステレオタイプ(%)

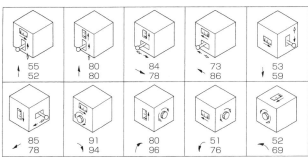

（数値の上段は大学生男子326人、女子313人、下段は大学生・高校生男子345人、女子155人の結果）

■図表5　ソシオペタルとソシオフーガル

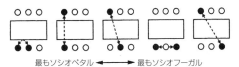

最もソシオペタル　◆━━━▶　最もソシオフーガル

■図表3　実験により求めた個体域

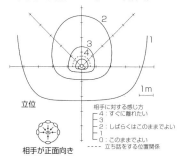

立位

相手に対する感じ方
4：すぐに離れたい
3
2：しばらくはこのままでよい
1
0：このままでよい
立ち話をする位置関係

相手が正面向き

■図表4　人間同士の向き

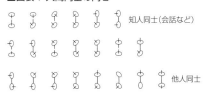

知人同士（会話など）

他人同士

■図表6　電車シートの座席選択

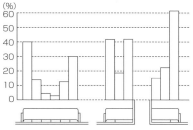

■図表7　両端が埋まっている場合の電車シートの座席選択

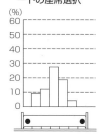

対人距離をコミュニケーションの質の違いとして次の四つの距離帯に大別した。

　①密接距離（0～45 cm）：夫婦や恋人のように非常に密接な関係の人間同士の距離。②個体距離（45～120 cm）：友人などの親しい関係の人間同士の距離。③社会距離（120～370 cm）：個人的な関係のない人間同士の距離。④公衆距離（370 cm以上）：かかわりの範囲外にいて一方的な伝達に使われる距離。

　これらの研究結果は古典的なものであるが、家具の配置やテーブルの寸法を考える際の参考として、今日でも示唆に富んでいる知見である。

　ロバート・ソマーは、「個体をとりまく他人に侵入されたくない見えない領域」のことをパーソナルスペースと呼んだ。このスペースが侵されると不快感を感じる。図表3は高橋鷹志・西出和彦により測定された「他者から離れたい」感覚の分布でとらえたパーソナルスペースである。パーソナルスペースは、性別・民族・状況などによっても、その大きさや形状が異なるので設計に応用する際には注意を要する。

　オズモンドは、精神病院の設計に際して、人間同士の交流を活発にするソシオペタルな位置関係（図表4上

段）と、人間同士の交流を妨げるソシオフーガルな位置関係（図表4下段）があることを指摘している。ロバート・ソマーは、これを座席の占め方のタイプ分類にも用いている（図表5）。

4）座の占め方

　電車シートの座席がどこから埋まるか、作業内容によってどこの座席が好まれるかといった座席の選択位置にも一定の傾向がみられる（図表6～8）。

　住宅内で人々がどこに居るかを観察してみると、家族の親密な団らんなどは直径1.5 mの輪の中で、大人数でのくつろいだ団らんなどは直径3 mの範囲の輪の中で行われる傾向にある。食事の準備や来客への挨拶などは、1.5 mの輪の外側にいながら3 mの輪に入った所で参加することがある（図表9）。

　一方、図表10は、人間の周りに分布する「コレ」「ソレ」「アレ」で指し示される領域を示している。「コレ」という自我領域と「ソレ」という他者を意識した領域の広がりのスケールとして読み取ることができる。図表9の1.5 mの輪が「コレ」領域と3.0 mの輪が「ソレ」領域とほぼ重なることは興味深い。

■図表8　矩形テーブルでどんな座り方を好むか（%）

	会話			協力			同時行為			競争		
	アメリカ（回答151）	英国（大学）（回答102）	英国（大学以外）（回答42）	アメリカ	英国（大学）	英国（大学以外）	アメリカ	英国（大学）	英国（大学以外）	アメリカ	英国（大学）	英国（大学以外）
• ▢	42	51	42	19	11	40	3	9	12	7	7	4
▢	46	21	42	25	11	2	3	8	14	41	10	13
▢	11	15	9	51	23	50	7	10	12	8	10	3
• ▢	0	0	2	0	20	5	13	31	19	18	50	53
▢	1	6	5	5	22	2	43	28	31	20	16	20
▢•	0	7	0	0	13	0	33	14	12	5	7	7

■図表9　住宅内での人の集まりの輪

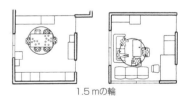

1.5 mの輪

■図表10　指示代名詞「コレ・ソレ・アレ」の前後方向の大きさ

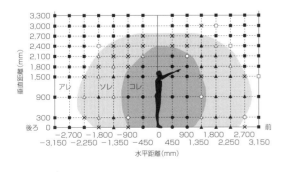

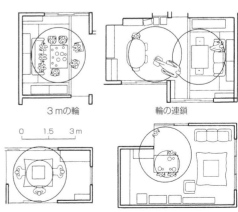

3 mの輪　　　　輪の連鎖

0　　1.5　　3 m

1.5 mと3 m二重の輪

考えてみよう
●環境のアフォーダンスを説明するための事例を探してみよう。
●図表8の条件で矩形テーブルのどこに座るかを実験して、結果を比較してみよう。

椅子・机と人間

【学習のねらい】椅子・机を設計する際に知っておくべき生理学的な考え方を理解した上で、設計資料に何があるか、評価方法に何があるかを学ぶ。

1）座る姿勢の生理

❶家具の分類

　家具を「ひと」や「も̇の̇」とのかかわり方の違いから分類すると、人体を支えるための人体系家具、物を支えるための準人体系家具、収納や遮断のための建物系家具の三つに分けることができる。このうち、人体系家具と準人体系家具は、人体との適合性が重要になる。そこで、ここでは人体系の家具の代表として椅子を、準人体系の家具として机を取り上げる。

❷立つ姿勢と座る姿勢

　図表1は、椅子に座る姿勢のX線写真である。椅子に座る姿勢は、立つ姿勢に比べると上半身への負担が大きい。なぜならば、立っているときの背骨を横から見る

と自然なS字形を描いているのに対して、座っているときは、骨盤が後方に回転すると共に背骨の下端部にある仙骨も同時に後方に回転し、背骨はS字形ではなくアーチ形になるからである（図表2、5）。

　椎間板の圧力が最も低くなるのは、腰と膝の関節を45度に曲げて横になった姿勢である（図表4のBのライン）。椅子に座って骨盤が後方に回転すると腰椎が後ろ側に湾曲し、椎間板の前部が圧迫された状態になる（図表3）。その結果、腰椎の椎間板に無理な圧力がかかると共に、内臓も圧迫されて苦しくなる。

　このように考えると、立っているときには下肢は筋緊張のために疲れるが、上体は自然な形状にある。逆に、座っているときには下肢は筋緊張から解放されて楽になるが、上体には無理がかかっているといえる。

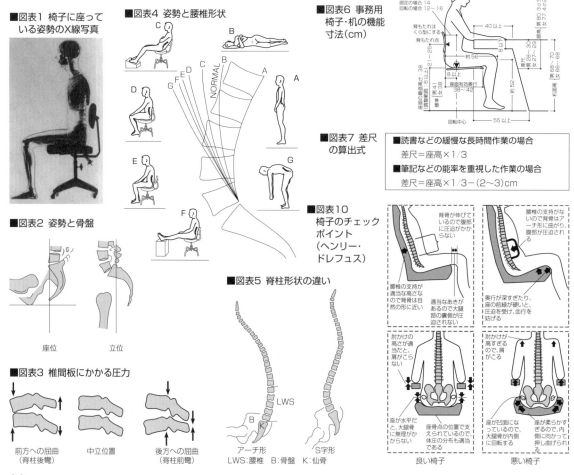

■図表1 椅子に座っている姿勢のX線写真

■図表4 姿勢と腰椎形状

■図表2 姿勢と骨盤

座位　　　立位

■図表3 椎間板にかかる圧力

前方への屈曲（脊柱後彎）　　中立位置　　後方への屈曲（脊柱前彎）

■図表6 事務用椅子・机の機能寸法(cm)

■図表7 差尺の算出式

■読書などの緩慢な長時間作業の場合
　差尺＝座高×1/3

■筆記などの能率を重視した作業の場合
　差尺＝座高×1/3−(2〜3)cm

■図表10 椅子のチェックポイント（ヘンリー・ドレフュス）

■図表5 脊柱形状の違い

アーチ形　　S字形
LWS:腰椎　B:骨盤　K:仙骨

良い椅子　　悪い椅子

2) 椅子・机の設計資料と評価方法

❶背もたれ点と座位基準点

椅子に座って骨盤が後転することを防ぐためには、腰椎部分を後ろから支持することが有効である。この役目をしているのが背もたれであり、骨盤の後転を防ぐのに効果的な背もたれ上の支持位置を背もたれ点と呼ぶ。この点が背もたれの基準点とするならば、座面の基準点は座位基準点にある。骨盤の左右の下端を座骨結節部と呼ぶが、椅子に座った状態ではこの2点が座面に最も高い圧力で接している。この2点の中央に位置する座面上の点が座位基準点である。椅子の機能寸法は、座位基準点をもとに提示されている。

❷椅子・机の機能寸法

作業時の椅子と机の機能寸法を示したものが図表6である。机の甲板上面と椅子の座位基準点の間の垂直距離を差尺と呼ぶ。事務作業をするときの適正な差尺

は、およそ27〜30cm程度であり、座高の1/3を目安にするとよい（図表7）。学校用の机・椅子のJIS規格もこの考え方により寸法が規定されている（図表8）。

❸椅子の支持面のプロトタイプ

また、椅子の用途には作業用から休息用までさまざまな段階があるが、これを5段階に分けて、機能寸法を図示したものが「支持面のプロトタイプ」という資料である（図表9）。この資料は椅子の外形寸法ではなく、実際に人間が腰掛けた状態での寸法を表している。つまり、クッションがある椅子でも人が腰掛けてクッションがへこんだ状態での寸法である。このように、椅子に腰掛けた姿勢のことを最終安定姿勢と呼ぶ。

❹椅子の座り心地の評価方法

図表10は、一般ユーザーでも評価できる椅子のチェックポイントである。椅子の開発者が行う客観的な評価方法としては、体圧分布の測定、筋電図の測定などがある（図表11〜13）。

■図表8　学校用家具—教室用机・椅子の
JIS規格寸法の一部（A1021：2011）

号数	標準身長	机面	座面		
		高さ	高さ	奥行	最小幅
0号	900	400	220	−	−
1号	1,050	480	260	260	250
2号	1,200	520	300	290	270
3号	1,350	580	340	330	290
4号	1,500	640	380	360	320
5号	1,650	700	420	380	340
5.5号	1,730	730	440	390	350
6号	1,800	760	460	400	360

■図表11　椅子の体圧分布

左側は良い椅子、右側は悪い椅子。上は背もたれ、下は座面。良い椅子は腰椎と座骨結節点に圧力の中心がある。

■図表9　作業用・休息用椅子の基準寸法(cm)

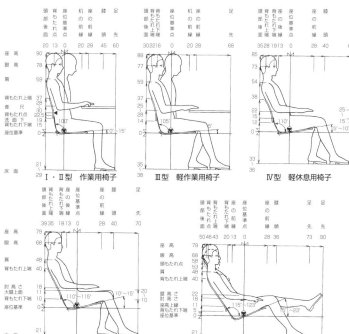

Ⅰ・Ⅱ型　作業用椅子
Ⅲ型　軽作業用椅子
Ⅳ型　軽休息用椅子
Ⅴ型　休息用椅子
Ⅵ型　枕付き休息用椅子

■図表12　筋電図による肘掛けの高さの検討

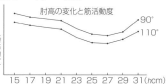

座面高40
ヒジ掛け幅44

肘高の変化と筋活動度

■図表13　筋電図による肘掛けの幅の検討

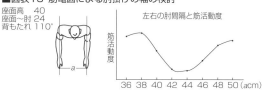

座面高　40
座面〜肘　24
背もたれ110°

左右の肘間隔と筋活動度

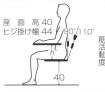

考えてみよう
●自分の差尺を算出し、自分が使っている机・椅子の差尺が適正か否か評価してみよう。
●自分の座っている椅子を、図表10のチェックポイントで評価してみよう。

ベッドと人間

【学習のねらい】睡眠の生理的仕組みと、寝る姿勢の特徴を理解した上で、マットレスの柔らかさや寸法について学ぶ。

1）睡眠の生理

❶睡眠の深さと寝返り

　図表1は、人間の睡眠の深さの時間的変化を脳波により計測した結果をモデル図として示したものである。通常は、入睡後、深い眠りに入った後、浅い睡眠と深い睡眠を交互に繰り返してやがて目覚める過程をとる。この周期はおよそ90分から120分といわれている。睡眠の深さレベル1と2の境界に描かれた点線の上部（陰のついた部分）はREM（レム）睡眠*、下部はNon-REM（ノンレム）睡眠と呼ばれる。REM睡眠中は筋肉は休息状態であるが脳は活性状態にある。逆にNon-REM睡眠中は脳は休息状態であるが筋肉は活性状態にある。視覚的な夢を見ているのはREM睡眠中である。

　一方、Non-REM睡眠中は寝返りが頻繁に行われる。一晩の間に人間は20〜30回の寝返りを打つという報告がある。寝返りは、一定の身体部分が長時間圧迫されることを避けるための自然な身体防御行動である。このため、ベッドの大きさや柔らかさには、寝返りを妨げない条件が求められる。この点については後述する。

❷寝る姿勢の形状

　図表2は人間の寝姿勢をX線写真で撮影したものである。これをみると、人間の身体は、頭部と胸部と臀部の三つのブロックを頸椎と腰椎の二つのジョイントでつないだモデルとみなすことができる。

■図表1　睡眠の深さの時間的変化

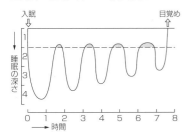

■図表2　寝姿勢のX線写真

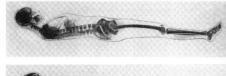
硬めのベッド

柔らかいベッド

■図表3　立位と仰臥位での背面形状（cm）

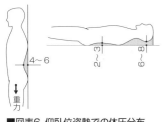

■図表4　寝具の柔らかさと筋活動

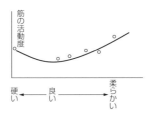

■図表5　3層構造のマットレス

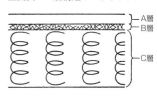

■図表6　仰臥位姿勢での体圧分布

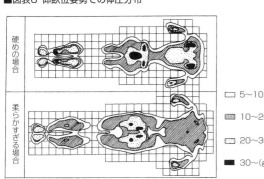

□ 5〜10
▨ 10〜20
▤ 20〜30
■ 30〜（g/cm²）

■図表7　各種マットレスの寝姿勢の違い

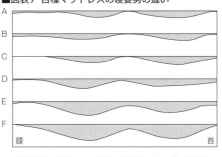

膝　　　　　　　　　　首

市販の三つ折マットレスについて調べたもの。A、Bはよいが、C以下はお尻が落ち込んで寝苦しい。

身体を柔らかいマットレスで支えると、重い胸部と臀部(でんぶ)は沈んで、ジョイントの腰椎の部分が浮き上がり、身体は全体としてみるとW字形になる。腰椎が過度に突き上げられる姿勢は不自然であるために寝にくい。脊柱の腰椎部分の隙間は、健康な人が立ったときは4〜6cmであるが、寝て気持ちが良いと感じるのはその半分の2〜3cmである(図表3)。

2) 寝具の柔らかさと寸法

❶マットレスの柔らかさと構造

寝る姿勢を正しく保つためには、マットレスは硬いほうがいいが、硬すぎると痛くて眠れない。かといって柔らかすぎると、過度に腰椎部分が突き上げられて無理な姿勢になる。筋活動という点からみても、寝具は硬すぎても柔らかすぎてもよくない(図表4)。

このようにマットレスには、姿勢を正しく保つための適度な柔らかさが求められる。この要求に応えるために考えられたのが3層構造のマットレスである(図表5)。表面のA層は身体に接するので柔らかい素材でつくられている。次のB層は姿勢を保持するためにかなり硬い材料を使っている。最下部のC層は寝返りなどの衝撃を吸収する層である。

図表6はベッドに寝たときの体圧分布をみたものである。適度な硬さのベッドに寝たときは感覚の鈍いところに圧力が集中しているが、柔らかすぎるベッドで

は感覚の鋭いところにも圧力が分布しているほか、身体が包み込まれて寝返りがしにくいことがわかる。図表7は、各種のマットレスにおける身体の沈み込みを示したものであるが、比重が小さいマットレス(C〜F)は胸部と臀部が過度に沈み込んで寝にくいことがわかる。

❷寝具の寸法

図表8は、3種類の柔らかさの寝具の上で寝た場合の寝返りの範囲を示したものである。いずれの寝具においても寝返り範囲は横方向に広く、この幅は肩幅のおよそ2.5〜3倍であることがわかる。このことから、敷布団やマットレスの長さは身長に40cm程度の余裕を見込めばよいが、幅のほうは狭すぎると眠りが浅くなるので、最低70cm、普通は肩幅の2.5倍程度を目安とするとよい。

身体の大きさに適する寝具の大きさは、図表9に示す算出式により求めることができる。図表10は、住宅用のベッドのJIS規格寸法である。

注)REM(レム)睡眠
REMとは、Rapid Eye Movement(急速眼球運動)の略語である。REM睡眠中は閉じたまぶたの内側で眼球が急速な運動を繰り返すことから命名された。

■図表9 寝具の大きさ(cm)

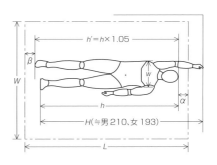

長さ $L = h × 1.05 + α + β$
ただし h＝身長(平均身長、男子165、女子155)
$α = 10、β = 5$
幅 $W = 2.5 × w$
ただし w＝肩幅(平均肩幅、男子43、女子41)

■図表8 寝具の柔らかさと寝返り

せんべい布団　　　布団　　　柔らかいマットレス

■図表10 住宅用普通ベッドのJIS規格寸法(S1102-2017)

(mm)

呼び寸法(幅)			呼び寸法(長さ)		
寸法	略号	呼び寸法に対する製作寸法の範囲	寸法	略号	呼び寸法に対する製作寸法の範囲
820	08	790〜870	1,950	19	1,920〜2,000
980	09	950〜1,030	2,050	20	2,020〜2,100
1,100	11	1,070〜1,150			
1,200	12	1,170〜1,250			
1,400	14	1,370〜1,450			
1,520	15	1,490〜1,570			

考えてみよう
●自分の身体に合った寝具の寸法を図表9から求めてみよう。
●自分が使っている寝具を寸法やクッション性という点から評価してみよう。

光と色彩のコントロール

【学習のねらい】ここでは、インテリア空間の光環境の基本について学ぶ。各種の測光量と色彩といった視覚的環境の制御方法について考える。

1）光を感じる

　光がなければ私たちの生活は不便極まりないだろう。作業をしたり、本を読んだり、人間の知的活動の多くは視覚に依存することが多いからである。そこで明るさに基準を設けて場所や用途に応じて計画・設計する。また、空間的な演出にも大きな影響があるので、十分な知識が必要とされる。

2）日照の効果

　光は電磁波の一種であり、太陽光には赤外線（780 nm以上）、可視光線（380〜780 nm）、紫外線（380 nm以下）が含まれている。太陽光はなくてはならない生物の生存の基本である。その作用には人間環境に悪影響をもたらすものもある（図表1）。温熱効果については熱環境の頁で扱う。

3）光の伝わり

　太陽の位置は地球上の緯度と季節で異なる（図表2）。日影図を描いて隣地への影響を考える場合には、図表3の水平面日影曲線から検討する。

　光束（lm：ルーメン）は、人間の眼の感度（標準比視感度：27頁参照）を加味したエネルギー量であり、明るさの基本的物理量である。

　光が物体に当たると、図表4のように一部が吸収されて熱になり、残りは物体の特性によって反射か、透過かが決まる（物体内への拡散成分もある）。一方向に進む光が反射・透過した後にいろいろな方向に分散する状態を拡散という。

4）明るさを表す指標

　照度（lx：ルクス）は受照面の単位面積当たりの入射

■図表1 日照の効果の分類

分類	効果の説明
温熱 （全波長）	物を温める作用。冬には積極的に取り入れたいが、夏には冷房の負荷となる。
明視 （可視光）	ものが見えるということ。明るさや色彩を感じさせる。
保健衛生 （紫外線）	殺菌作用があり、皮膚がん、白内障の原因ともなる。体内でのカルシウム合成に必要。

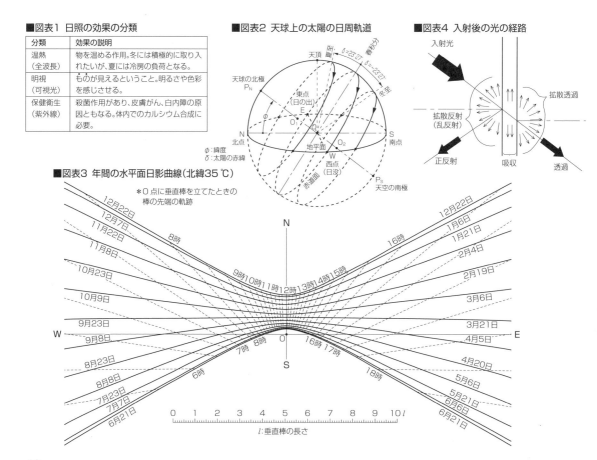

■図表2 天球上の太陽の日周軌道

■図表4 入射後の光の経路

■図表3 年間の水平面日影曲線（北緯35℃）

光束量である（116頁参照）。光束発散度（rlx：ラドルクス）は光源面の単位面積当たりの放射光束量である。どちらも面に対して立体角2π（半球）空間の総量で示される。

光度（cd：カンデラ）は、ある方向に対する単位立体角当たりの放射光束量を表す。点光源の場合はどの方向に対しても一定光度であるが、一般的には方向によって光度が異なる。これを配光分布という（図表5）。

輝度（cd/m²）は、面の見かけ上の明るさを表す。

5）照度の計算

光源からの光がどこにも反射せずに受光点まで届いた光束による照度を直接照度、壁面や天井面などに反射してから届いた光束による照度を間接照度という（図表6）。

直接照度は、光度を光源から受照面までの距離の2乗で割ったものである。受照面に垂直に光が入射せず傾いている場合、その面に入る光束が減るので、照度は傾斜角度の大きさのコサインに比例する（図表7）。これを余弦則という。

屋外照明のように、直接照度の割合が大きく光源の数が少ない場合には、各受照地点の照度を計算する（逐点法）。それに対し、オフィスのように、間接照度の割合が無視できず多数の光源があるような空間では、照明器具の光束・室形状などから図表8のような考え方で平均的な照度を求める（光束法）。コンピュータを用いたシミュレーションによれば、より精密に光環境の状態を予測できる。

6）照度基準

室用途と照度にはJISの基準がある（図表9）。一様の照度にしようとしても完全には均一にはならない。その分布の変動を均斉度と呼んでいる。一般的なオフィスなどでは均斉度が高いほうが好ましいが、住宅や商業施設は必ずしも一様な明るさである必要はない。

7）昼光率

天空からの拡散光（太陽からの直射光以外）による照度を全天空照度という。室内のある点に対するその光の到達率が昼光率である。そのうち、開口からの光の

■図表5 配光分布図
（極座標表示）の例

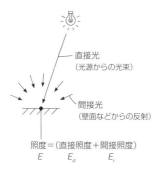

■図表6 直接照度と間接照度

$$E = E_d + E_r$$
照度＝（直接照度＋間接照度）

■図表7 光の余弦則

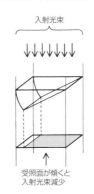

受照面が傾くと
入射光束減少

■図表8 光束法による照度計算の考え方

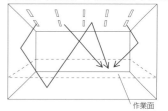

作業面

直接照度、間接照度をすべて計算するのは手間が掛かる（現実的に無理）。
↓
室形状、表面反射率等から作業面に入る光束の統計的総量を求める。
↓
作業面積で割れば平均的照度が得られる。

■図表9 住宅における照度基準（行為によって対象面、受照面角度は異なる）

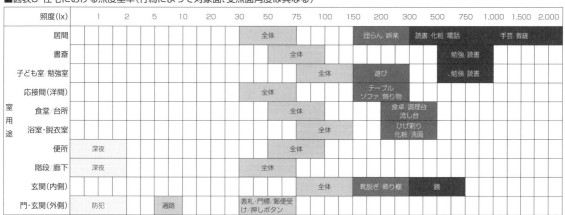

室用途	照度(lx)	1	2	5	10	20	30	50	75	100	150	200	300	500	750	1,000	1,500	2,000
	居間						全体					団らん 娯楽	読書 化粧 電話			手芸 裁縫		
	書斎							全体						勉強 読書				
	子ども室／勉強室							全体			遊び			勉強 読書				
	応接間（洋間）						全体				テーブル ソファ 飾り物							
	食堂／台所							全体				食卓 調理台 流し台						
	浴室・脱衣室							全体				ひげ剃り 化粧 洗面						
	便所		深夜					全体										
	階段／廊下		深夜				全体											
	玄関（内側）							全体		靴脱ぎ 飾り棚			鏡					
	門・玄関（外側）		防犯		通路		表札・門標・郵便受け・押しボタン											

直接照度との比を直接昼光率、室内で反射した光による間接照度との比を間接昼光率という（図表10）。直接昼光率は立体角投射率に依存している（図表11）。

8) 光による見え方

光のまぶしさによる障害をグレアという。不快な印象をもたらすものは不快グレア、作業効率を落とす作用は減能グレアという。また、光沢のある平面的な対象が反射によって見にくい場合（光幕反射）は反射グレアという。グレア発生条件を図表12に示す。

光の当たり方によって対象物の立体感は異なる。適度な陰影によって立体感が良好であるときに「モデリングが良い」という。光を背にした状態の人物は、表情が陰になってはっきりしなくなることがある。これをシルエット現象という。

9) 昼光照明と人工照明

空間の照明方法には太陽からの自然光（昼光）を用いる昼光照明と各種の電灯などを用いる人工照明がある。自然光は変動が大きく明るすぎるという欠点があるが、エネルギーが不要であるという利点がある。

また、色の認識も太陽の光で見たものが基準である。

電球のような人工光源はスペクトル（波長の分布）が太陽の光とは異なるため、自然光の下で見た色とは多少異なる。この色の再現性のことを演色性という。用いる電球によって演色性は異なる（117頁参照）。これらのことを考えると、昼間はできる限り昼光照明で明るさを確保したい。

10) 色を感じる

視覚は明るさを感じるだけの知覚ではない。光の波長分布に応じて色を感じる。主観的な色の属性としては、色相・明度・彩度の三つがある。色相はいわゆる何色かを示す。赤や青というおおよその色の系統である。明度はその色相の明るさを表す。彩度はその色相の鮮やかさで濁りの程度を示す。

11) 表色系

色を客観的な数値で表す方法を表色系という。JISにも規定され、建築分野でも広く用いられているのがマンセル表色系である（図表13）。色の3属性に従って、感覚的に等間隔になるように値が定められている。

色相は最小・最大が設定できないので、R（赤）やY（黄）といった色相を環状に配置している（マンセル色

■図表10 昼光率

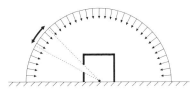

昼光率とは天空光の中から、どれくらい光を室内に取り入れられるかを示す値である。

$$D=\frac{E}{E_s}$$

D：昼光率
E：室内のある受照点の水平面照度
E_s：全天空照度（直射光は含めない）

■図表11 直接昼光率と立体角投射率の定義

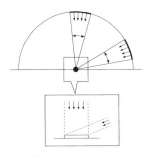

$$U=\frac{S''_w}{S_c}$$

S_w（開口面積）
ω（立体角）
S_c（円全体の面積）

同じ面積に入射する光束量は異なる

立体角を水平面に投影すると、その大きさが光束量を反映する

■図表12 グレアの生じやすい条件

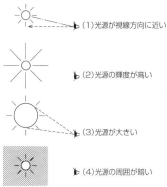

(1)光源が視線方向に近い

(2)光源の輝度が高い

(3)光源が大きい

(4)光源の周囲が暗い

■図表13 マンセル表色系による色立体

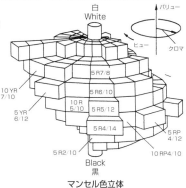

マンセル色立体

マンセル色相環

相環）。各色相はさらに0から10までの値で分割され、隣接する色相の0と10は同色相としている。白・黒・灰色のような色は無彩色と呼ばれる。明度は色の明るさ感を表し、完全な白は10、黒は0である。彩度は色相や明度と違って、色によって最大値が異なり、無彩色を0として等間隔に値が決められている。

表記方法はマンセル記号と呼ばれ、色相（ヒュー）・明度（バリュー）・彩度（クロマ）の順に並べ、彩度の前には「/」を入れる。たとえば海老茶に近い色は「7.5R 3/5」である。無彩色は「N8.5」のように、Neutralを示すNの後に明度の値だけを示す。

PCCS（Practical Color Coordinate System）は日本色彩研究所の提案する表色系である。マンセル表色系と同様、色相と明度と彩度に基づいている。明度はマンセル明度と同等だが、彩度は最大値を10としている。明度と彩度の複合的指標をトーン（色調）と呼び、色相とトーンの2要素による表色が可能なのが特徴である（図14）。色相は1～24の数字で表し、トーンはアルファベット略号を用いている。

純色と黒と白の混合割合で表現するオストワルト表色系というものもある。物理的な意味が明快であり塗料の色再現に有利な表色系である。また、基本となる色（原色）の組合せによる表色系もある。

12）色のイメージ

色は寒暖感、軽重感、前後感といった心理的な印象を引き起こす作用がある。波長の長い色相である赤や黄のような色は温かな印象を与えるので暖色、青みがかった色は冷たい印象を与えるので寒色という。明度や彩度が低い色、寒色は重たく感じ、後ろに引っ込んだ印象を与えやすい。

13）面積効果

面積が狭いものと広いものを比較すると、広いほうがより鮮やかに明るく感じる。面積の広い部位の色は小さな色票だけで決定せずに、なるべく大きなサンプルを用いたほうがよい。

14）対比（コントラスト）

視野内で色の接するところでは色相・明度・彩度の相違が認識される。これを対比という。とくに縁辺での対比によって相互の色相・明度・彩度をより強調するような効果が生じる。より強調されて見えてしまう帯状の領域のことをマッハバンド（図表15）という。

15）色彩調和

二つ以上の色が並ぶとき、自然で秩序を感じるようにするための考え方が色彩調和理論である。幾つもの理論が提唱されているが、PCCSの表色系との親和性が高く、古くから知られているシュブルールの理論を図表16に示す。

16）色のバリアフリー

一部の色を感じる視細胞の働きの低い者は、男性の5％、女性の0.2％程度の割合で存在する。最も多いのは先天性赤緑色覚障がいである。同程度の明度をもつ赤系の色、緑系の色が判別しにくい。

また、高齢者は若齢者と比較すると、全体的にコントラスト感度が低下し、暗い空間での視力低下がみられる。色の識別能力も低下する。

■図表14 PCCSにおけるトーン分類

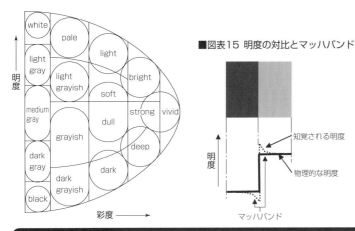

■図表15 明度の対比とマッハバンド

■図表16 シュブルールによる色彩調和の原則

類似	同色相で異なるトーン
	類似色相で類似トーン
	ドミナントカラー*1
対照*2	同色相で対照トーン
	隣接・類似色相で対照トーン
	補色*3色相で対照トーン

＊1 特定の色みを全体の基調とする（複数色）
＊2 対比の概念と同等
＊3 色相環の反対に位置する色

考えてみよう
●暗さや不均一さが好ましい空間や場面にはどのようなものがあるだろうか。
●不快グレア、減能グレア、反射グレアの事例を探そう。それらの対策例も探してみよう。

熱のコントロール

【学習のねらい】暑さ・寒さを和らげることは住宅の最も基本的な機能である。ここでは、快適な温熱環境条件について理解することを目指す。

1）熱を感じる

　人間は熱環境を制御することで、夏は涼しく、冬は暖かく暮らせるような住宅の構造をつくり上げてきた。快適な熱環境を実現するためには、エネルギーが必要であるが、できる限り自然のエネルギーを活用し、無駄の少ない空間を計画したい。

2）熱の伝わり

　熱の移動の仕組みには、伝導・放射（輻射）・対流の3種類がある（図表1）。伝導は物質自体の移動を含まない物質内部の熱の移動である。放射は可視光線や赤外線として、空間的に離れた物質に熱が伝わる現象である。対流は流体（液体や気体）の移動に伴って熱が伝わる現象である。これらの熱の移動は、気体・液体・固体という状態変化がない。すべて温度変化として観測可能なので顕熱と呼ばれる。それに対して、固体・液体・気体の変化に必要な熱（融解熱や気化熱）は温度変化が生じないので、潜熱と呼ばれる。

3）熱的快適性

　人体温度が高すぎたり低すぎたりしては命にかかわる。人間の代謝によって発生する熱と環境から入ったり出たりする熱の釣合いがとれた状態が、熱的な意味での快適状態である。これにかかわるのが、環境側の4要素（気温・放射温度・湿度・気流）と人体側の2要素（人体代謝量・着衣量）である（図表2）。

4）断熱と蓄熱

　建物の熱環境は、冷暖房などの熱源の導入と、建築躯体の熱的性能の設計で制御する。断熱性は伝導・放射・対流の全熱移動量を表す熱貫流率が重要である。熱伝導率の代表的な値を図表3に示す。

　また、熱容量も熱的性能に影響する（図表4）。熱容量とは熱を蓄える能力（蓄熱）のことで、同じ材料であれば容積が大きいほど大きい。単位容積当たりでは、空気が非常に小さく、木材や石膏板などが比較的小さい。コンクリートや鋼材は大きい。

■図表1　熱の伝わり

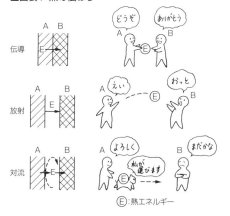

■図表3　いろいろな材料の熱伝導率

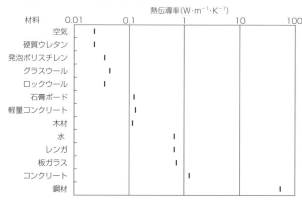

■図表2　熱的快適性の条件

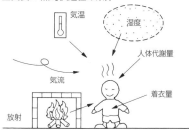

■図表4　断熱性と熱容量の効果

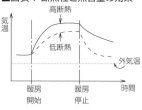
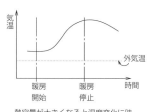

断熱性を高めると外気温の影響を受けにくくなり、温度変化が小さくなる。

熱容量が大きくなると温度変化に時間遅れが生じ、変動が平滑化される。

5）断熱と気密

　建築内部全体の室温が外部よりも1度高いときに、室内から逃げる熱量を延べ床面積で割った熱損失係数の大きさが断熱性能を表している。熱損失係数を小さくすることで断熱性は上昇し、上下温度差・室間温度差の小さい空間に近付けることができる。室間温度差が大きいとヒートショック（血圧の変動などによる身体へのダメージ）を受ける危険性も高くなる。

6）結露

　物体表面温度が露点温度以下になると、表面に空気中の水蒸気が水として凝結する。この現象を結露という。結露は、カビや腐敗などの原因となり、健康への影響や建築の劣化といった被害を与えることがある。

　結露の発生の判定は湿り空気線図で行う（図表5）。同じ温度で湿度が大きくなると露点温度は上昇し、結露しやすくなる。

　建築物の壁は複数の物質が層をなしている。外部から見える面の結露を表面結露といい、それ以外の外部から見ることができない結露は内部結露という。低湿度の維持や露点温度をコントロールする工夫が結露の防止対策となる（図表6）。

7）グリーン建築

　グリーン建築とは、人体に対し害のない素材を用い、かつ環境負荷の少ない建築手法を用いた建築を指している。経済効率だけでなく、人体への安全性や地球環境への影響をも考えた現代に望まれる建築といえる。

　自然エネルギーを活用して熱的な快適性を実現する建築をソーラーハウスという。機械的な設備を用いて積極的に集熱を行うアクティブソーラーハウスと、建築的な工夫だけで熱環境をある程度制御するパッシブソーラーハウス（図表7）がある。ソーラーハウスも熱的側面からグリーン建築を実現する手段の一つとして考えられる。

■図表5 結露の判定　湿り空気線図（略図）

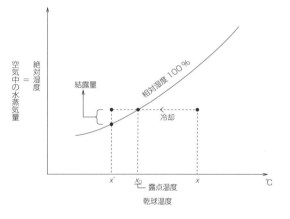

■図表6 結露防止の考え方

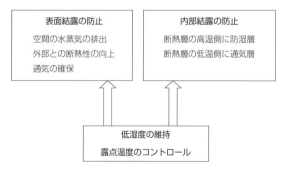

■図表7 パッシブソーラーハウスの例

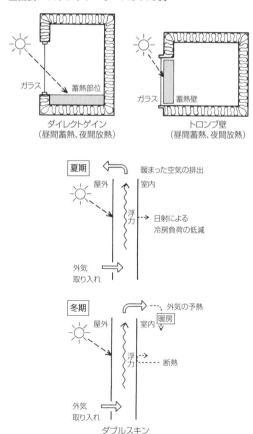

考えてみよう　●内部結露防止のための具体的な構法について、矩計図を見ながら考えてみよう。
●夏期の太陽からの輻射（日射）を遮る工夫について調べてみよう。

45

空気のコントロール

【学習のねらい】通風と換気は居住空間を健康的に保つために欠かせない要件の一つである。ここでは、良質な空気質の確保の方法について考える。

1）空気を感じる

窓を開け放って外の新鮮な空気を吸うと、気分がさわやかになる。室内の空気中には不快な臭いだけでなく、建材などの中に化学物質やダニ・カビのような健康を脅かすものが空気中に含まれている場合がある（図表1）。

2）空気の汚染

CO_2自体の毒性は数％以上にならないと表れないが、CO_2が増えるとほかの汚染物質もそれに伴って増加していると考えられ、室内空気の汚染の度合いを示す指標となっている。「建築基準法」、「建築物における衛生的環境の確保に関する法律（ビル管理法）」ではCO_2の室内許容濃度が0.1％（1,000 ppm）と定められている。COは毒性が強く、0.001％とさらに低い許容濃度となっている。

3）換気の分類

換気には自然換気と機械換気（図表2）がある。自然換気は人工的なエネルギーを用いることなく自然の力によって換気するもので、内外の温度差によって得られる温度差換気（重力換気）（図表3）と、屋外の風による風力換気（図表4）がある。機械換気には第1種から第3種まであり、特徴に応じて使い分けられる。

気流感を伴う自然換気を通風と呼ぶ。気温が高い季節に室温を抑制したり、湿気を排出する作用があるが、気温が低い季節の通風は隙間風と呼ばれ、歓迎されない。また隙間がなくとも窓周辺で冷やされた空気が下降気流となって気流を発生させることがある。これをコールドドラフトという。

給気口と排気口が近接していると、その近辺の局所的な空気だけが換気されてしまうショートサーキットという状態になり、ほかの場所の空気はそのままということもあり得る。局所換気であればよいが全体換気を目的としているのであれば、換気経路を考えた計画が必要である。

通風換気については開口の位置や種類を考え、不要な隙間は極力なくし、制御可能な状態であるようにしたい。冷暖房の計画と合わせて全体的に計画するのが望ましい。

■図表1 汚染物質の種類

二酸化炭素（CO_2）、一酸化炭素（CO）、窒素酸化物（NO_X）、硫黄酸化物（SO_X）、VOC（ホルムアルデヒド等の揮発性有機化合物）、臭気、浮遊粉塵、アスベスト、各種アレルゲン（花粉、ダニ、真菌ほか）、放射性物質（ラドン等）

■図表2 換気の分類

給気	排気	分類名	特徴
機械	機械	第1種	室内圧任意に設定。大量換気可能
	自然	第2種	室内正圧。清浄室に適
自然	機械	第3種	室内負圧。汚染室に適
	自然	第4種	ベンチレータなど補助機構有り。換気量不定
		（自然換気）	換気量不定

■図表3 温度差換気の原理

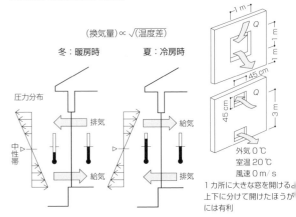

（換気量）$\propto \sqrt{（温度差）}$

冬：暖房時　　夏：冷房時

圧力分布

中性帯

排気　　給気

給気　　排気

外気 0℃
室温 20℃
風速 0m/s

1カ所に大きな窓を開けるより上下に分けて開けたほうがには有利

■図表4 風力換気の原理

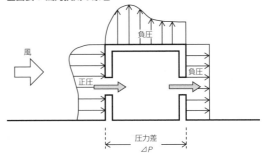

風

負圧

正圧　　負圧

圧力差
ΔP

4) 必要換気量の計算

　換気量（m³/h）を室容積で割ると、1時間に室内の空気が平均して何回入れ替わるかを表す値となる。これを換気回数という。必要換気量は許容濃度から決まる（図表5）。許容濃度から必要換気量を計算する式は（1）である。

　一般的にCO_2の許容濃度をもとに必要換気量を求めている。通常一人当たり30 m³/h、換気回数で約0.5回/hといわれている。

　換気量は内外の圧力差の平方根と開口面積に比例している。ただし開口面積は辺縁部での抵抗などにより、そのままの値ではなく、流量係数を乗じたものになる。これを相当開口面積（実効面積）という。また、開口部が複数あるときは開口面積の効果を合成する必要があるが、開口部の位置関係が並列か直列かによって合成方法は異なる（図表6）。

5) 都市の風

　屋外に吹く風方向や強さは気象と地形によって異なる。季節風は夏には太平洋から大陸に向けて、冬にはその反対方向に吹くので、地域の卓越風の基本となる。

　都市という巨視的視点からみると、海のような開けたところから河川などをなぞるように向けて風が吹き込む。これを「風の道」と呼んでいる。都市はさまざまな経済的活動により廃熱が溜まりやすい。このような熱の滞留をヒートアイランドという。都市の廃熱や大気の汚染物質を都市外に排出する機能が風の道に期待される。

　風の強さは地表からの高さによって異なる。一般的に高い位置では風力は強くなる。そのため高層住宅などでは上層階ほど風が強くなるので、ベランダの手すりやサッシなどでの風切り音、振動音の発生に留意する必要がある。

　高層ビルは上空の風の流れを阻害するため、地上で強い風を発生させることがある。このような風をビル風という（図表7）。歩行の障害となる場合があるので、気流を和らげるために植栽や何らかの工作物で対応しなければならない場合がある。

■図表5 室内汚染物質と換気量の関係

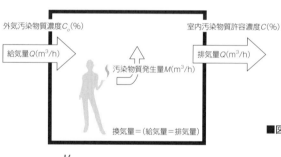

外気汚染物質濃度C_o（%）　　室内汚染物質許容濃度C（%）

給気量Q（m³/h）　　排気量Q（m³/h）

汚染物質発生量M（m³/h）

換気量＝（給気量＝排気量）

$$Q=\frac{M}{\dfrac{C}{100}-\dfrac{C_o}{100}} \quad \cdots \cdot (1)$$

Q：必要換気量（m³/h）
M：汚染物質発生量（m³/h）
C：室内汚染物質許容濃度（%）
C_o：外気汚染物質濃度（%）

■図表6 開口部の位置関係と総合相当開口面積
（流量係数α、開口面積A、相当開口面積＝αA）

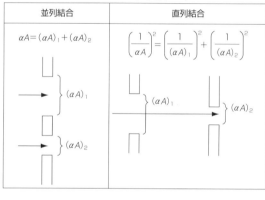

並列結合	直列結合
$\alpha A=(\alpha A)_1+(\alpha A)_2$	$\left(\dfrac{1}{\alpha A}\right)^2=\left(\dfrac{1}{(\alpha A)_1}\right)^2+\left(\dfrac{1}{(\alpha A)_2}\right)^2$

■図表7 ビル風発生の模式図

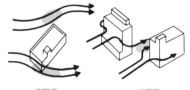

剥離流　　　　　　谷間風

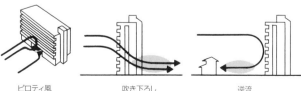

ピロティ風　　　　吹き下ろし　　　　逆流

考えてみよう
●自宅の換気・通風がどのようになっているか見取り図を描いて確認してみよう。
●風が強く（弱く）感じる場所はどのような特徴のある場所だろうか。

音のコントロール

【学習のねらい】静けさは良質な空間を確保するための基本的な条件である。ここでは、音の伝搬と響きの機構を学び、適切な音環境の制御ができることを目指す。

1) 音を感じる

　静けさは生活の質の基本である。どんなに美しい空間でも、そこに不快な音が満ちていれば、快適な環境にはならない。また、音を聞くことが目的となる場合、その音が明確に聞こえる必要がある。音楽ホールではさらに美しく聞こえるような響きも求められる。

2) 音の伝わり

　音は空気の圧力変化(音圧)であり、疎密波と呼ばれる。低音域の音(周波数が小さい)ほど回折しやすく、物体を透過しやすいため、騒音としては防ぎにくい。

　振動が居室の壁・天井から音として放射される固体音と、音源自体から空気中に放射される空気音がある。固体音は生活状況を伝わりやすく、小さな音でも集合住宅などでは問題となりやすい(図表1)。

3) 音の性質

　音はその周波数特性によって純音・複合音・雑音に分類することができる(図表2)。音の基本的認知属性としては、大きさ感(loudness)、高さ感(pitch)、音色(tone)の三つがある。音の大きさ感は、音圧の対数に比例するので音圧レベル(単位はdB＝デシベル)に変換して表記する。高さ感は、基本周波数によって決まる。音色は、周波数ごとの音圧の大きさの構成によって異なる(24頁参照)。

　また、聴覚の感度は周波数によって異なる。そのため、いろいろな周波数を含む実際の音の大きさ感は、聴覚特性に近似させた周波数の重み付け(A特性)で補正する。これをA特性音圧レベル(単位はdB)という。

4) 遮音と吸音

　物体に入射した音のエネルギー(E_i)は反射(E_r)、吸収(E_a)、透過(E_t)する。ここから透過率τと吸音率αが定義される(図表3)。また、透過率は計算の利便のため透過損失R(dB)として表現されることが多い。

5) 音場

　音場とは、空間における反射音の多さを表す。響きが少ない空間はデッド、よく響く空間をライブと表現す

■図表1　空気音と固体音(✕✕✕が含まれる音が固体音)

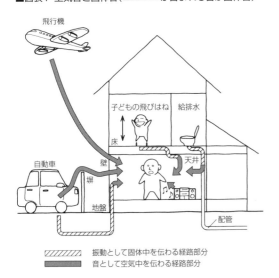

飛行機
子どもの飛びはね
給排水
床
自動車
壁
塀
天井
地盤
配管

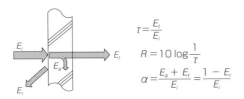

✕✕✕　振動として固体中を伝わる経路部分
　　　音として空気中を伝わる経路部分

■図表3　遮音と吸音

$$\tau = \frac{E_t}{E_i}$$

$$R = 10 \log \frac{1}{\tau}$$

$$\alpha = \frac{E_a + E_t}{E_i} = \frac{1 - E_r}{E_i}$$

■図表2　音の波形(音圧−時間)と周波数特性

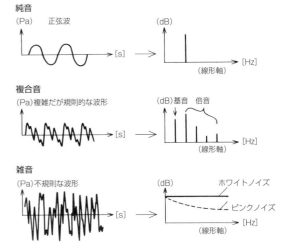

純音
(Pa)　正弦波　　　　　(dB)
　　　　　　　　　　　　　　　[Hz]
　　[s]　　　　　　　　　(線形軸)

複合音
(Pa)複雑だが規則的な波形　(dB)基音　倍音
　　[s]　　　　　　　　　　　　[Hz]
　　　　　　　　　　　　　(線形軸)

雑音
(Pa)不規則な波形　　　(dB)　　ホワイトノイズ
　　　　　　　　　　　　　　　ピンクノイズ
　　[s]　　　　　　　　　　　　[Hz]
　　　　　　　　　　　　　(線形軸)

ることもある。まったく響きがない空間を自由音場という。典型的な自由音場は、屋外空間や無響室である。逆に方向性のない反射音が支配している空間を完全拡散音場という。室内空間は、音源近くでは自由音場的だが、ある程度音源から離れると拡散音場とみなすことが多い。

6）遮音の原則と予測

透過損失は基本的には壁の面密度（単位面積当たりの重量kg／m²）に依存する。これを質量則という。中高音域では曲げ振動の影響でコインシデンス効果という透過損失の低下する領域が生じる（図表4）。遮音性を高くするには隙間を少なくしたり、屋根裏などの側路伝搬を減らすことも重要である。

7）騒音の評価指標

現実の音の大きさは時々刻々と変化する。平均値を計算する必要があるが、物理量の次元に戻してから平均する。この値を等価音圧レベル（L_{eq}）という。等間隔にN個サンプリングした騒音レベルL_iからは以下の式で計算できる。

$$L_{eq} = 10 \log \left[\frac{1}{N} \sum_{i=1}^{N} 10^{\frac{L_i}{10}} \right]$$

8）響きの設計

室用途によって適切な響きは異なる（図表5）。音声を明瞭に聞き取るためには短めの響きが望ましいが、音楽を美しく聴くにはそれよりやや長めの響きがよい。

残響時間とは、音が鳴り止んでから室内の音のエネルギーが$1／10^6$になるまでの時間と定義されている。音圧レベルでは60 dBの減衰に相当する。残響時間は室容積に比例し、室表面積と平均吸音率に反比例する。

反射音の状態によって変わった響きが感じられるものを特異現象と呼ぶ。通常、室内では響きが美しく感じられなかったり、音声が聞き取りにくくなったりするため、音響障害として嫌われることが多い（図表6）。

■図表4 透過損失の一般的傾向

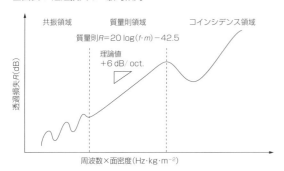

■図表5 室容積と推奨される残響時間

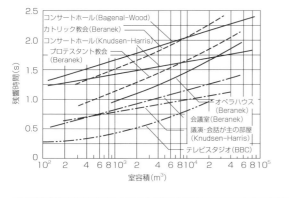

■図表6 さまざまな特異現象

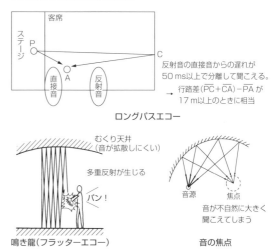

音響設計が必要なのは音楽ホールだけ？

集合住宅では、とくに固体音対策が重要である。また、空港や駅では残響時間が長すぎるとアナウンスが聞き取りにくくなる。オープンプランの学校も、隣教室との間で問題がないよう十分な配慮が必要である。あらゆる空間で音響設計は必要になる場合がある。

考えてみよう
● 物理的には小さくても、うるさいと感じる音はあるか。その音の特徴は何だろう。
● どこかに特異現象の現れる場所はないだろうか。身近な場所を探してみよう。

設備の計画

【学習のねらい】住環境は基本的には建築計画によって制御するが、現代の住宅では設備も不可欠である。ここでは、住環境に関連する多様な設備について学ぶ。

1) 設備のデザイン

居住空間には、近代以降さまざまな設備が用いられるようになっている。衛生・採暖・安全と徐々に設備が用いられる領域は広がり、現代の建築では設備の計画・選定もデザインの一つといえる。

高齢者や障害者への対応も必要である。住宅であっても、エレベーターやエスカレーターなど特別な設備が求められる場合もある。これらはバリアフリーの一環として住宅の建築計画全体に影響する。

設備計画では、本来の機能の充足と共に騒音の発生に注意したい。給水管ではときにウォータハンマ（水撃）と呼ばれる音が発生する。排水の音も生活の状況を伝えるので、不愉快な音になりやすい。空調設備の室外機やボイラーからの音は、近隣への騒音源になる場合がある。

2) 給排水設備

❶給水・給湯設備

上水の給水方式は、建物の用途・規模・制約条件などを考えて選択する（図表1）。2階建て以下の住宅では「水道直結方式」を用いることが多い。集合住宅や事務所など規模の大きい建物では、直結方式では給水圧力が不足する。そのため、「高置タンク方式」「圧力タンク方式」「ポンプ直送方式」など加圧の仕組みをもつ方式を用いる。

厨房・洗面所・浴室などでは、水と湯の両方が必要となる。給湯温度は60〜70度を目安とする。給湯のための熱源には図表2のようなものがあるが、省エネルギーを目指したものが増えている。

❷排水設備

排水に必ずトラップ（図表3）を設けるのは、下水管

■図表1 給水方式。圧力タンク方式は圧縮空気で加圧

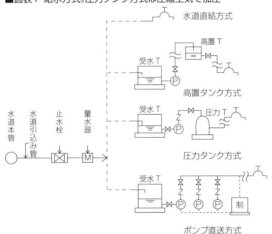

■図表3 トラップの種類

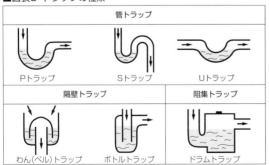

■図表2 給湯の熱源

通常の熱源	省エネルギーを目的とした熱源
ガス、石油、電力（深夜電力）	太陽熱、ヒートポンプ*、コ・ジェネレーション*

＊1 電気を駆動エネルギーとして低温から高温へ熱を移動させるシステム
＊2 エンジンやタービンによる電気と熱（冷熱）の同時生成システム

■図表4 トラップの破封原因

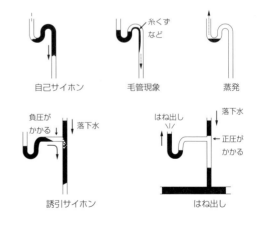

からの悪臭防止、虫・動物の侵入阻止の目的がある。衛生器具に組み込まれているものもある。阻集トラップは配管の閉塞の原因物質や有害物質、再利用可能な物質を排水中から分離・回収する阻集器をもったものである。グリス・オイル・毛髪・プラスター・土砂などの阻集器がある。図のドラムトラップは最も単純な沈殿しやすいものを排除する阻集機能を備えたものである。排水管の通気の欠陥や不適切な管理といった要因によってトラップの封水がなくなると衛生上の問題が生じるので、注意が必要である(図表4)。

3) 冷暖房設備

住宅で最も一般的な暖房設備として、燃料の燃焼によるものがある(図表5)。開放式では、室内空気の汚染があるので十分な換気が必要である。また、燃焼に伴って水蒸気も発生するので、結露の発生が危惧される。

燃焼によらない暖房には、エアコンなどの温風暖房や床暖房のような輻射式暖房がある。これらは空気の汚染の心配がなく、火災の危険性も少ない。

4) 空気調和設備

空気調和とは温度・湿度・気流・空気質などを全体として良好な状態に保つことである。設備としては、エアフィルタ・空気加熱器・空気冷却器・加湿器・送風機が基本的な構成である。構成方式によって分類すると図表6のようになる。

5) 安全のための設備

盗難や侵入などに対する防犯設備と、火災やガス漏れなどの災害に対する防災設備がある。感知・報知・防止・避難誘導といったことを目的としてさまざまな装置がある。とくに消火設備と避難設備は、建築基準法のほかに消防法の規定がある。

6) 設備とインフラストラクチャー

エネルギー(電気・ガス・灯油)・上下水道・通信(電話線・アンテナ)などは、人間が人間らしい生活を営んでいく上で必要なインフラストラクチャー(都市における人間生活の基盤となる設備)の一部である。災害時には交通・食料とともに、ライフラインとも呼ばれるこれらの確保・復旧が重要となる。

7) 設備選定の視点

設備の導入に当たっては、実現したい環境状態に加えて初期費用(イニシャルコスト)・維持管理費用(ランニングコスト)の面から総合的に考える必要がある。設備機器や建物自体の寿命も考えて、ライフサイクルコスト(LCC)という視点から最も経済的な計画をすることが望まれる。また、温室効果ガスの排出を抑制するという視点も、地球環境全体を考えると重要になる。LCC同様、ライフサイクルCO_2($LCCO_2$)という視点でも設備計画を考えたい。

■図表5 燃焼による暖房器具の種類

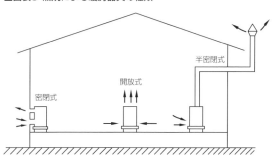

■図表6 空気調和設備の分類

設置方式	中央方式(セントラル方式)	・設備集約化で効率的。中規模以上の建物に用いられる。
	個別方式(ユニット方式)	・領域別に運転が可能。中小規模建築や住宅向き。
熱運搬方式	全空気方式	・単一ダクト方式は、全室の負荷が同一である建物に適する。 ・二重ダクト方式は室ごとの温度制御が可能であるが、設備費・運転費が高い。 ・マルチゾーンダクト方式はゾーンごとの負荷に応じた給気を行うもので中規模の建築に多く用いられている。
	空気・水方式	ダクトと配管の両方が必要。機器が分散するため維持管理がやや困難。
	水・冷媒方式	水または冷媒の配管のみ。ファンコイルユニットやパッケージユニットによって空気調和を行うが、換気、集塵に難点がある。

考えてみよう ●家庭ではどれくらいの水やエネルギーを使用しているだろうか。実際に自宅での使用量を調べてみよう。また、省エネルギーの方法にはどのようなものが考えられるだろうか。

日常災害と安全計画

【学習のねらい】日常生活では、思わぬところで事故が起こる。このような日常災害の特徴、原因を知ると共に、対策を考える。

1）日常災害の種類

　日常災害は、ここでは、日常の生活の中で起こる建築に関係する事故のことをいう。大きく分けて、落下型・接触型・危険物型がある。落下型には、墜落・転落・転倒のように人が落ちるものと、物が落ちる落下物による打撲がある。墜落は上の階のバルコニーなど高い所から人が落ちる事故、転落は階段などから転がり落ちる事故、転倒は平面上で転ぶ事故である。接触型にはざらついた面でのこすり、鋭利物による傷害のように、見るからに危険なものもあるが、普段は安全と思われている戸や窓にもぶつかり、挟まれのような危険が潜んでいることに注意が必要である。危険物型は危険物による事故であるが、浴槽で起こる溺水などのように、一見、危険に見えないものもある（図表1）。建築災害の中の事故の種類と割合では、溺水と転倒が増える傾向にある。また、墜落と転落はほぼ同じ割合で発生し続けている。

2）人の能力と事故の被害

　人の動作能力は、年齢によって変化する。赤ん坊や子どもは発達段階であり、動作能力は低い。成人になるに従って能力が高くなり、高齢者になると筋力や判断力の低下により、再び能力が低くなる。能力が低い子どもや高齢者は日常災害に遭う機会が多く、また、事故に遭った場合に大事に至りやすい。

3）日常災害の種類と対策

❶高所からの墜落事故と対策

　高所からの墜落事故には、一般成人が身を乗り出してうっかり落ちる場合と、幼児などが手すりをよじ上ったり、手すり桟の隙間をすり抜けて墜落する場合がある。手すり壁等の高さは、建築基準法によって110 cm以上という基準がある。これは、うっかり落ちることを防止するために、日本人成人男子の99.9パーセンタイルの重心高さに若干の余裕をみた寸法といわれている（図表2）。幼児に対する配慮としては、よじ登れない高さを確保すると共に、足をかけられないように横桟は避ける（図表3）。また、よじ登りの足がかりとなるエアコンの室外機やバルコニーに置かれた荷物などは、手すりの反対側に置くなどの配慮が必要である。すり抜けに配慮して、縦桟は幼児の頭の寸法以下とされている（図表4）。

■図表1 日常災害の種類

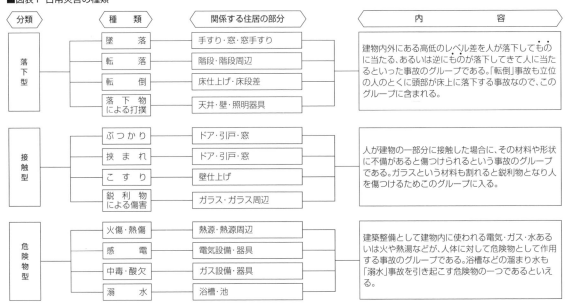

分類	種類	関係する住居の部分	内　容
落下型	墜落	手すり・窓・窓手すり	建物内外にある高低のレベル差を人が落下してものに当たる、あるいは逆にものが落下してきて人に当たるといった事故のグループである。「転倒」事故も立位の人のとくに頭部が床上に落下する事故なので、このグループに含まれる。
	転落	階段・階段周辺	
	転倒	床仕上げ・床段差	
	落下物による打撲	天井・壁・照明器具	
接触型	ぶつかり	ドア・引戸・窓	人が建物の一部分に接触した場合に、その材料や形状に不備があると傷つけられるという事故のグループである。ガラスという材料も割れると鋭利物となり人を傷つけるためこのグループに入る。
	挟まれ	ドア・引戸・窓	
	こすり	壁仕上げ	
	鋭利物による傷害	ガラス・ガラス周辺	
危険物型	火傷・熱傷	熱源・熱源周辺	建築整備として建物内に使われる電気・ガス・水あるいは火や熱湯などが、人体に対して危険物として作用する事故のグループである。浴槽などの溜まり水も「溺水」事故を引き起こす危険物の一つであるといえる。
	感電	電気設備・器具	
	中毒・酸欠	ガス設備・器具	
	溺水	浴槽・池	

❷階段からの転落事故と対策

　階段の事故は、足を滑らせる、踏み外すなど階段の高い所から下に転がり落ちることで起こる。事故の発生を減らすためには、階段の勾配を緩くする、踏面を広くする、階段の段端を滑りにくくする、手すりを付けるなどが考えられる。階段で転落した場合、事故の被害を減少させるためには、下まで落ちないように途中に踊り場のあるタイプの階段にする、回り段はできるだけ低い位置に設けるなどが有効である。

❸平面上での転倒と対策

　転倒を防ぐためには滑りにくい床にする、つまずきにくい床にすることが重要である（図表5）。転倒した場合の被害を減らす対策として、固すぎない床とする必要がある。

❹風呂での溺水事故と対策

　風呂での溺水事故は、高齢者などが浴室内で転倒する、持病などを発病することにより起こる場合と、子ど

もが風呂の残り水に転落し溺れる場合の二つが主である。高齢者の事故を防ぐには、適切な場所に手すりを設置することや床を滑りにくくすることが有効である。

❺挟まれ、衝突事故と対策

　家具や建具の扉などのように可動のものには、衝突したり、挟まれたりする危険がある。住宅に使われる扉は開き戸と引戸に分けられるが、発生する事故の種類が異なる。開き戸では開いた先にいる人に衝突したり、反対側から閉められた扉で手や指を挟むような事故が起こる。また、ヒンジ側の隙間に指を挟む場合もある。衝突は、先が見えないことが原因で起こる場合も多く、開き勝手を考えたり、扉を通して反対側が見えるようにガラスを入れたりするなども効果がある。引戸の衝突事故は比較的少ないが、重い扉を勢いよく閉めた場合、指を挟むなどの重大な事故が起きる可能性がある。扉を吊り戸にして軽くしたり、力を入れやすい取っ手にしたりするなどの対策が考えられる。

■図表2 手すり壁等の高さの取り方(cm)

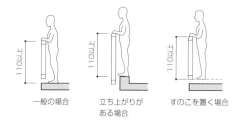

一般の場合　　立ち上がりがある場合　　すのこを置く場合

■図表3 幼児のよじ登りに対する配置(cm)

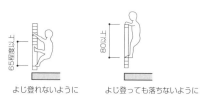

よじ登れないように　　よじ登っても落ちないように

バルコニー・手すり

■図表4 幼児のすり抜けに配慮した隙間の間隔(cm)

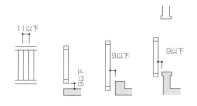

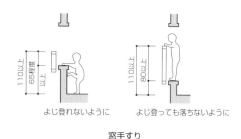

よじ登れないように　　よじ登っても落ちないように

窓手すり

■図表5 床の滑り抵抗値

滑り抵抗値	木製	(パーケット)(フローリング)	リノリウム	(研ぎ出し)人造石	ゴムタイル	御影石	タイルリノリウム	塩ビ系シート	塩ビ系タイル	塗床コンクリート	鉄板	表面硬化コンクリート	テラゾ	磁器タイル
材料名														

0.1以下	きわめて滑る	0.2〜0.25	普　通
0.1〜0.2	滑　る	0.25以上	滑らない

● : 掃除のよくしてあるもの
○ : 普通のもの
△ : よくないもの

(この判定はちょっとあまく、実際は0.3を中心としてそれ以上が滑らないと考えられている)(宇野英隆による)

考えてみよう　●図表1を見ながら、自宅で日常災害が起こりそうな所を探し、どうすれば日常災害を防げるか考えてみよう。たとえば、自宅の床で滑ると危なそうな所を探してみよう。

地震・火災と安全計画

【学習のねらい】自然災害には、地震・火災・暴風雨・洪水・高潮・津波・噴火などがあるが、事前の対策によって、その被害は軽減できる。ここでは、インテリアと関連して重要な地震・火災を把握すると共に、その対策を考える。

1) 地震への対策

❶地震の災害

　阪神・淡路大震災などをはじめとした大地震では、耐震性の低い家屋が倒壊し、その犠牲となって多数の被災者が出た。また、建物は倒壊しなくとも、天井や窓といった建築部材の破壊や転倒した家具の下敷きになって、大きな被害を被ることがある。老朽化した木造住宅には倒壊の危険性が高いものがある。また、超高層住宅などの高層階では地震時の建物の振幅が予想以上に大きく、室内の震動が大きくなることにも配慮が必要である。

❷地震災害への対策

建物の倒壊防止　　建物が地震時に倒壊しないように、建築基準法では構造設計基準が設けられている。基本的な考え方として中規模の地震までは破壊なく耐え、大規模な地震時には一部の破壊は許容するが倒壊を防ぐという二段階耐震設計の考え方にのっとっている。加えて中規模以上の建物では、地震の揺れを抑える仕組みを取り入れている。建物と地面の間に横揺れしやすい層をつくって、地面の震動を建物に伝えないようにする免震や、建物に組み込まれたダンパーなどの機構で震動を減衰させる制震などがその例である（図表1）。

天井の落下防止　　化粧天井などは、上階のスラブから吊り下げて施工されている場合が多く、地震時には天井板や下地が落下するおそれがある。また、組込みや

吊下げ型の照明器具は脱落するおそれがあり、揺れ止めを付けるなど配慮が必要である（図表2）。

ガラスの破壊防止　　地震に配慮されていない窓枠は、地震に追従して変形する。窓ガラスは形を保ったままであるため、枠の変形が大きいとガラスが破損し、脱落するおそれがある。落下防止対策として、破損しても落下しにくいようにガラスに飛散防止用フィルムを貼る、ガラスが破損しないように窓枠でガラスを支えるシール材に、変形に余裕のあるものを用いるといった対応がある。下階に落下させないためには、外部にネットを張る、バルコニーを設置するなどの方法がある。落下ガラスの飛散範囲は、窓高さの1/3〜1/2といわれており、この部分に植え込みをつくるなど、人の立入りを制限する考え方もある。

家具の転倒防止　　地震時には固定していない家具はさまざまな挙動を示し転倒・落下・破壊する。大きな家

■図表1　さまざまな構造計画

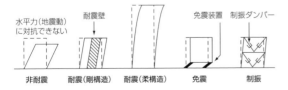

非耐震　　耐震（剛構造）　　耐震（柔構造）　　免震　　制振

■図表2　地震時の天井などの落下パターン

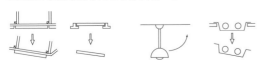

天井下地の落下　天井板の落下　吊下型照明器具の衝突　天井付照明器具の落下

■図表3　地震時における家具の挙動

振動による家具の転倒、人・物への直接被害のほか、避難通路の閉鎖など2次的災害を引き起こす。

転倒

積み重ね家具・たんすの上の飾り棚など、揺れによって落下する。

落下

歩き移動、滑り移動する。ガラスの破壊、避難通路の閉鎖などを引き起こす。

ロッキング移動

揺れによって収納物が、外部へ飛び出し落下、散乱する。人間への直接的傷害のほか、避難の妨げとなる。

収納物落下

引出し、扉が開閉し飛び出したり、落下する。これによってバランスを失い家具が転倒する。

扉,引出しの開閉落下

振動に伴う揺れによって家具全体が破壊、使用が不可能になる。

全体破壊

ジョイント部分、あるいは家具の一部分が破壊、補修が必要となる。

部分破壊

振動と激しい揺れによって変形を生じ、復元しなくなる。場合によっては使用不可能となり、変形が進めば破壊に至る。

変形

振動によって激しい揺れ、発音を生じる。心理的パニックを与えるばかりでなく収納物への被害もある。

発音、揺れ

薬品棚から発火性の薬品がこぼれ、火災を起こす。あるいはストーブなどを押し倒し、火災に至るなどの火にかかわる被害。

発火、着火

具などの転倒で下敷きになると非常に危険であり、転倒防止のための固定などが必要である。また、積み重ねられた家具はそれぞれが別々の動きをし、場合によっては宙を舞う場合もあり、注意が必要である。ガラスの入った家具は、破壊によって危険性を増すため、設置場所には配慮する必要がある（図表3）。

2) 火災への対策

❶火災被害

2006年中において、放火を除いた住宅（一般住宅、共同住宅および併用住宅）火災の件数は1万8,328件であり、建物火災の件数（3万1,506件）の58.2%と半数以上を占めている。住宅火災は件数が多いと共に、対策が個人にゆだねられ抜本的な規制が難しい。火災の被害者のうち、65歳以上の高齢者および5歳以下の乳幼児の死者数が多いなど、被害は弱い人のところに集中する傾向がある。

❷火災災害への対策

火災の被害を軽減するためには、①火を出さない、②早く出火を見つける、③燃え広がらせない、④すみやかに消す、⑤すばやく逃げる、という点が挙げられる。①では、住宅はコンロおよびタバコからの出火が多く、火元の処理をすることが重要である。②では、消防法により住宅用火災警報器の設置の義務付けを行っている。住宅用火災警報器は、逃げ遅れ防止等の観点から、一般住宅の寝室および階段の2階部分に設置することが義務付けられている。③では、建物の規模に応じて、室内

の床・壁・天井の仕上げ材を燃えにくいものにする内装制限や、燃えにくいコンクリートや防火戸、網入りガラスなどの素材で部屋を小さく区切る防火区画などの法規制がある。④では、消火器の導入があり、近年は家庭用スプリンクラーの導入なども検討されている。⑤では、早く火災を発見すると共に、火事で一つの避難経路が塞がれても逃げられるように2方向に避難経路を確保する、バルコニーや屋外の階段を利用して避難できるなどの計画が有効である。

❸火災と避難計画

火災時に、建物から地上まで安全に避難できることを確認するために、建築基準法では避難計算による評価が行われる。火災時に避難にかかる時間は、火災時の避難行動と合わせて整理されている。建物で出火しても避難者はすぐ避難するわけではなく、火災を覚知し消火、避難の準備など初期対応行動をするための避難開始時間が必要である。避難開始後、居室から廊下・階段、地上の屋外へと移動するための避難行動時間がかかる。建物内の人に危険が及ぶ危険波及時間より総避難時間が短くなるように、建物の防災計画がなされる（図表4）。危険波及時間を長くするためには、内装材料を不燃のものにしたり（図表5）、火災の煙を外部に排出する排煙設備を設ける、消火設備としてスプリンクラーを設置するなどが効果的である。これらは建物規模に応じて法で定められている。

避難時間を短くするためには、火災感知器、報知器を設置し、火災に気付きやすくすると共に、居室の扉の幅、階段の幅、扉幅を広くするなどで、早く外に出られるようにすることが有効である。

火災が広がらないように、壁や防火戸、防火ガラスなどで、部屋や廊下階段を区切る防火区画（図表6）によって安全な避難経路を確保することも重要である。

■図表4 避難にかかる時間

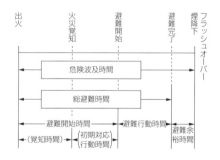

■図表5 防火材料の性能基準

不燃素材	コンクリート、煉瓦、瓦、鉄鋼、アルミニウム、ガラス、モルタル、漆喰、その他これに類する建築材料
準不燃材料	木毛セメント板、石膏ボード、その他の建築材料
難燃材料	難燃合板、難燃繊維板、難燃プラスチック板、その他の建築材料
化粧材料	薄く仕上げる化粧材料について、規定施工法による場合に下地材の防火性能を認めるもの（塗料、繊維壁、湿式吹付材料）

■図表6 安全区画の例

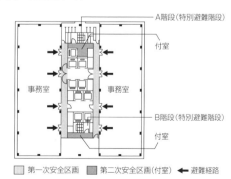

考えてみよう
- ●寝室の家具の中で地震時に転倒すると危険なものを確認しよう。
- ●よく利用する施設で避難に利用できる経路が二つ以上あるか確認してみよう。

5. インテリアと安全──③
群集事故と安全計画

【学習のねらい】人がたくさん集まるところでは、日常的な事故や、災害時の安全を考えなければならない。多くの人が集まる空間はどのように計画すればよいかを考える。

1）群集の特性

「人は個人であるときと群集の中にあるときとでは、まったく別人として振る舞う」といわれている。人は個人としてはそれぞれの目的をもって移動するが、集まって群集となると、周りの人々に行動を制限され、全体として一様の動きとなることが多い。この場合、群集は変化に対する急な方向転換や停止が難しい場合もある。このように、多くの人が利用する施設などでは、群集を安全に誘導するために、その特性に合わせた計画をする必要がある。

2）個人の歩行

群集の歩行は、個人の歩行の集合によって成り立つ。個人の歩行動作は、4期に分けられる。後ろ脚を蹴り出し、左右の脚を交差させ、その脚が前脚として床を支え反対の脚を蹴り出し、最後に反対の脚が床につき体重を支持し最初と同じ姿勢となるまでを1周期とする（図表1）。歩行する際には、脚を蹴り出すために後ろ脚から前脚の前方まで100～200 cm、腕を振るために横幅70 cm程度の歩行のための余裕寸法が必要になる（図表2）。

■図表1　歩行動作の4期

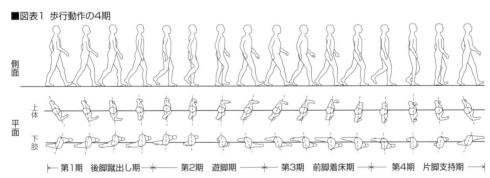

側面

平面　上体　下肢

├─ 第1期　後脚蹴出し期 ─┤├─ 第2期　遊脚期 ─┤├─ 第3期　前脚着床期 ─┤├─ 第4期　片脚支持期 ─┤

■図表2　歩行帯と知覚帯（cm）

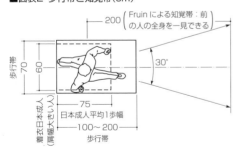

■図表3　群集事故の状況

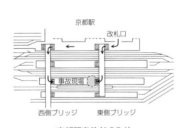

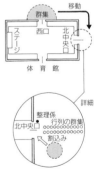

京都駅事件（1934）
兵士見送りで階段からホームへ人波が崩れた将棋倒し

横浜体育館事件（1960）
コンサート待ち行列の位置変更に伴う割込みと人の殺到による将棋倒し

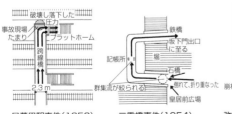

日暮里駅事件（1952）
陸橋で群集が集中し圧力で陸橋突き当たりの壁が崩れ墜落

二重橋事件（1954）
正月の一般参賀で広場で待つ群集が開場と同時に殺到し将棋倒し

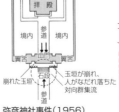

弥彦神社事件（1956）
正月の餅撒きで石段上下で人が押し合いとなり倒れた人の上に将棋倒し

明石花火大会事故（2001）
駅から会場に通じる長い陸橋で行き帰りの群集が押し合いとなり倒れ込んだ群集なだれ

3）群集の事故

　群集に適切な制御が行われない場合、思わぬ事故につながることがある。過去には、さまざまな群集事故が起こっているが、その主なものに、「将棋倒し」として後ろの人が前の人に押し重なるように倒れる現象と、「群集なだれ」として密集がお互いに押し合いもたれ合っていた状態のバランスが崩れ、間に空いた隙間に人が雪崩のように倒れ込む現象がある（図表3）。群集事故は、過度の集中や殺到などによって起こるが、空間形状の不備や情報伝達の不備が原因となることが多い。

4）群集の状態

　群集事故を防止するためには、群集の特性を把握し、適切に群集を制御する計画を実施する必要がある。群集の状態は、群集密度（1 m² 当たりの人数）で評価される。それぞれの密度における静止した群集の状態を示す（図表4）。歩行状態では脚を送り出すスペースが必要となるため、同じ密度の静止状態よりも混雑感が強い。4人／m²では、駅のラッシュアワーのホーム階段下程度の密集状態であり、かなりの混雑である。群集の歩行速度と密度の関係は、密度が上がり混雑すると速度が下がり、おおむね反比例するという傾向がある（図表5）。

5）群集の制御方法

　群集を制御する方法として、流動を円滑にする、事前に情報を与える、指示やルールを明確に伝えるなどが有効である。具体的な方法としては、人数に応じた通路幅にする、途中で狭くなる部分をつくらない、適度に滞留できるスペースをつくる、異なる目的をもつ／異なる方向へ向かう群集を分離する、などが挙げられる。また、通常の建築計画と異なり、動線を長くすることで群集の集中を避けるという制御も有効である（図表6）。

　多数の群集が利用する施設では、日常利用の群集制御を考えると共に、非常時の避難についても重点的に対策を行う必要がある。

■図表4　静止状態の群集密度のレベル

密　度	状　　　　　態
1人／m²	雨の日に群集の一人ひとりが傘をさしている状態、JR新幹線のグリーン車の密度。
2人／m²	床座で少し詰めた状態。ゆったりした劇場の客席の密度。長期にわたって人間を収容する場合の限界。
3人／m²	窮屈な映画館の座席の状態、前後左右を詰めて並んで待っている群集の状態。
4人／m²	野球場のスタンドのベンチに並んで腰掛けた状態。混雑度150％（定員の1.5倍）の通勤電車内の密度。
5～6人／m²	満員のエレベーターの状態。前後に接触はなく、触れあう程度。週刊誌は読めるが落とした物は拾いにくい。混雑率200％の通勤電車内の密度
7人／m²	肩や肘に圧力を感じる。7.5人／m²でも人と人の間にかろうじて割り込める。手を上げ下げもできる。
9人／m²	人と人の間に割り込むことは困難である。
10人／m²	周囲から体圧を感じる。
11～12人／m²	周囲からの体圧が強くなり、あちこちから悲鳴が出る。
13人／m²	うめき声や悲鳴が急に多くなる。

■図表5　水平路一方向流の密度と歩行速度

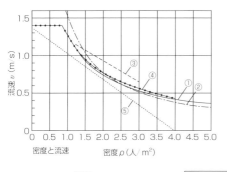

① ── $v = 1.272\rho^{-0.7954}$　④ ━━ $v = -0.26 + \sqrt{2.4／\rho - 0.13}$
② ─・─ $v = 1.5／\rho$　⑤ ┈┈┈ $v = 1.365 - 0.341\rho$
③ ─ ─ ─ $v = 1.48 - 0.28\rho$

■図表6　群集流の処理方法

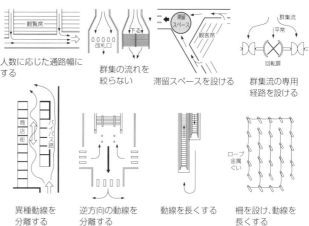

人数に応じた通路幅にする　　群集の流れを絞らない　　滞留スペースを設ける　　群集流の専用経路を設ける

異種動線を分離する　　逆方向の動線を分離する　　動線を長くする　　柵を設け、動線を長くする

考えてみよう　●自分が一人で自由に歩くときの歩行速度を計測してみよう。一定距離（D[m]）を移動する時間（T[秒]）を計り、D／T[m／秒]として求める。

防犯と安心計画

【学習のねらい】犯罪が起こりやすい場所、犯罪にねらわれやすい住居がどのようなものかを知ると共に、犯罪を未然に防ぎ安心できる計画を考える。

1) 環境設計による犯罪防止

犯罪防止の方法の一つとして、「環境設計による犯罪防止」がある。これは、建築・都市環境を整備することで、防犯に効果のある住宅、都市をつくることを目標としている。その考え方は次の四つの視点で整理されている。対象物の強化、接近の制御、監視性の強化、領域性の確保である(図表1)。

❶対象物の強化

建物自体を強化する方法であり、侵入を避けるために破壊に弱い窓ガラスや鍵を強化する、放火を防ぐために燃えやすいものを置く場所を囲い、犯罪者の目に付きにくくする、などがある。

❷接近の制御

犯罪者が対象物(者)に近付きにくくすることにより犯罪を未然に防ぐ方法であり、組織的方法(人による防御)、機械的方法(鍵などの設備)、自然的方法(空間の限定)がある。犯罪者が用いる侵入口には一定の傾向があるが、侵入口に接近しにくくするために足場になりそうなものを取り除く、一定の場所の通行を制限するなどの手法がとられる(図表2、3)。

❸監視性の確保

見通しを確保するなどして、多くの人の目が行き届くようにすることで、犯罪を防止する方法である。明るさを確保するために防犯灯を設ける、植え込みを整理するなどして外部から敷地内の見通しをよくする、集合住宅などで住戸の公園、広場に面した面に窓を設け、目を行き届かせる、などがある。

❹領域性の確保

集合住宅などでは共有エリアへの侵入を住民がコントロールできるように計画すべきである。守りやすい住空間(図表4)では、パブリックからプライベートまでを段階的、連続的に構成する計画がなされている(図表5)。誰もが入れるパブリックスペースと個人の領域であるプライベートスペースの中間であるセミパブリックスペース・セミプライベートスペースを計画することで、他者の侵入をしづらくすることができる。

このような領域は、外部と壁や建物などの境界で仕切られる。その入口にはゲートや門、サインなどを設けることで、暗示的に領域の区切りを示すことができる。このようにしてつくられた半公的領域を守ることで、安全・安心を確保する方法である。守るべき領域を決定し、多くの人に目を向けさせ監視性を挙げることで、犯罪者を住戸に接近させないという方策である。

積層する集合住宅では、セミパブリックスペースは、階段・廊下・建物の間の広場スペースなどであり、セミプライベートスペースは、個人庭や玄関ポーチなどである。セミパブリックスペースは外部者の侵入を防御する。セミプライベートスペースは個人の支配権が大きく及ぶところであり、外部からの侵入をコントロールしやすい。

■図表1 防犯環境設計の4原則

■図表2 共同住宅の侵入口

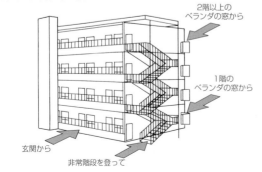

■図表3 戸建て住宅の侵入口

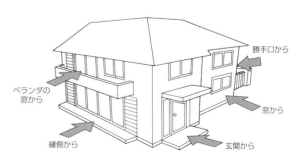

領域を区切る障壁には、実際的障壁・象徴的障壁がある。実際的障壁は侵入を物理的に防ぐ障壁であり、塀・柵・扉の付いた門などがある。象徴的障壁は、扉の付かない門、床仕上げの変化、段差・標識などがあり、物理的には侵入できても心理的に侵入しにくい仕組みである。

2）犯罪分析と防犯

　犯罪分析の一つに、犯罪パターン分析がある。犯罪パターン分析では、時間帯別、犯罪種類別、犯罪手口別、犯罪被害別などで整理するものなどがあり、犯罪マップとして視覚的に表したものを分析に用いることもある。これらの分析により、犯罪の多い地域、犯罪の起こりやすい周辺環境、空間構成などが指摘でき、防犯に役立てられている。

3）開いて守る、閉じて守る

　防犯に配慮して計画をする場合、外部に開いて監視性を高める考え方と、外部から閉じて内部を守る二つの考え方がある。たとえば、学校は教育施設であると共に地域とのコミュニケーションを図る施設でもあり、防犯の考え方は分かれる。方法の一つは、地域に開いてまちぐるみで守るという考え方であり、外部の人を含めて監視性を高めることによる防犯性能の向上である。もう一つは閉じて守るという考え方であり、塀や門などの物理的障壁によって学校と周辺環境を切り離し、その内部を守るという方法である。接近の制御は、地域との自然なコミュニティの形成をも妨げるため、両者を両立することは難しい問題である。

4）防犯と防災

　建物では日常的に不審者の外部からの侵入を防ぐ必要があり、これが防犯対策となる。一方、火災などの非常時には消防隊などが外部から進入する場合や内部の人が避難する場合など、すばやく出入口を開放するような防災対策が必要となる。このように防犯と防災は相反する対策が必要となるため、注意が必要である。

■図表4 パブリック　プライベート

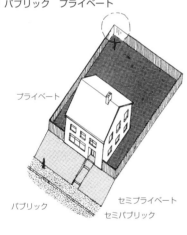

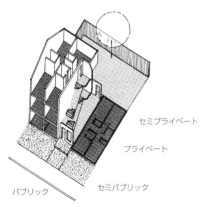

■図表5 守りやすい空間

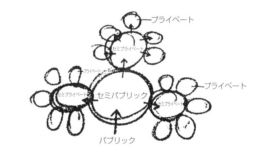

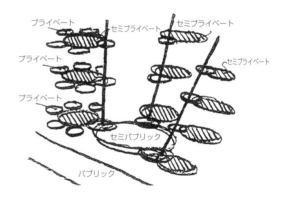

オスカー・ニューマン（1972）は、人々が環境をコントロールするためには、パブリックからプライベートまでのテリトリーの階層性が必要だとして、この考え方をダイアグラムで表現した（上図）。下図は高層住棟でのダイアグラムを表している。

考えてみよう　●自宅とその周辺について、図表4の四つのスペースの境界を考えてみよう。
　　　　　　　　●身の回りの場所で、人の目が行き届いて安心な所とそうでない所を考えてみよう。

シックハウスと防止計画

【学習のねらい】インテリアの内装材などに適切なものを用いないと有害物質を発生し、健康を害することがある。このようなシックハウス症候群が起こる原因とそれを防止する対策を考える。

1) シックハウス症候群とは

　新築の住宅やリフォームした住まいなどで起こるさまざまな体調不良を、総称してシックハウス症候群という。新しい建物に引っ越したときに起こることが多い。新建材が多く使われている建物や気密性の高い建物などで起こる例が報告されている。化学物質過敏症は、屋外で化学物質に触れたときにも起こるのに対し、シックハウス症候群は建物の中にいるときにだけ症状が出る。

2) シックハウスが問題となった背景

　シックハウスが問題となった背景として、室内での有害化学物質発生量が増加したこと、室内の換気量が減少したこと、化学物質に反応しやすい人が増えたことが挙げられる。新建材として、壁材や床材に利用される壁紙、集成材などの接着剤の中に含まれる化学物質や、木製家具から発生するホルムアルデヒド、香水やスプレーなどの生活用品、防虫剤や殺虫剤などに含まれる化学物質が人体に有害な影響を及ぼすことがある

■図表1 室内空気汚染の発生源

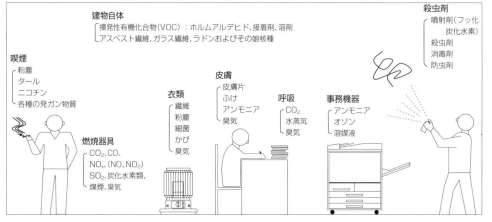

室内における汚染物質発生源の中で、ホルムアルデヒドやVOCなどは、その発生機構や発生量、人体影響が未解明な点が少なくないため、建築材料選択の段階から十分な吟味が必要となる。

■図表2 VOC指針値

揮発性有機化合物	毒性指標	室内濃度指針値*
ホルムアルデヒド	ヒト曝露における鼻咽頭粘膜への刺激	$100\ \mu g/m^3$ (0.08 ppm)
トルエン	ヒト曝露における神経行動機能および生殖発生への影響	$260\ \mu g/m^3$ (0.07 ppm)
キシレン	妊娠ラット曝露における出生児の中枢神経系発達への影響	$870\ \mu g/m^3$ (0.20 ppm)
パラジクロロベンゼン	ビーグル犬曝露における肝臓および腎臓等への影響	$240\ \mu g/m^3$ (0.04 ppm)
エチルベンゼン	マウスおよびラット曝露における肝臓および腎臓への影響	$3,800\ \mu g/m^3$ (0.88 ppm)
スチレン	ラット曝露における脳や肝臓への影響	$220\ \mu g/m^3$ (0.05 ppm)
クロルピリホス	母ラット曝露における新生児の神経発達への影響および新生児脳への形態学的影響	$1\ \mu g/m^3$ (0.07 ppb)。ただし、小児の場合は、$0.1\ \mu g/m^3$ (0.007 ppb)
フタル酸ジ–n–ブチル	母ラット曝露における新生児の生殖器の構造異常等の影響	$220\ \mu g/m^3$ (0.02 ppm)
テトラデカン	ラットにおける経口曝露知見による肝臓への影響	$330\ \mu g/m^3$ (0.041 ppm)
フタル酸ジ–2–エチルヘキシル	雄ラットの経口投与による精巣への影響	$120\ \mu g/m^3$ (7.6 ppb)
ダイアジノン	ラットの吸入曝露毒性に関する知見による血漿および赤血球コリンエステラーゼ活性への影響	$0.29\ \mu g/m^3$ (0.02 ppb)
ノナナール	ラットへの経口曝露による毒性学的影響	$41\ \mu g/m^3$ (7.0 ppb)

＊両単位の換算は、25℃の場合による

（図表1）。

従来の隙間の多い家から、高気密・高断熱化された住宅へと省エネルギー化がすすめられているが、適切な換気が行われないため、室内の空気と共に有害物質も溜まり、シックハウスの一因となっているといわれている。なお、シックハウス解消を目的として、2003年の建築基準法改正では、住宅・マンション・オフィス・病院などほとんどの建物の居室の24時間の換気設備が義務付けられた。

3）化学物質濃度の基準

室内空気の化学物空気汚染のうち、化学物質の空気濃度の規制は世界保健機構（WHO）がガイドラインを定めている。とくに揮発性有機化合物（VOC）による空気汚染は問題とされて、厚生労働省が室内空気中の濃度に関するガイドラインを示している（図表2）。これらは、人体が長時間これらの物質にさらされても安全である濃度の上限を示しており、建材から発生する化学物質の量の測定や必要な換気量の基準として用いられる。

4）シックハウス防止の対策

シックハウスを防止するには、室内の汚染物質の濃度を一定値以下にする必要がある（図表3）。そのためには、発散を抑える、換気する、取り除くなどの方法が有効である。発散を抑えるためには、室内で用いる建材等に室内汚染物質を含まないものを用いると共に、接着剤等にも注意することが必要である。高気密・高断熱住宅では、計画的な換気を行えるシステムにすると共に、利用者が意識的に換気を行うことも重要である。室内汚染物質が発散した場合には、汚染物質を吸着・分解

■図表3 汚染物質濃度の許容値

汚染物質	濃度の許容値
二酸化炭素	1,000 ppm（総合指標としての基準）
	3,500 ppm（単独指標としての基準）
一酸化炭素	10 ppm
浮遊粉塵	0.15 mg/m³
二酸化窒素	210 ppb
二酸化硫黄	130 ppb
ホルムアルデヒド	0.08 ppm
ラドン	150 Bq/m³
アスベスト	10本/L
総揮発性有機化合物（TVOC）	0.3 mg/m³

空気調和・衛生工学規格HASS102-1997

する材料や空気清浄機などの利用も検討する。基本的には、室内に発散させないように適切に換気をとることが重要である。

5）材料の選択

建築材料のうち、木質材料などの仕上げ材や壁紙のうちJISやJASの規格に合致したものには表示がある。このようなものを選択すれば、放散量が制限されている。接着剤、断熱材、塗料などのJISには、ホルムアルデヒドや揮発性有機化合物（VOC）についての規定がないため、製造業者による資料や業者団体などの自主基準が参考になる（図表4）。

6）化学物質の除去

拡散してしまった化学物質を除去するためには、空気清浄機や化学物質を吸着するシートなどを用いることもできる。また、揮発性有機化合物は室内を高温にすると放散量が増加することを利用して、室内を閉め切って暖房を行い、十分に揮発したところで換気するベークアウトという手法がとられることもある。いずれも放散した化学物質を除去するという方法で、補助的手法として考えるべきである。

■図表4 優先取組み物質を含む可能性のある建材・施工材の例

建材・施工材	含有している可能性のある優先的取組物質
合板、パーティクルボード、MDF	ホルムアルデヒド（接着剤）
断熱材（グラスウール）	ホルムアルデヒド（接着剤）
複合フローリング	ホルムアルデヒド（接着剤）
ビニル壁紙	ホルムアルデヒド（防腐剤）、可塑剤
防蟻剤（木部処理・土壌処理剤等）	有機リン系・ピレスロイド系殺虫剤
木材保存剤（現場施工用）	有機リン系・ピレスロイド系殺虫剤
油性ペイント	キシレン
アルキド樹脂塗料	キシレン
アクリル樹脂塗料	キシレン
油性ニス	トルエン・キシレン
＜上記以外の接着剤＞	
壁紙施工用デンプン系接着剤	ホルムアルデヒド
木工用接着剤	可塑剤
クロロプレンゴム系溶剤形接着剤	トルエン・キシレン
エポキシ樹脂系接着剤	キシレン・可塑剤
エチレン酢酸ビニル樹脂系エマルション形接着剤	トルエン・キシレン・可塑剤
ポリウレタン（溶剤）系接着剤	トルエン

考えてみよう ●汚染物質濃度の単位として用いられるppmは、どのくらいの割合を意味するか調べてみよう。1 ppmは、1 m³中に何cm³の物質が入る割合だろうか。

建物の構法

【学習のねらい】インテリアの構法を考える際には、建物の構法や構造について理解しておくことが望ましい。これらの基本的な知識を理解する。

1) 建物の構造と構法と工法

「構造」とは、外力に抵抗する建物の骨格や仕組みを示す。一方、「構法」は建物のつくられ方、成り立ちなど、幅広く意味して用いられ、建物の実態部分の仕組み全体を表現する言葉である。これはでき上がった状態だけでなく、つくる過程も含む概念である。建物に要求される条件を満たすように建築がいかに構成されているかを表すという点で、建物を実際に建設する手順や方法のことを意味する「工法」とは区別されている。建物用途や規模等をふまえて、構造・構法・工法等を選定する必要がある。

2) 建物における力の流れ

❶荷重と外力

建物に作用する荷重・外力は図表1に示すような種類がある。荷重の作用方向によって鉛直荷重と水平荷重に、作用期間によって長期荷重と短期荷重に分類される。鉛直荷重には建物の自重である固定荷重と、家具や人間等の積載荷重などがあり、水平荷重には風荷重、地震荷重などがある。日本では地震荷重の大きさで構造を決定する場合が多いが、地域や構造物の形状によって風荷重や積雪荷重の大きさで決定されることもある。

❷建物における力の流れ

各種荷重・外力は、構造体を介して基礎・地盤へと力が伝達される。そのときの力の流れの例を図表2に示す。

3) 構造種別と構造形式

❶建物の構造種別

建物の構造は、通常、主要となる構造材料により分類され、日本で建築される建物の構造種類には、木質構造（木造）、鉄筋コンクリート構造（RC造）、鉄骨構造（S造）、鉄骨鉄筋コンクリート（SRC造）などが多く用いられる。なお、戸建て住宅には木造が多く使用され、低層・中低層の集合住宅にはRC造、高層・超高層の集合住宅にはS造やSRC造が使用されることが多い。

また木造住宅には、在来軸組構法と枠組壁構法（ツーバイフォー）が多く用いられている（図表3、4）。

❷構造形式

主な構造形式には、壁式構造とラーメン構造（図表5、6）がある。壁式構造は壁で荷重、外力に抵抗する構造で、ラーメン構造は剛接された柱・梁で抵抗する構造である。構造形式の違いによって、建物のリフォーム時に、撤去可能な壁かどうかなどの判断が変わるため、注意が必要である。

また、近年の高層建物では免震構造（図表7）、制震構造といった耐震性に優れた構造などが使用されている（54頁参照）。

■図表1 荷重・外力の種類

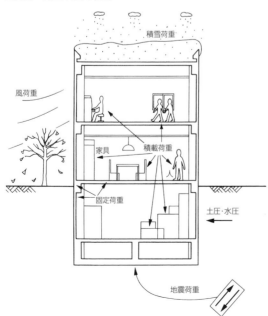

作用方向による分類	原因による分類	作用期間による分類
鉛直荷重 （引力による力）	固定荷重	常時荷重 （長期）
	積載荷重	
	積雪荷重	
水平荷重 （空気・地盤の 作用による力）	風荷重	非常時荷重 （短期）
	地震荷重	
	土圧・水圧	常時荷重
その他	振動・衝撃・熱・強制変位	実況による

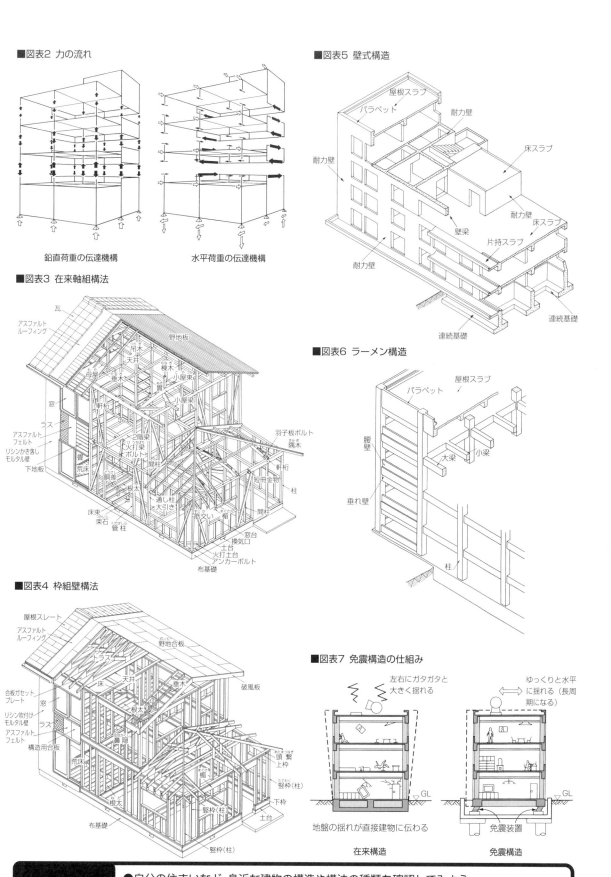

■図表2 力の流れ

鉛直荷重の伝達機構

水平荷重の伝達機構

■図表3 在来軸組構法

アスファルトルーフィング
瓦
野地板
吊木
天井
棟木
母屋
垂木
小屋束
貫
小屋梁
軒桁
窓
ラス
アスファルトフェルト
2階梁
火打梁
ボルト
リシンかき落しモルタル壁
畳
荒床
下地板
間柱
胴差
根太
通し柱
大引き
床束
束石
管柱
筋交い
楣
換気口
土台
火打土台
アンカーボルト
布基礎
羽子板ボルト
隅木
軒桁
柱
短冊金物
間柱
楣

■図表4 枠組壁構法

屋根スレート
アスファルトルーフィング
野地合板
トラス
天井
垂木
破風板
合板ガセットプレート
窓
根太
リシン吹付けモルタル壁
ラス
アスファルトフェルト
構造用合板
荒床
楣
頭繋
上枠
竪枠(柱)
根太
竪枠(柱)
下枠
布基礎
土台
竪枠(柱)

■図表5 壁式構造

屋根スラブ
パラペット
耐力壁
床スラブ
耐力壁
耐力壁
壁梁
片持スラブ
床スラブ
耐力壁
連続基礎
連続基礎

■図表6 ラーメン構造

屋根スラブ
パラペット
腰壁
大梁
小梁
垂れ壁
柱

■図表7 免震構造の仕組み

左右にガタガタと大きく揺れる

ゆっくりと水平に揺れる（長周期になる）

GL

GL

地盤の揺れが直接建物に伝わる

免震装置

在来構造

免震構造

考えてみよう
● 自分の住まいなど、身近な建物の構造や構法の種類を確認してみよう。
● 荷重が作用した場合の建物の力の流れを構造形式の違いごとに考えよう。

床の構法と仕上げ

【学習のねらい】床の構造や機能、性能について学び、さらに構法の種類や仕上げ材の種類と納まりなどの詳細について、基本的な知識を身に付ける。

1) 床の機能と性能

　床は建物内部の人間や家具、設備機器等を直接支える役目をする。床面は触覚を通じて人体に直接つながるため、壁や天井よりも生活に密接に結び付いている。

　床に求められる性能を図表1に示す。安全であること（安全性）や平滑であることは基本的な条件であるが、そのほか歩きやすさ（歩行性）なども重要である。また上下階の音については、トラブルを生じる可能性も少なくないため、近年の集合住宅では遮音性などを重視して設計されることが多い。

　また強度面での安全性も重要である。用途ごとに積載物を想定して設計を行っているため、住宅を倉庫のように使用するといった、特異な使用をすれば危険となる場合がある（図表2）。また滑りやすいために転んだり、つまずいて怪我をするなどの危険も避けるよう、適切な材質を選択する必要がある。なお、歩きにくい床は不快であるばかりでなく、疲労の原因になるため、適当なクッション性と反発性の兼ね合いも考えて、歩行性も確保したい。

2) 木造の床組

　木造の床には高床と土間床とがある。近年は「基礎土

■図表1 床に求められる性能

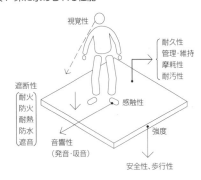

■図表2 床の積載荷重（建築基準法施行令）

	室　の　種　類	積　載　荷　重（床）N/mm²
1	住宅の居室、住宅以外の病室など	1,800
2	事務室	2,900
3	教　室	2,300
4	百貨店、店舗の売場	2,900
5	劇場、映画館、演芸場、公会堂、集会場などの客席、集会室など	2,900（固定席） 3,500（その他）
6	自動車車庫、自動車道路	5,400
7	廊下、玄関、階段	3〜5までに掲げる室に連絡するものにあっては5のその他の場合の数値をとる。
8	屋上、広場、バルコニー	1の数値をとる。学校、百貨店の用途に供する建物にあっては4の値をとる。

■図表3 床組例

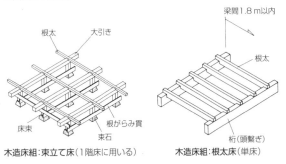

木造床組：束立て床（1階床に用いる）　　木造床組：根太床（単床） 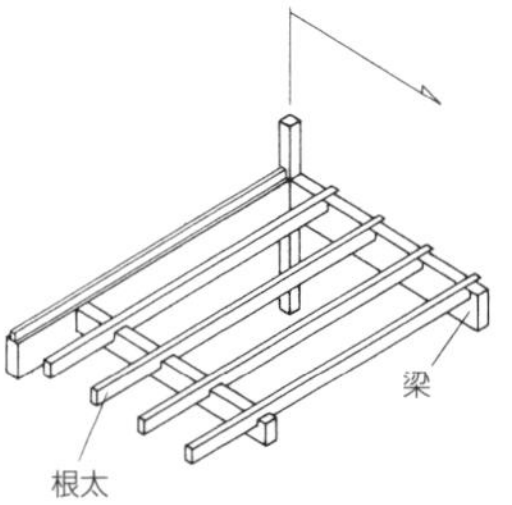　　木造床組：梁床（複床） 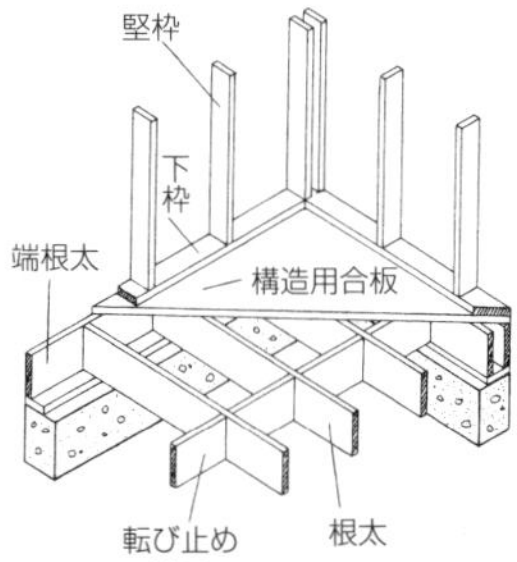　　2´×4´構法（プラットフォーム構造）の床組

■図表4 木造転ばし床組縁甲板張り

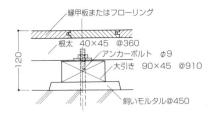

■図表5 木造転ばし床組畳敷き

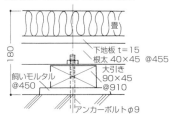

台」「束」「大引き」「根太」「梁」などによって構成する高床式が一般的で、地盤からの湿気の影響を受けないように、床の高さは建築基準法で地盤面から450 mm以上と定められている（72頁参照）。また1階と2階、和室と洋室などにより、床組の方法は異なる（図表3～5）。

3）床材の条件

　床材は、安全性、歩行性など床の機能に関する性能を満足させることが重要であるが、床材を選択する際には耐摩耗性や耐汚染性など、耐久性についても配慮する必要がある。とくにイニシャルコストとランニングコストの両面から検討した素材の選択が望ましい。

　また耐火・防火・耐水・遮音の性能なども床材の重要な性能であり、とくに集合住宅ではこれらの配慮が要求条件となりつつある。

4）床の仕上げ

　実際の床の仕上げは、用途によって畳・フローリング・カーペット・タイルなど、さまざまである。また水回り空間では耐水性、子どもが走り回る家の居室では耐衝撃性など、用途ごとに必要な性能を配慮して選択することが望ましい。また防炎性はもちろん、健康性についても注意が必要である。床仕上げ材の種類の例を図表6、7に示す。

　また仕上げ材ごとに納め方の方法もさまざまで、カーペットではグリッパー工法などが用いられる（図表8）。

　なお、近年の住宅では床暖房（温水配管や電気ヒーターパネル）や、防音床なども増えている。またオフィスや商業施設などの大規模建築ではフリーアクセスフロアや免震床などの機能をもつ床も増えつつある。

■図表6 床仕上げ材

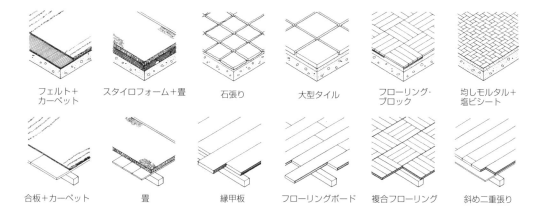

フェルト＋カーペット　スタイロフォーム＋畳　石張り　大型タイル　フローリング・ブロック　均しモルタル＋塩ビシート

合板＋カーペット　畳　縁甲板　フローリングボード　複合フローリング　斜め二重張り

■図表7 床の仕上げ種類

張り仕上げ
板張り────合板・フローリング
タイル張り──┬─ビニル系タイル（乾式工法）
　　　　　　├─アスファルト系タイル
　　　　　　├─ゴム系タイル
　　　　　　└─陶磁器質タイル（モルタル下地）
シート張り──┬─塩化ビニル系
　　　　　　├─リノリューム系
　　　　　　└─ゴム系
石張り──────（テラゾ・人造石・レンガ）
敷き床
畳敷き（根太の上に合板、畳敷き）
カーペット敷き──┬─敷詰め（ウォールツーウォール）
　　　　　　　　└─部分敷き、中敷き

■図表8 カーペット敷き工法の例

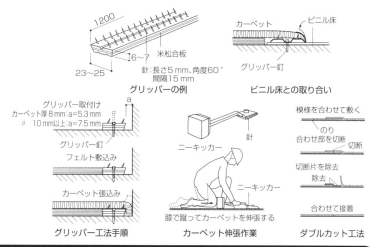

グリッパーの例　　　　　ビニル床との取り合い

グリッパー工法手順　　カーペット伸張作業　　ダブルカット工法

考えてみよう　●自宅の床にはどのような性能が確保されているか、部屋ごとに確認してみよう。
　　　　　　　●自宅の床仕上げがどのような種類となっているか、部屋ごとに調べてみよう。

壁の構法と仕上げ

【学習のねらい】壁の種類や機能、性能について学び、さらに壁の構法の種類や仕上げ材の種類と納まりなどの詳細について、基本的な知識を身に付ける。

1）壁の機能と種類

壁の種類には、屋内と屋外を区切る外周壁と、屋内の部屋を区切る間仕切り壁がある。集合住宅などの場合は、連続した住戸を区切る戸境壁というものも存在する。また外壁・内壁という分け方もあるが、外周壁の室内側面については両者に分類されることがある。さらに構造体として外力を負担するか否かによって、耐力壁・非耐力壁（カーテンウォール）という分類方法もある。

壁の基本的な役割は人間の視線や動線の遮断、空気の動き、音の伝搬、熱の移動等の制御などであるが、壁の種類によって求められる機能は異なっている。

❶外周壁

建物のシェルターとしての機能を確保するため、外敵や火災、日々の気候などから内部を守る目的がある。そのため耐破壊性、耐火性、耐水性、耐候性、断熱性、遮音性などが要求される。

❷戸境壁

プライバシーと安全性の確保のため、遮音性や防火性が必要である。

❸間仕切り壁

居室の壁は視線の遮断や遮音の機能が、台所や浴室の壁は耐火性、耐水性、防水性などが求められる。

■図表1　構造種別ごとの壁の詳細

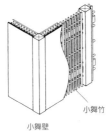
小舞壁

下地板
木摺下地漆喰壁

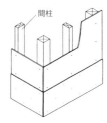
間柱
木下地プラスターボード壁

木壁体からなる壁

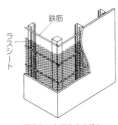
鉄筋
ラスシート
ラスシートモルタル塗り

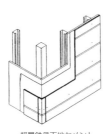
軽量鉄骨下地セメント成形板壁

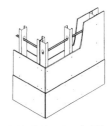
鋼製下地プラスターボード壁

鉄骨壁体からなる壁

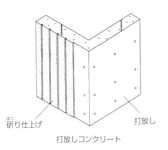
斫り仕上げ　打放し
打放しコンクリート　　均しモルタルプラスター壁

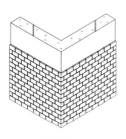
タイル張り

RC壁体からなる壁

❹その他

　ピアノ室、オーディオ室などを設ける場合は、遮音性、吸音性を備えていることが条件である。

2) 壁の構法

　構造種別により壁の構法は異なる（図表1）。鉄筋コンクリート構造の壁体などは構造体をそのまま利用できるが、木質構造や鉄骨構造などは下地を組んで面を形成するか、板材やパネルを張る必要がある。板材やパネルなどを張る場合を乾式工法、下地面に塗り材をのせる場合を湿式工法という。なお、壁仕上げの種類およびタイルの張り方の例を図表2、3に示す。

3) 木造住宅の壁

　木造在来住宅の壁は真壁造と大壁造に分かれてい

る。真壁造は柱や梁の軸組をそのまま現して壁を付けるもので、大壁造は構造材を内部に隠して仕上げるものであり、真壁は木造の和風住宅に、大壁は洋風の住宅に多く用いられる（図表4）。

　現在は、伝統的な壁の構法が次第に変わってきて、乾式工法になった。従来の左官によるものを湿式工法と呼ぶが、工程が下塗・中塗・上塗と手間がかかる上に熟練を必要とするため、最近ではボードや壁紙などを使って大工の手だけでつくれる張り壁工法が主流を占めるようになってきた。これは早くて安く仕上がるが、味わいに欠けているという欠点もある。

　また近年は、シックハウスなどの問題をきっかけとして建材の安全性にも関心が高まり、珪藻土・無垢材・漆喰などの自然素材を利用することも注目されている。

■図表2　壁仕上げの種類

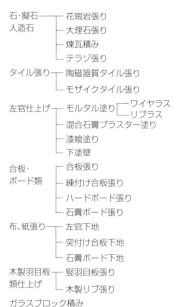

■図表3　タイルの張り方

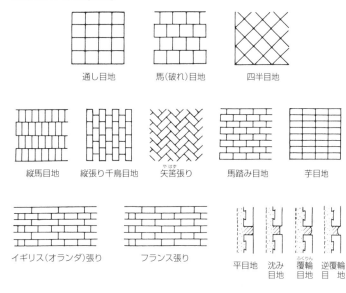

通し目地　　馬（破れ）目地　　四半目地

縦馬目地　　縦張り千鳥目地　　矢筈張り　　馬踏み目地　　芋目地

イギリス（オランダ）張り　　フランス張り　　平目地　沈み目地　覆輪目地　逆覆輪目地

■図表4　大壁と真壁の構成図

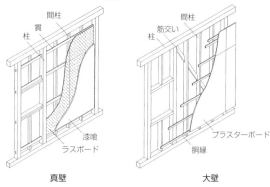

真壁　　　　　　　大壁

考えてみよう　●自分の家の壁の種類について、要求性能を考えながら確認してみよう。
　　　　　　　　●自分の家の壁が乾式工法か湿式工法か、木造なら真壁か大壁かなどを確認してみよう。

天井の構法と仕上げ

【学習のねらい】天井の種類や機能、性能について学び、さらに天井の構法の種類や仕上げ材の種類と納まりなどの詳細について、基本的な知識を身に付ける。

1）天井の機能と種類

天井に要求される機能は、屋根裏を覆って小屋組や床組、梁などと区画し、防塵や遮熱などを行うことである。また設備が多い建物の場合には、配線や配管、ダクトなどを視覚的に遮断し、室内からの視覚としての美観を保つことも要求される。

また居住者が直接触れない部分であるため、床・壁と比較すると、触覚的な性能や強度についての要求性能は少ない。居住者による衝撃力の影響も少ないため、構造的な制約も少なく、比較的自由につくることが可能である。なお、天井の形状には図表1のようにさまざまなものがある。水平のものが一般的だが、傾斜天井など

も存在している。

また吊木を使用する吊り天井（図表2）、吊木を使用せずに直接構造材に野縁を取り付ける直張り天井（直天井）、コンクリートなどに直接吹き付けたり、セメントなどを塗る直塗り天井などの種類がある（図表3）。なお、近年は経済性や工期などの理由から乾式とすることが多く、吊り天井と直張り天井が大部分となっている。

マンションの洋室の天井などは、RC造の躯体に直接仕上げた直張り天井が多い。直張り天井はコストが安く、天井裏のスペースが不要なので部屋を広く使えるが、構造材の材質が天井の形状に制約を与えるので、自由な意匠はやりにくい。またコンクリートの場合、上

■図表1 天井の種類と名称

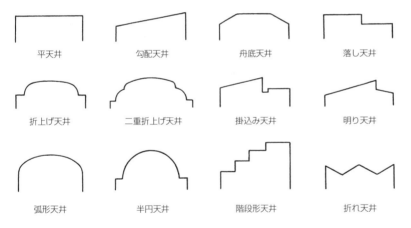

平天井　勾配天井　舟底天井　落し天井
折上げ天井　二重折上げ天井　掛込み天井　明り天井
弧形天井　半円天井　階段形天井　折れ天井

■図表3 天井仕上げの種類

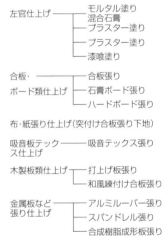

左官仕上げ──モルタル塗り／混合石膏／プラスター塗り／プラスター塗り／漆喰塗り

合板・ボード類仕上げ──合板張り／石膏ボード張り／ハードボード張り

布・紙張り仕上げ（突付け合板張り下地）

吸音板テックス仕上げ──吸音テックス張り

木製板類仕上げ──打上げ板張り／和風練付け合板張り

金属板など張り仕上げ──アルミルーバー張り／スパンドレル張り／合成樹脂成形板張り

■図表2 構造種別による吊り天井の吊り方と名称

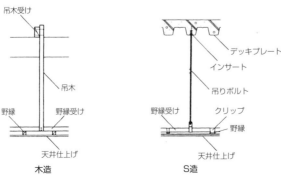

吊木受け
吊木
野縁　野縁受け
天井仕上げ
木造

デッキプレート
インサート
吊りボルト
野縁受け　クリップ　野縁
天井仕上げ
S造

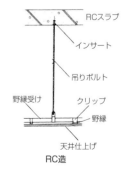

RCスラブ
インサート
吊りボルト
野縁受け　クリップ　野縁
天井仕上げ
RC造

階の音が伝わりやすいことも欠点である。

吊り天井は施工性が悪いと振動する場合があるため、回り縁を設けて、揺れに対する「逃げ」をとる。

2）天井の性能

天井には断熱性が要求される。天井を断熱構造にすると冷暖房の効果を高めることができる。断熱性能を上げるには、断熱材を使うだけでなく、隙間を少なくする必要がある。なお、部屋と部屋の間仕切りが天井裏で仕切られていない場合は音が隣室に伝わるので、遮音性が低くなる。吸音性の高い材料を使用することも重要である。また浴室の天井などでは耐湿性も求められる。

さらに火災時に火が天井に達するとフラッシュオーバーを起こす可能性が高く、耐火性の高い材料を使用

することも必要である。

3）天井の構法

日本の木造家屋の和室の天井には、さお縁天井が一般的に使われてきた。さお縁天井は壁と天井の取合い部に回り縁を付け、そこにさお縁を取り付け、天井板を竿縁で止めるというものである（図表4）。

格天井は格式の高い部屋に使用される構法である。

また最近の住宅では、天井板の代わりに断熱性、耐火性、遮音性の高いボード類を使用するボード張り天井も増えている。

なお、オフィスなどでは天井裏の配線やダクトが複雑に配置されることを避けるため、照明器具や空調等の設備機器やその配線などをあらかじめ組み込んであるシステム天井を使用することが増えている。

■図表4 各種天井

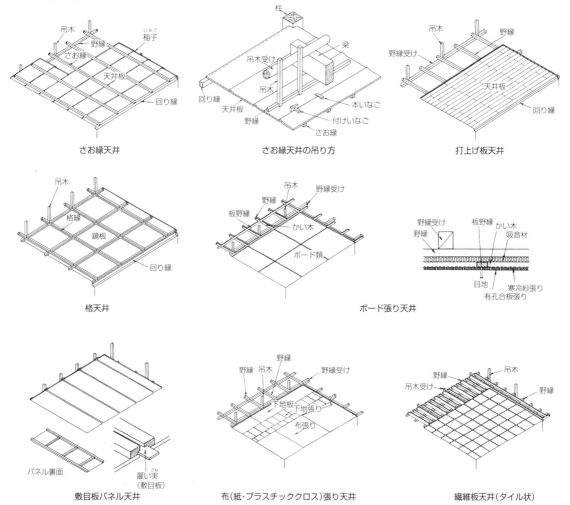

さお縁天井

さお縁天井の吊り方

打上げ板天井

格天井

ボード張り天井

敷目板パネル天井

布（紙・プラスチッククロス）張り天井

繊維板天井（タイル状）

考えてみよう
●自宅の天井はどのような形状になっているのか部屋ごとに確認してみよう。
●自宅の天井仕上げの種類について調べてみよう。

開口部の構法と仕上げ

【学習のねらい】開口部の構造や機能、性能について学び、さらに構法の種類や仕上げ材の種類と納まりなどの詳細について、基本的な知識を身に付ける。

1）開口部の種類

建物に取り付けられる窓や出入口など、外部との接触あるいは部屋間の連絡口となる部分の総称を開口部という。遮断機能として使用される床・壁・天井と比較すると、開口部には採光・眺望・通風・換気などの内と外とを結ぶ透過的役割と、遮光・遮音・耐風・防水・防虫・防犯などの遮断的役割の両面をもつ。この両面の機能を調整し、インテリアの環境条件を整えるものが建具である。建具には引戸、開き戸、回転、嵌め殺し、折畳みなどの種類があり、用途に応じて選択する必要がある（図表1）。

2）窓

窓の大きさや形状については、建築基準法に規定がある。住宅の居室であれば窓面積は床面積の1/7以上でなくてはならない。なお、窓は風雨を防ぐだけでなく、室内の温熱環境を保持したり、採光や換気、さらには遮音などの性能も期待される。ガラスの種類によって視覚的な効果も異なるため、空間の視覚的要素についても考える必要がある。複数の要因を含めた上で、窓の大きさ、位置・形状などを適切に定める必要がある（図表2）。

また外壁に設ける開口部には、雨仕舞についても留

■図表1　開閉機構の種類

引違い　　片引き　　バイパス

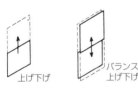

上げ下げ　　バランス上げ下げ

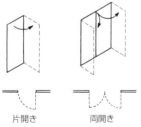

片開き　　両開き

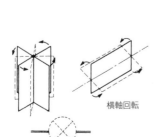

横軸回転

自在戸　　回転

■図表2　窓のタイプ

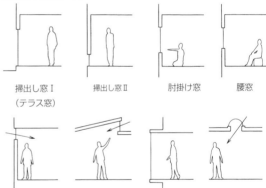

掃出し窓Ⅰ　掃出し窓Ⅱ　肘掛け窓　腰窓
（テラス窓）

欄間　　ハイサイドライト　ベイウィンドウ　トップライト

■図表4　ガラススクリーン構法の種類

ガラス方立付き自立構法　ガラス方立付き吊下げ構法　吊下げ構法

ガラススクリーンの支持法

両リブ構法　　片リブ構法　　貫通リブ構法

リブの取付け法

意し、水切りやコーキングなどを行うようにする。なお、これらのディテールは複雑に入り組んでおり、取付けを間違えないようにする必要がある（図表3）。

通常、窓にはガラスを使用するが、ガラスの種類はさまざまである。窓には採光だけでなく、近年では防犯に対する安全性、省エネ効果、防音、防露など、多種な性能が期待されており、それぞれに対応するガラスが使用されている。板ガラスにはフロート板ガラス、網入板ガラス、熱線反射板ガラス、熱線吸収板ガラス、強化ガラス、合せガラス、複層ガラスなどの種類があり、構法も増えつつある（図表4）。

3）出入口

出入口の大きさとしては扉の開閉に必要なスペースが確保されなくてはならない。また人間だけでなく、家具の搬入や車椅子・ワゴンの通過などにも不都合のないように寸法を検討しておく必要がある。

扉の開閉方向についても、室内の主要な正面を内開き、左勝手（向かって左に丁番があるもの）が良いとされているが、部屋の用途、使い勝手などに合わせて開き勝手の位置を決めればよい。

なお、災害時の避難用の扉などは、パニック時の人間の反射行動を考えて外開きにする必要がある。さらに開口部の大きさは扉の機構や建物の構造などにより規制される場合もある。

4）開口部のデザイン

開口部のデザインはいろいろあるが、窓枠の大きさと材料によって外景を切り取り、あたかも1枚の絵を室内に取り入れたようなピクチャーウィンドウという手法がある。反対に、障子やガラスブロックを用いて外景を見せず、外からの光だけを内部に取り入れる透光不透視のものもある。最近では出窓よりもさらに外に張り出して広い視界と採光を求めるベイウィンドウという窓なども使用されている。

■図表3 木質構造における窓の詳細例

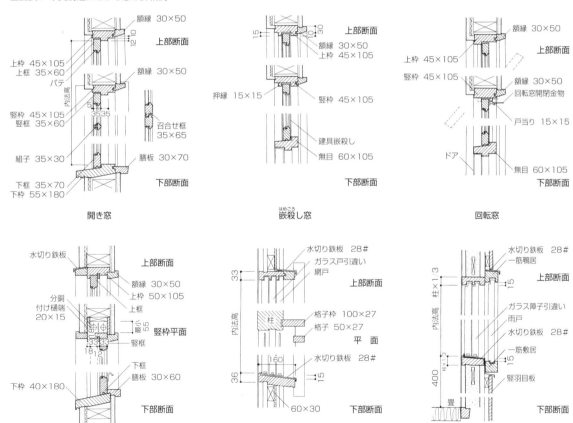

考えてみよう ●自宅の開口部についてどのような性能が確保されているか、部屋ごとに確認してみよう。
●いろいろな家の開口部のデザインを調べてみよう。

建築基準法－室内

【学習のねらい】建築基準法は、建物を建てる際守らなければならない基本的な法律である。ここでは、主に室内に関するものを一部取り上げる。人の居住性を守る空間は、ある一定の原則にのっとっていることを理解する。

1) 法令とは（建築基準法、1950年制定）

建築基準法（略して「法」）と、さらに細かく規定された建築基準法施行令（略して「令」）を合わせて「法令」という。広い意味では、このほかの建築関連の法律などを合わせていう場合もある。各条文は、「条」「項」「号」の順で規定されている。

❶建築基準法の目的（法1条）

インテリア計画は、主に建築物内を扱うが、建築物全体に関係する「建築基準法」を知っておくことも大切である。その法の目的は、「建築物の敷地、構造、設備及び用途に関する最低の基準を定めて、国民の生命、健康及び財産の保護を図り、もって公共の福祉の増進に資すること」にある。

❷居室の定義（法2条）

「居室」という用語は、インテリア計画では重要である。法律でどのように規定されているか知っておくことが大切である。「居室」とは、「居住、執務、作業、集会、娯楽その他これらに類する目的のために継続的に使用する室をいう」と規定されている。逆に、居室でない室もあるが、これを通称「非居室」と呼んで区別している。図表1にその例を示す。

❸居室の天井の高さ（令21条）

住宅やオフィスビルなどの一般的な居室では、その天井高は2.1 m以上必要とされる（図表2）。居室以外の風呂などの非居室では制限はない。たとえば、メーカーのユニットバスでは天井高1.9 mで製造される場合もある。

❹居室の床の高さおよび防湿方法（令22条）

高温多湿な日本の夏は、カビが生えやすい。最下階の居室の床が木造である場合、床の高さは450 mm以上にして防湿効果を高めなければならない（図表2）。ただし、床下をコンクリート、たたきなどで防湿にした場合は除外される。

❺居室の採光および換気（法28条、令19条）

法の内容　住宅、学校、病院、診療所、寄宿舎、下宿その他これらに類する建築物で政令で定めるものの居室には「採光」のための窓その他の開口部を設け、その採光に有効な部分の面積は、その居室の床面積に対して、住宅にあっては原則として1/7以上、その他の建築物にあっては1/5から1/10までの間において政令で定める割合以上にしなくてはならない。

また、居室には「換気」のための窓その他の開口部を設け、その換気に有効な部分の面積は、その居室の床面

■図表1 居室と非居室の例（住宅の場合）

		採光	換気
居室	居間、食事室、台所寝室、子ども室、書斎客間、洋間、和室	自然採光必要（開口部が必要）	自然換気必要（開口部が必要）
非居室	玄関、廊下、トイレ浴室、洗面室押入れ、機械室	人工照明OK	機械換気OK

■図表2 居室の天井の高さと床の高さ

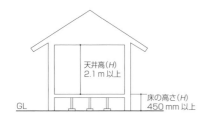

■図表3 採光面積と換気面積の計算例

採光有効面積　12.0 m²　　採光有効面積　2.0 m²
換気有効面積　6.0 m²　　換気有効面積　1.0 m²

室名	室面積A	採光		換気	
		必要面積 A×1/7	有効面積	必要面積 A×1/20	有効面積
LDK＋和室	39.0 m²	5.6 m²	12.0 m²OK	1.95 m²	6.0 m²OK
個室A、B	10.0 m²	1.5 m²	2.0 m²OK	0.5 m²	1.0 m²OK

積に対して、1/20以上としなければならない。ただし、政令で定める技術的基準に従って換気設備を設けた場合には除外される。

除外規定　法28条4項において、「ふすま、障子その他随時開放することができるもので仕切られた二室は一室とみなす」という除外規定がある。集合住宅を例に、居室の採光と換気の考え方と計算方法を説明したものが図表3である。

❻地階の定義（令1条2号）

近年、住宅地下室が増えている。地階とは、床が地盤面下にある階で、床面から地盤面までの高さがその階の天井高の1/3以上のものをいう（図表4）。

❼廊下の幅（令119条）

集合住宅や病院などの廊下の幅、小・中・高の生徒用の廊下の幅は一定以上としなければならない（図表5）。廊下には、日常での移動のほか、非常時に不特定多数の人が一斉に避難する施設としての役目がある。

❽階段各部の寸法（令23条）

階段は、日常で使用するための安全な基準として、用途と面積に応じて、「蹴上」「踏面」「階段と踊り場の幅」の寸法が規定されている（図表6）。

❾直通階段の設置（令120条）

「直通階段」とは、建築物の避難階以外の階の居室の各部分から、「避難階」または「地上」に直通する階段をいう。階段は、日常で使われるほか、非常時には避難施設として重要な役目を果たすため、法規では避難の条件を満たすよう規定している。直通階段の考え方としては、図表7に示すように、イとロは直通階段であるが、ハは直通階段とはみなされず部分階段とみなされる。

❿二方向避難（令120条、令121条）

階数が多く面積的に規模の大きな建築物は、避難時の安全面から、一方向だけでなく「二方向避難」ができるように規定している。二つの法規が関連しており、令120条では「建築物の避難階以外の階の居室の各部分から避難階又は地上に通ずる直通階段に至る歩行距離の限度」、令121条では「避難階又は地上に通ずる二以上の直通階段を設ける場合」について規定されている。二方向避難の考え方の概略を図表8に示す。

■図表4　地階の定義

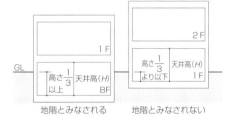

地階とみなされる　　　地階とみなされない

■図表5　廊下の幅

廊下の用途＼廊下の配置	両側居室	その他の場合
小・中・高校の生徒用など	2.3 m以上	1.8 m以上
共同住宅の共用廊下 病院の患者用など	1.6 m以上	1.2 m以上

■図表6　階段の寸法

	階段の種類	階段と踊り場の幅	蹴上	踏面
①	小学校の児童用	140 cm以上	16 cm以下	26 cm以上
②	中・高校の生徒用。店舗で1,500 m²を超えるもの。劇場、映画館等の客用	140 cm以上	18 cm以下	26 cm以上
③	地上階は直上階の居室200 m²以上。地階の居室100 m²以上	120 cm以上	20 cm以下	24 cm以上
④	①～③以外のもの	75 cm以上	22 cm以下	21 cm以上

■図表7　直通階段の考え方

イ　避難階　　　ロ　避難階　　　ハ　避難階

■図表8　二方向避難の考え方

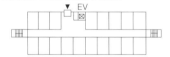

集合住宅の平面図

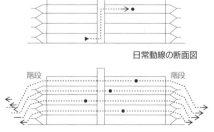

日常動線の断面図

避難時動線の断面図

考えてみよう
●自宅の個室の床面積と窓面積を実測し、図表3の採光・換気の基準と比べてみよう。
●自宅の階段の蹴上と踏面を実測し、図表6の基準と比べてみよう。

建築基準法-材料

【学習のねらい】材料に関する法律の中でも、内装制限は防火のために細かい規定があることを理解する。

1）構造

❶耐火構造（法2条）

壁、柱、床その他の建築物の部分の構造のうち、耐火性能に関して政令で定める技術的基準に適合する鉄筋コンクリート造、れんが造その他の構造で、国土交通大臣が定めた構造方法を用いるものまたは国土交通大臣の認定を受けたものをいう。

❷防火構造（法2条）

建築物の外壁または軒裏の構造のうち、防火性能に関して政令で定める技術的基準に適合する鉄網モルタル塗、しっくい塗その他の構造で、国土交通大臣が定めた構造方法を用いるものまたは国土交通大臣の認定を受けたものをいう。

2）材料

❶不燃材料（法2条）

建築材料のうち、不燃性能（通常の火災時における火熱により燃焼しない性能）に関して政令で定める技術的基準に適合するもので、国土交通大臣が定めたものまたは国土交通大臣の認定を受けたものをいう。

❷準不燃材料（令1条）

建築材料のうち、通常の火災時における火熱により加熱開始後10分間政令に掲げる要件を満たしているものとして、国土交通大臣が定めたものまたは国土交通大臣の認定を受けたものをいう。

❸難燃材料（令1条）

建築材料のうち、通常の火災による火熱により、加熱開始後5分間政令に掲げる要件を満たしているものとして、国土交通大臣が定めたものまたは国土交通大臣の認定を受けたものをいう。

3）建築物

❶耐火建築物（法2条）

主要構造部を耐火構造とした建築物で、外壁の開口部で延焼のおそれのある部分に政令で定める構造の防火戸その他の防火設備を有するものをいう。

❷簡易耐火建築物（法2条）

耐火建築物以外の建築物で、主要構造部が準耐火構造または同等の準耐火性能を有するものに該当し、外壁の開口部で延焼のおそれのある部分に防火戸その他の防火設備を有したものをいう。

4）延焼のおそれのある部分（法2条）

火災による延焼を最小限にするため「延焼のおそれのある部分」を定めて、外壁や軒裏、屋根、外壁開口部などの防火性能を高めるよう定めている。範囲は、隣地境界線および道路中心線などから、1階にあっては3m以下、2階以上にあっては5m以下の部分をいう。ただし、防火上有効な公園、広場、川等に面する部分を除く（図表1）。

■図表1 延焼のおそれのある部分

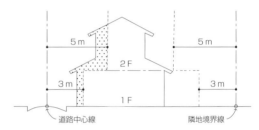

延焼のおそれのある部分　延焼のおそれのある部分

5）特殊建築物等の内装（法35条の2ほか）

❶特殊建築物等の内装（法35条の2）

劇場や映画館等の施設、病院やホテル等の施設、体育館や学校等の教育施設、百貨店やカフェー等の商業施設などを「特殊建築物」と呼んでいる。特殊建築物のほか、「3階以上の建築物」や「延べ面積1,000 m²をこえる建築物」、さらに、政令で定める「無窓の建築物」や「調理室、浴室その他でかまど、こんろその他火を使用する設備もしくは器具を設けたもの」などは、その壁および天井の室内に面する部分の仕上げを防火上支障がないようにしなければならない。

❷特殊建築物等の内装制限（法35条の2、令128条の3の2、令128条の4、令128条の5）

特殊建築物等で火災が発生した場合は甚大な被害が予想される。火災の拡大を防ぎ、避難と消火活動を促進するため、その内装材料（壁と天井の仕上げ材料）を制限している。特殊建築物等と内装制限の関係をまとめると、図表2のようになる。

❸住宅の調理室等の内装制限（令128条の4、令128

条の5)

戸建て住宅（耐火構造を除く）の場合は、火を使う室のみが対象になる。耐火構造の集合住宅においては、3階以上の部分の床面積の合計が500 m²を超えるの建築物が対象になる。ただし、床面積が200 m²以内で防火区画されている居室は除かれる。台所など常時火を使う室の壁と天井の室内の面は、準不燃材で仕上げなければならない。

■図表2　内装制限の一覧（平成5年6月25日施行）

区　分			対　象　と　な　る　規　模　等			制　限　箇　所	
			耐火建築物	準耐火建築物	その他の建築物	居室等	通路・階段等
① 特殊建築物	(1)	劇場、映画館、演芸場、観覧場、公会堂、集会場等	客席の床面積の合計が400 m²以上	客席の床面積の合計が100 m²以上		天井が準不燃材料難燃材料（天井・壁）ただし、3階以上の階に居室を有するものは、	準不燃材料（天井・壁）
	(2)	病院、ホテル、旅館、下宿、共同住宅、寄宿舎、養老院、児童福祉施設等	3階以上の部分の合計が300 m²以上。ただし、100 m²（共同住宅の住戸にあっては200 m²）以内に防火区画されたものは除く	2階の部分の床面積の合計が300 m²以上（病院、診療所はその部分に患者の収容施設がある場合に限る）	床面積の合計が200 m²以上		
	(3)	百貨店、マーケット、展示場、キャバレー、カフェー、ナイトクラブ、バー、舞踏場、遊技場、公衆浴場、待合、料理店、飲食店、物品販売業を営む店舗	3階以上の部分の床面積の合計が1,000 m²以上	2階の部分の床面積の合計が500 m²以上	床面積の合計が200 m²以上		
	(4)	自動車車庫、自動車修理工場等	全　　　　　部			準不燃材料（天井・壁）	準不燃材料（天井・壁）
	(5)	地階または地下工作物内にある居室で上記(1)(2)(3)の用途に供するもの					
② 中規模以上の建築物（学校、体育館及びスポーツ施設を除く）(2)の用途に供するもので高さ31 m以下の部分は(2)欄を適用する			階数が3以上で延べ面積が500 m²を超えるもの			難燃材料（天井・壁）	準不燃材料（天井・壁）
			階数が2で延べ面積が1,000 m²を超えるもの				
			階数が1で延べ面積が3,000 m²を超えるもの				
			ただし次のものを除く100 m²以内ごとに防火区画され、特殊建築物の用途に供しない居室で、耐火建築物の高さが31 m以下の部分にあるもの				
③ 無窓の居室			全部（ただし、天井の高さが6 mを超えるものを除く）			準不燃材料（天井・壁）	準不燃材料（天井・壁）
④ 内装制限を受ける調理室等	住宅又は併用住宅の用途に供する建築物に設けられたもの		主要構造部を耐火構造としたものを除く	階数2以上の住宅（併用住宅含む）の最上階以外の階に火を使用する設備・器具を設けた場所		準不燃材料（天井・壁）	
	住宅以外の用途に供する建築物に設けられたもの			全　　　部			
防火区画	建物の11階以上の部分	100 m²以内に防火区画されたもの				スプリンクラーを設置すれば、スペースを2倍に拡大できる	
		200 m²以内に防火区画（乙種防火戸を除く）されたもの					準不燃
		500 m²以内に防火区画（乙種防火戸を除く）されたもの					不　燃
	地　下　街	100 m²以内に防火区画されたもの					
		200 m²以内に防火区画（乙種防火戸を除く）されたもの					準不燃
		500 m²以内に防火区画（乙種防火戸を除く）されたもの					不　燃

備考　①窓枠及び回り縁、窓台、その他これらに類するものについては制限がない。
　　　②①の(1)(2)(3)及び②並びに防火区画の居室については、床面からの高さが1.2 m以下の部分（腰）は適用されない。
　　　③内装制限の適用が二つ以上に及ぶときは、法令で規定されている場合を除いて、より厳しいほうの制限に従うことになる。
　　　④この一覧表は概要であり、詳しくは法令の本文を参照されたい。

考えてみよう
●自宅における「延焼のおそれのある部分」を確認してみよう。
●自宅における「内装制限」の対象になる部位を確認してみよう。

建築基準法以外の法律

【学習のねらい】インテリアを計画する際には、消防法や品確法などの建物に関する法律のほか、インテリアエレメントには製造物責任法や家電リサイクル法など関連する法律があることを理解する。

1）消防法（1948年公布）

❶法の目的

この法律は、火災を予防し、警戒しおよび鎮圧し、国民の生命、身体及び財産を火災から保護すると共に、火災または地震等の災害による被害を軽減し、災害等による傷病者の搬送を適切に行い、もって安寧秩序を保持し、社会公共の福祉の増進に資することを目的とする。

❷法の内容

消防法では、火災時の「消火の活動」のほか、事前に対処すべき「火災の予防」について述べている。インテリア計画では火災の予防が重要になる。建築物の新築・増築・改築をする際には、建築主事等による「建築確認」を受けると同時に「消防署長の同意」を得なければならない。

❸防炎規制

防火対策上、第一着火物となる可能性の高い物品の不燃化や難燃化を図ることは、出火防止の観点からきわめて重要である。このため、建築物内の物品のうち、壁、天井の内装材料については、建築基準法により内装制限が定められている。一方で、消防法により、カーテン、じゅうたん等の調度類については「防炎規制」が行われている。防火対象物等で使用される「防炎物品」は、基準以上の防炎性能をもたなければならない。防炎性能を有する防炎物品には、JISマーク等の政令で定める「防炎ラベル」を付さなければならない（図表1）。

2）建築士法（1950年公布）

❶法の目的

この法律は、建築物の設計、工事監理等を行う技術者の資格を定めて、その業務の適正を図り、もって建築物の質の向上に寄与させることを目的とする。

❷法の内容

建築士とは、1級建築士、2級建築士、木造建築士をいう。1級建築士は国土交通大臣、2級建築士と木造建築士は都道府県知事の免許を受けて、設計と工事監理の業務を行うことができる。「設計」とは、その者の責任において「設計図書」を作成することをいい、「工事監理」とは、工事が設計図書通り実施されているか照合し確認することをいう（図表2）。

3）高齢者、障害者等の移動等の円滑化の促進に関する法律（略称：バリアフリー法、2006年公布）

❶この法律の成立背景

以前の「高齢者、身体障害者等が円滑に利用できる特定建築物の建築の促進に関する法律（略称：ハートビル

■図表1 防炎ラベルの例

消防庁登録者番号

防炎

登録確認機関名
公益財団法人 日本防炎協会

ラベルの色は地（白）、防炎（赤）、消防庁登録者番号（黒）、登録確認機関名（黒）、線（黒）

■図表2 建築士の設計と工事監理

延べ面積 S(m²)		木　造			木造以外		
		平屋建て	2階建て	3階建て以上	高さ≦13mかつ軒高≦9m		高さ>13m又は軒高>9m
					2階建て以上	3階建て以上	
S≦30		Ⓐ誰にでもできる			Ⓐ		
30<S≦100							
100<S≦300		Ⓑ1級・2級・木造建築士でなければできない					
300<S≦500		Ⓒ1級・2級建築士でなければできない					
500<S≦1,000	一般						
	特殊						
1,000<S	一般	Ⓒ			Ⓓ1級建築士でなければできない		
	特殊						

建築物の設計、工事監理については、Ⓑ～Ⓓの段階に分けて、建築物の用途、構造、規模に応じて、建築士の業務範囲が定められている。

法、1994年公布）」と「高齢者、身体障害者等の公共交通機関を利用した移動の円滑化の促進に関する法律（略称：交通バリアフリー法、2000年公布）」がまとめられて一つになり、この法律ができたという背景がある。

❷法の目的

高齢者や障害者等の自立した日常生活や社会生活を確保することの重要性から、公共交通機関の旅客施設および車両、道路、路外駐車場、公園のほか、建築物などの利便性や安全性の向上を図り、もって公共の福祉の増進に資することを目的とする。

❸法の内容

ホテルや病院などの特定建築物の出入口、廊下、階段、エレベーター、便所のほか、公共交通機関等における安全で便利な移動への措置を講じなければならない。また、この重要性を理解することを国民の責務としている。

4）住宅の品質確保の促進等に関する法律（略称：品確法、1999年公布）

❶法の目的

この法律は、住宅の性能に関する表示基準およびこれに基づく評価の制度を設け、住宅に係る紛争の処理体制を整備すると共に、新築住宅の請負契約または売買契約における瑕疵担保責任について特別の定めをすることにより、住宅の品質確保の促進、住宅購入者等の利益の保護および住宅に係る紛争の迅速かつ適正な解決を図り、もって国民生活の安定向上と国民経済の健全な発展に寄与することを目的とする。

❷法の内容

これまで、住宅に関する消費者の不満として、性能の共通尺度のないこと、評価や検査への不安があること、契約書での瑕疵担保の期間が短かったことなどがあった。このような背景から、国土交通大臣は、住宅の性能に関する表示の適正化を図るため、日本住宅性能表示基準を定め、併せて、評価方法や検査方法の基準を定めている。住宅の取得契約（請負・売買）においては、基本構造部（柱や梁などの建物の構造耐力上主要な部分、および屋根などの雨水の浸入を防止する部分）について、10年間の瑕疵担保（補修請求権等）が義務付けられている。

5）製造物責任法（略称：PL法、1994年公布）

❶法の目的

製造物に欠陥があって、人の生命・身体・財産に損害を与えた場合、その物の製造業者などに対して、損害賠償の責任を定めた法律である。

❷法の内容

単なる商品の欠陥ではなく、あくまでも商品の欠陥により怪我をしたり火災の発生をもたらしたりした場合に限られる。なお、欠陥には製造物そのものの欠陥だけでなく、表示や取扱い説明書の内容の不備もふくまれている。PL法制定以前では、民法で製造業者に対して損害賠償請求できたが、被害者が裁判で製品の製造過程の過失を証明しなくてはならなかった。損害賠償の請求権は被害を受けた者、またはその法定代理人が損害および賠償義務者を知った時点から3年間、または製造業者等が当該製造物を引き渡した時点から10年間と定めている。

❸住宅部品PLセンター

建材や設備機器等の住宅部品に関するPL法関連問題は、住宅部品PLセンターが窓口で相談に応じている。PLとはProduct Liabilityの略。

6）特定家庭用機器再商品化法（略称：家電リサイクル法、1998年公布）

❶法の目的

特定家庭用機器の小売業者および製造業者等による特定家庭用機器廃棄物の収集および運搬ならびに再商品化等に関し、これを適正かつ円滑に実施するための措置を講ずることにより、廃棄物の減量および再生資源の十分な利用等を通じて、廃棄物の適正な処理および資源の有効な利用の確保を図り、もって生活環境の保全および国民経済の健全な発展に寄与することを目的とする。

❷法の内容

家電リサイクル法では、製造業者（メーカー）等にリサイクルの義務があり、小売業者（古物商を含む）には排出者（消費者）から引き取った廃棄家電製品をメーカーに引き渡す義務があるとされている。三者負担でリサイクルを行う形式をとっている。対象となる家電製品には、たとえばテレビ（ブラウン管、液晶、プラズマ）、冷蔵庫、洗濯機、エアコン等がある。

7）廃棄物の処理及び清掃に関する法律（略称：廃棄物処理法、1970年公布）

❶法の目的

この法律は、廃棄物の排出を抑制し、および廃棄物の適正な分別、保管、収集、運搬、再生、処分等の処理をし、ならびに生活環境を清潔にすることにより、生活環境の保全および公衆衛生の向上を図ることを目的とす

る。

❷法の内容

国内で生じた廃棄物は、原則として国内で処理しなければならない。排出事業者（建築工事の場合は原則として元請業者）は、廃棄物の発生抑制を図り再生利用等に努めなければならない。排出事業者は、自らの責任において廃棄物処理法に従い、適正に処理しなければならない。処理を他に委託する場合は、廃棄物処理法に従い許可取得業者に委託しなければならない。自己で処理を行う場合も、廃棄物処理法の基準に従うこと。

❸マニフェストによる管理

産業廃棄物の処理に当たっては、産業廃棄物管理票（マニフェスト）と呼ばれる帳票によって管理することが義務付けられている。マニフェストは、廃棄物を引き渡す時点で排出事業者が発行し、処理業者が最終処分をしたら発行元に返されて確認する仕組みになっている。

8) 建物の区分所有等に関する法律（略称：区分所有法、1962年公布）

❶法の目的

一棟の建物に構造上区分された数個の部分で、独立した住居、店舗、事務所、倉庫、その他の建物としての用途に供するものがあるときは、その各部分は、それぞれ所有権の目的とすることができる。この法律では、建物の区分所有者の権利義務を定義し、権利変動の過程や利害関係人を明確にしている。当該建物の区分所有者の団体（管理組合）や敷地利用権、復旧や建て替え等について定めている。

❷専有部分と共用部分

一つの建物が区分所有されているときの権利を「区分所有権」といい、その「区分所有者」の所有する部分を「専有部分」という。それ以外を「共用部分」という。マンションに関しては、原則として、外周壁、界壁、床スラブ、窓、玄関ドアなどで区切られた室内側が専有部分となる。それ以外の共用廊下や共用階段などは共用部分となる。バルコニーも共用部分となる。玄関ドアの内側塗装面と錠は専有部分、給排水管や電気配線の住戸専用メーターより室内側の枝管や枝線は専有部分となる。これらについての管理組合規定は、一般には、国土交通省の定める標準管理規約に基づいてつくられる。

9) 家庭用品品質表示法（1962年公布）

❶法の目的

この法律は、家庭用品の品質に関する表示の適正化を図り、一般消費者の利益を保護することを目的とし、製品購入時に品質の正しい認識や不測の損失を被ることのないように、事業者に対して、製品の品質に関する表示を適正に行うよう要請している。制定当時は、具体的ルールが一般化されていなかったため、市場に不適正表示の製品が横行したが、本法施行の効果もあり適正な品質表示が定着してきている。家庭用品は、生活スタイル、ニーズの変化、技術革新により変化しており、品目や表示については必要に応じて見直しが行われている。

❷対象製品

表示義務の製品は多岐にわたるが、インテリア関連では、机、椅子、たんす、カーテン、床敷物、塗料、接着剤、ウレタンフォームマットレスなどの品目が挙げられる。

10) 住生活基本法（2006年公布）

❶法の目的

この法律は、住生活の安定向上や社会福祉の増進を図るために基本理念を定め、また人口減少や少子高齢化の社会情勢を受け、住宅の量から質への転換を目的に、国民経済の健全な発展に寄与することを目的としている。

❷基本理念

基本理念は4つあり、①国民の住生活の基盤となる良質な住宅の供給、②地域の自然、歴史、文化などに応じた良好な居住環境の形成、③住宅購入者等の利益擁護や増進、④低額所得者、被災者、高齢者、子どもを育成する家庭などの住宅確保に特に配慮を要する者の居住安定の確保、などが掲げられている。

考えてみよう ●防炎ラベルが付されたカーテンやじゅうたんを建築物の中で確認してみよう。
●バリアフリー法の認定建築物で移動等の円滑化がされている部分を確認してみよう。

II章

設計の知識

住まいの計画と設計

【学習のねらい】住まいを計画するプロセスと住宅の計画に関する基本的な考え方について学ぶ。

1）設計プロセス

住宅を含めて建築の企画から完成までの過程は、大まかに「企画」「設計」「建設」の3段階に区分できる。「企画」は設計のための与条件の作成、「設計」は企画に基づいた計画案の作成、「建設」は建築の施工の段階である。「設計」段階においては、与条件の把握と整理を経て計画案が検討されるが、デザイン決定までのプロセスは試行錯誤の連続といえる（図表1、2）。

インテリアの設計プロセスも建築と同じ段階を踏むが、とくに居住者のライフステージやライフスタイルを重視して空間をまとめていくこと、パースや実物のサンプルなどを提示して実際の空間のイメージを理解してもらうことも重要である（図表3）。

2）生活行為の場と配置計画

住空間を計画する際は、住生活を構成する生活行為と居住空間との対応関係を整理する必要がある（図表4）。これら室空間の相互の位置関係を検討する手法に、ゾーンプランニングと動線による計画がある。

ゾーンプランニングは、主な用途から求められる条件の類似した空間をゾーンとして整理した上でそれらの配置を検討する手法で、住宅では「公的ゾーン」「共用ゾーン」「私的ゾーン」などに区分する（図表5、6）。

動線計画は、人や物の動きの軌跡・その量・方向・変化などを分析して、さまざまな生活行為において人やものの移動を円滑に行えるように計画する手法で、住宅においては来客と家事労働のように性質の異なる動線

■図表1 建築の設計プロセス

■図表2 計画案決定までのプロセス

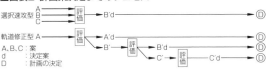

■図表3 インテリアの設計プロセス

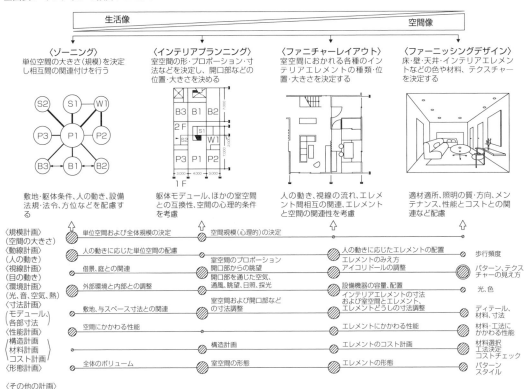

が交錯するのを避けること、とくに発生頻度の高い家事動線が短くなるようにすることが望ましい。

3）寸法計画

❶モジュールとモデュラーコーディネーション

設計や生産に用いられる寸法の単位または寸法の体系をモジュールという。モジュールには二つの考え方がある。一つめは建築の構成材の寸法を単位寸法の整数倍とする考え方で、ISOに定められている基本単位（10 cm）はベーシックモジュールと呼ばれ、「M」で表記される。日本の伝統的な寸法の単位である「尺」や「間」もこのモジュールの一種といえる。二つめは、等差数列や等比数列で構成される寸法の集合体をモジュールとする考え方で、代表的なものにフィボナッチ数列を採用したル・コルビュジエによるモデュロールがある（30頁参照）。

モジュールを用いて建築空間を構成することをモデュラーコーディネーション（MC）という。空間構成材に共通の寸法を与えることで構成材を無駄なく配置し、配列に互換性をもたせる考え方である。

❷グリッドプランニング

モジュールに従って設けたグリッドを組立基準線（面）として、その基準線上に柱や壁などの空間構成材を配置する方法をグリッドプランニングという。空間構成材には、柱・梁、壁や床などの建築構成材や空間ユニットの部品があり、これらの種類によって適切なグリッドの間隔やパターンは異なる（図表7）。

グリッドプランニングの考え方には、「シングルグリッド」と「ダブルグリッド」、「芯押え」と「面押え」がある。日本の伝統的木造住宅における畳割りの考え方は、「江戸間（関東間、田舎間）」では柱芯を910 mmの基準線に合わせて配置する「シングルグリッド芯押え」であり、「関西間（京間）」では畳の大きさを1,910 mm×955 mmに統一し柱は畳の外に配置する「ダブルグリッド面押え」となる（図表7）。

■図表4 生活行為と居室の対応

◎：とくに関連が深い　○：関連がある

住生活行為	居室の種類	居間	食堂	応接室・座敷	書斎	主寝室	子ども室	地下室	台所	浴室	便所	押入・物置	廊下	玄関
集合的行為	家族の団らん	◎	○						○					
	食事	◎	◎						○					
	遊びと趣味	○	○	○			○							
	接客	○	○	◎										
個別的行為	夫婦の就寝					◎								
	子どもの就寝						◎							
	仕事・勉強	○	○		◎	○	○	○				○		
家事的行為	料理								◎					
生理的行為	入浴									◎				
	排泄										◎			
補助的行為	移動	○	○	○	○	○	○		○				○	○

■図表6 ブロイヤー自邸にみるゾーニングと動線計画

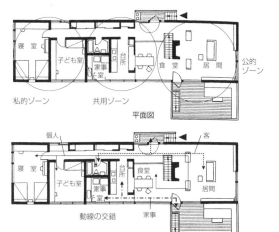

■図表5 池辺陽による「住居の基本組織図」とその作品

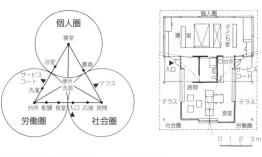

■図表7 グリッドプランニングの考え方

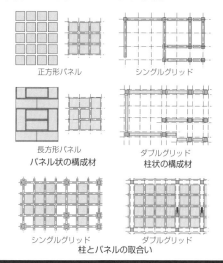

考えてみよう

●あなたが家の中で主に居るところはどこか、そこで何をするか考えてみよう。
●あなたの家のゾーンと動線を調べてみよう。

家族と住まい

【学習のねらい】家族と住まいについての基本的な考え方を知った上で、さまざまな事例から住宅の平面計画について学ぶ。

1) 居室規模の指標

居室の規模は日常の生活行為に対応する場を想定し、行為の発生時間や頻度も考慮しながら決められる。国土交通省(旧建設省)は住宅建設5カ年計画(第3期～第8期)の中で、国民が健康で文化的な生活を営むための広さや間取りとして「居住水準」を示していた。「居住水準」には「最低居住水準」と最低居住水準を確保した世帯の目標となる「誘導居住水準」があり、それぞれ家族構成に合わせて目標値を設け、「誘導居住水準」に

は、都市中心およびその周辺における共同住宅(集合住宅)居住を想定した「都市居住型誘導居住水準」と郊外および地方における戸建て住宅居住を想定した「一般型誘導居住水準」があった(図表1)。

2) 標準世帯・標準設計

標準的な家族構成の居住世帯、またはその家族構成型を標準世帯といい、とくに核家族世帯のうち夫婦と子どもからなる世帯を指す。標準設計は、同種の建物または建物の同種の部分を標準化する設計のことだが、

■図表1 誘導居住水準

世帯人員	都市居住型			一般型		
	室構成	居住面積 (m²)（畳）	住戸専用面積 壁厚補正後(m²)	室構成	居住面積 (m²)（畳）	住戸専用面積 壁厚補正後(m²)
1人	1DK	20.0　12.0	37	1DKS	27.5　16.5	50
1人 (中高齢単身)	1DK	23.0　14.0	43	1DKS	30.5　18.5	55
2人	1LDK	33.0　20.0	55	1LDKS	43.0　26.0	72
3人	2DK	46.0　28.0	75	2LDKS	58.5　35.5	98
4人	3LDK	59.0　36.0	91	3LDKS	77.0　47.0	123
5人	4LDK	69.0　42.0	104	4LDKS	89.5　54.5	141
5人 (高齢単身含)	4LLDK	79.0　48.0	122	4LLDKS	99.5　60.5	158
6人	4LDK	74.5　45.5	112	4LDKS	92.5　56.5	147
6人 (高齢単身含)	4LLDK	84.5　51.5	129	4LLDKS	102.5　62.5	164

■図表2 公営住宅標準設計 51C-N型(設計/東京大学吉武研究室)

■図表3 移動家具で仕切られたワンルーム(設計/谷内田章夫)

■図表4 DINKS向け住戸の提案

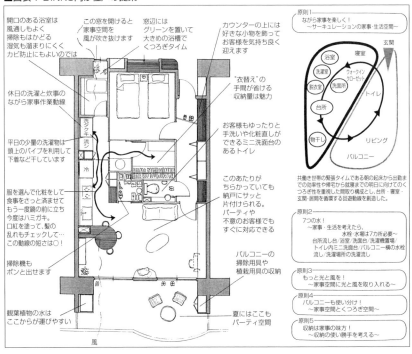

開口のある浴室は風通しもよく掃除もはかどる湿気も溜まりにくくカビ防止にもよいのでは

この窓を開けると家事空間に風が吹き抜けます

窓辺にはグリーンを置いて大きめの浴室でくつろぎタイム

カウンターの上には好きな小物を飾ってお客様を気持ち良く迎えます

休日の洗濯と炊事のながら家事作業動線

"衣替え"の手間が省ける収納量は魅力

平日の少量の洗濯物は頭上のパイプを利用して下着など干しています

お客様もゆったりと手洗いや化粧直しができるミニ洗面台のあるトイレ

服を選んで化粧をして食事をさっと済ませてもう一度鏡の前に立ち今度はハミガキ。口紅を塗って、髪の乱れもチェックして…この動線の短さは○!

このあたりがちらかっていても納戸にサッと片付けられる。パーティや不意のお客様でもすぐに対応できる

掃除機もポンと出せます

バルコニーの掃除用具や植栽用具の収納

観葉植物の水はここからが運びやすい

夏にはここもパーティ空間

風

原則1—
ながら家事を楽しく!
～サーキュレーションの家事・生活空間～

玄関
寝室
浴室
洗濯室
ウォークインクローゼット
脱衣室
洗面所
トイレ
台所
リビング
物干し
バルコニー

共働き世帯の緊張タイムである朝の起床から出勤までの効率性や帰宅から就寝までの明日に向けてのくつろぎ性を重視した間取り構成とし、台所・寝室・玄関・居間を循環する回遊動線を創造した。

原則2—
7つの水!
～家事・生活を考えたら、水栓・水場は7カ所必要～
台所流し台/浴室/洗面台/洗濯機置場/トイレ内ミニ洗面台/バルコニー横の水栓流し/洗濯場所の洗濯流し

原則3—
もっと光と風を!
～家事空間に光と風を取り入れる～

原則4—
バルコニーも使い分け!
～家事空間とくつろぎ空間～

原則5—
収納は家事の味方!
～収納の使い勝手を考える～

■図表5 フレキシブルな子ども室の提案

書斎
勉強コーナー
遊び場

はじめはこう住む
2階に夫婦と乳幼児の3人
(ベッドの上の数字はその使い手の年齢)

書斎
勉強コーナー

4年後
児童期の子どものために書斎を明け渡す

納戸
書庫

9年後
青年期の子どものために個室化を図る。共用スペースは図書室に。

ここでは公営住宅において建物寸法や構成部材などを標準化した設計を指す。1951年に吉武泰水らが提案した「公営住宅標準設計51C-N型」は、食事と就寝の場を分離する「食寝分離」と、親と子の就寝空間の分離「就寝分離」をコンセプトに、ダイニングキッチン（DK）と、親の寝室、子の寝室から構成されたもので、その後の公営住宅の原型となり、さらにはマンションなどの間取りとして広く用いられる2DKへと発展した。1955年に日本住宅公団が誕生すると、浜口ミホとの共同研究による公団仕様の「ステンレス流し台」と「食事用テーブル」がDKへ備え付けられ、DKは急速に発展、普及した。（図表2）

3）家族構成と住まい

❶家族の生活と住まい

図表3はワンルーム形式の単身者の住まいであるが、その中にも行為の場を仕切る工夫がされている。

共働き世帯向けの計画では、とくに家事労働の行為の流れや関連性を考えて計画することも重要である。図表4は子どものいないDINKS世帯を想定したモデルプランで、家事労働の効率化を図った計画である。

❷家族の成長と住まい

図表5は「夫婦と子ども」世帯で、子どもの成長に合わせて段階的に空間を確保するよう工夫した事例である。

図表6は、高齢者向け集合住宅の住戸プランで、身体機能が低下してもなるべく自立した生活ができるように、また介護や介助がしやすいように配慮されている。

図表7は、親・子世帯を書庫でつないだ例。二世帯は独立しながら心理的な交流をもてるよう工夫されている。

❸「個」を重視した住まい

子どもの成長と共に個室のあり方も変わってくる。図表8は、個室と共有室の関係を見直した初期の事例。また図表9は集合住宅の住戸プランで、個人が直接社会と接するように計画されている。

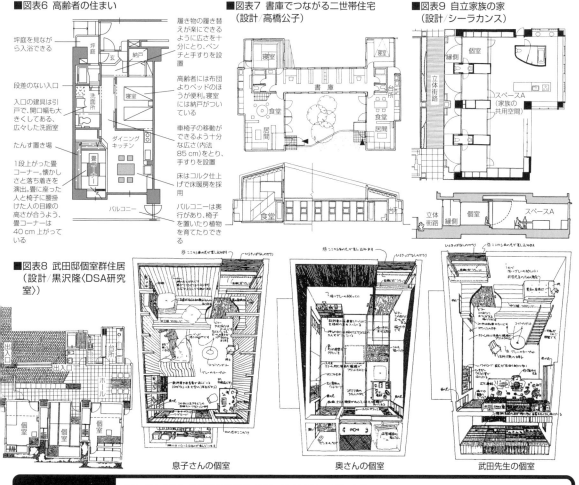

■図表6 高齢者の住まい

■図表7 書庫でつながる二世帯住宅（設計／高橋公子）

■図表9 自立家族の家（設計／シーラカンス）

■図表8 武田邸個室群住居（設計／黒沢隆〈DSA研究室〉）

息子さんの個室　　奥さんの個室　　武田先生の個室

考えてみよう
●いろいろな住宅の図面を集めて、比較してみよう。
●家の中で家族が集まるところはどこか、そこで何をするか考えてみよう。

住要求と住まい

【学習のねらい】居住者の個性や家族の経年変化に対応するための工夫について、事例を通して基本的な考え方や手法を学ぶ。

1）ライフスタイルと住まい

個性を尊重し、多様なライフスタイルが認められる現代において、住まいへ求める機能も一様ではない。家族の成長や社会の変化に伴って変化する住要求に対応するため、従来は住み替えや建て替え、増改築などが行われてきたが、定住志向や環境問題による建物の耐用年数向上の要求などにより、住宅の工法を工夫して間取りや内装・設備などを簡便に変更できる可変性が求められている（図表1）。

2）住まいの多様化と個性化

図表2は、しつらいを楽しむフォーマルリビングと、家族がくつろぐファミリールームの二つのリビングをもつデュアルリビングの例。

図表3は生活提案型の「キャラクタープラン」で、集合住宅に入居するであろう居住者の個別的な生活像を想定し、きわめて多様な平面の住戸が供給された。

図表4は、フリースペース付き住戸。

図表5は、SOHOを想定した住戸の例である。フリー

■図表1 家族のライフサイクルと住要求のモデル

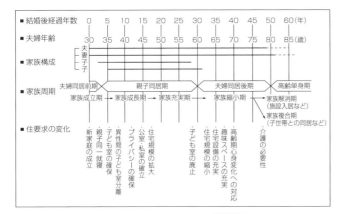

■図表2 デュアルリビングの例（設計／山田昭、山田初江）

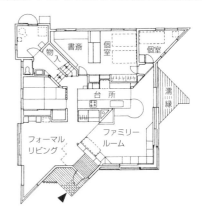

■図表3 キャラクタープラン

和風格式の家

格調の高い和室が3室もある間取りが特徴。
続きの和室でハレの空間を演出

フォーマルリビング

ツインリビングの家

暮らしの幅を広げる二つのリビングがあるのが特徴。
インドアライフが楽しめるファミリーリビング空間

ファミリーリビング

■図表4 フリースペース付き住戸（設計／住宅・都市整備公団＋坂倉建築研究所）

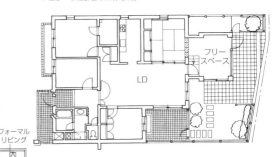

■図表5 SOHO住宅（設計／山本理顕設計工場）

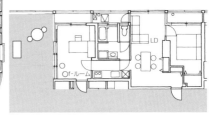

スペースや仕事場として使用できるf-ルームは、生活空間である住戸とは別の出入口をもつ。今後テレワークなどの働き方が普及しても対応できる一つの形といえよう。

3) 可変性を考慮した住戸の計画

❶公的機関の試み

日本住宅公団が1970年代から研究開発した工業化実験住宅「KEP」では、可動間仕切りや収納間仕切りを用いた可変型住宅がつくられた。図表6は、購入時にプラン選択が可能な「メニュー方式」の例。また、図表7は、建設コストの低減と居住者自身の手で間取り変更や模様替えがしやすい住宅づくりを目指した「ユーメイク住宅」で、住宅の基本性能や機能を再考し、基本をベースに比較的安価な住宅供給を推進し、居住者自身

が付加していく範囲を拡大したものである。

❷スケルトン-インフィル方式

建物をスケルトン(Skeleton＝柱・梁・床等の構造躯体)とインフィル(Infill＝住戸内の内装・設備等)に分けて計画し、スケルトンは長期間の耐久性を重視し、インフィル部分は居住者の多様なニーズに応えて自由に変えられる可変性を重視してつくるシステムをスケルトン-インフィルシステムという(図表8)。このシステムを用いた集合住宅(SI住宅)では、専有部分の内側は間仕切り壁やドアなどをすべて取り外したり、水回りも位置を変えることができるため、かなりダイナミックなリフォームが可能となる(図表9)。その一方で、躯体の強度を高めることや配管や配線を二重床などに収めるため、構造部の建築コストが10%程度アップするともいわれている。

■図表6 メニュー方式の例

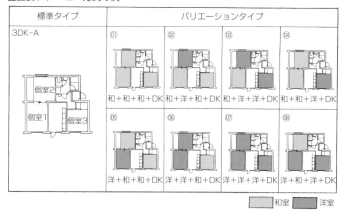

■図表8 システムの概念

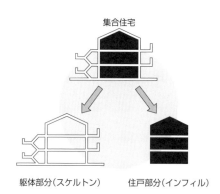

躯体部分(スケルトン)　　住戸部分(インフィル)

■図表7 可変型住宅の居住事例

入居時　　　　　　　入居後8年

□収納ユニット(移動可)

「3LDK＋多用途室」89m²の住戸は、入居時には子どもが小さいという理由から居間の収納ユニットを移動し居間を拡大して使用していたが、入居後8年目に、子どもが成長(長男18歳)したので、再び収納ユニットを元の位置に戻し、子ども室を確保している。

■図表9 SI住宅のリフォーム実験

考えてみよう ●あなたの家の中でリフォームしたいところを調べてみよう。
●また、そのきっかけや理由について考えてみよう。

住まいの集合

【学習のねらい】集合住宅の空間構成に関する基礎知識と基本的な考え方を知り、集まって住むことの多様な形について学ぶ。

1) 住宅の集合形態とアクセス方式

住宅は、その形態によって、独立住宅(戸建て住宅)と集合住宅(連続住宅、共同住宅)に分けられる。集合住宅の階数区分は、低層(1、2階)、中層(3〜5階)、高層(6階以上)に区分される(図表1)。さらに特別避難階段が必要になる15階以上の住宅は超高層としていたが、住宅の高層化が進んだため超高層は高さ100 m(25階程度)以上を指すようになっている。

集合住宅の住戸へのアクセス方式には、階段室型・片廊下型・中廊下型・集中型などがあり、それぞれ必要とされる共有面積やエレベーター効率が異なる。住戸へのアクセス方式は居住者のコミュニティ形成にも影響を及ぼすため、住棟計画のポイントとなる(図表2)。

2) 集合住宅の住戸形式

図表3は住戸のタイプを示している。フラットは1住戸が1層であり、メゾネットは2層にわたるものである。3層にわたるものをトリプレットという。多層にわたる住戸はフラット住戸に比べプライバシー性が高く、変化に富む内部空間を実現できる。また図表4のような1.5層住宅も供給されている。

■図表1 集合住宅の形式

住 棟 形 式		通 路 形 式		住 戸 形 式	
		平 面 的	断 面 的		
低　層 (1、2階)	連 続 住 宅 2戸建て住宅			フラット メゾネット ・2階建て	テラスハウス コートハウス
中　層 (3〜5階) 高　層 (6階以上)	共同住宅	階段室型 中廊下型 片廊下型 集中型	各階通路 スキップ フロア	フラット メゾネット セミメゾネット トリプレット	

■図表2 住戸へのアクセス方式

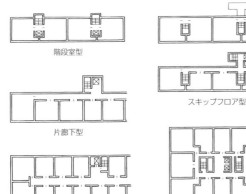

階段室型

スキップフロア型

片廊下型

中廊下型

集中型

■図表3 住戸のタイプ

フラット

メゾネット

■図表4 1.5層住宅

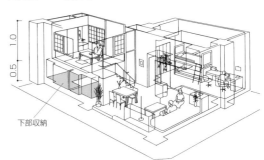

下部収納

■図表5 コーポラティブハウス(Mポート、設計/もやい住宅設計者集団)

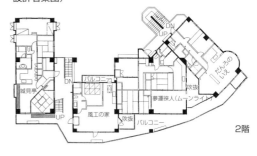

2階

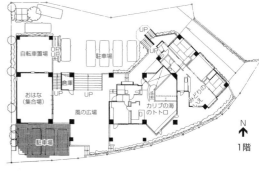

1階

3) 集まって住む多様な形―シェア居住

❶コーポラティブハウス

同一敷地に共同で住むことを希望するものが組合をつくり、住宅の設計から管理までを運営する集合住宅をコーポラティブハウスという。計画段階から居住者が参加するため、各世帯の条件に合わせて個別に住戸を設計することが可能になる（図表5）。

❷コレクティブハウス

共同で住むことを希望する者が集まり、個人の専用住戸とは別に共用空間を設け、食事や家事の一部を共同で運営する集合住宅をコレクティブハウスという。図表6は、居住者が自主管理運営する（セルフワークモデル）コレクティブハウスの事例で、共用空間としてLDKのほかに洗濯室や工作テラスも設けられている。また図表7は被災地における高齢者の自立居住を支援する公営住宅の事例で、従来の北欧型とは異なる福祉型のコレクティブハウスである。高齢者対応の住宅は、付帯するサービスにより①自立居住型のシニアハウス、②専門スタッフの援助を受けながら共同で生活するグループホーム、③食事などのサービスが付帯するケアハウス（軽費老人ホーム）などがあるが、介護福祉制度上住宅とみなされる①②に代わる新しい居住形態として福祉型コレクティブハウスが注目されている。

❸シェアハウス

シェアハウス（シェアードハウス）は、数人がそれぞれプライバシーのある個室をもち、トイレ・浴室・キッチンなどを使い合って住む大きな家のこと、またはその住まい方を指す。ルームシェアという場合は、たとえばマンションの一住戸をルームメイトと共同で住むような状態を指す。図表8は古民家を7人でシェアしている「松陰コモンズ」の例で、パブリックコモンという地域に開くスペースをもち、居住者が運営する事例である。

■図表6 コレクティブハウス「かんかん森」2階平面図
（基本設計・設計監修／NPO法人コレクティブハウジング社）

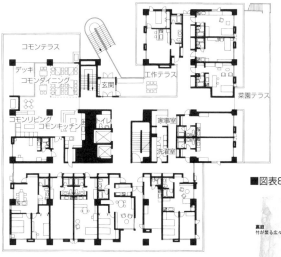

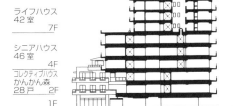

「かんかん森」の上階には、シニアハウスや介護付き住宅があり、全体として地域施設を含む多世代型集合住宅となっている。

■図表7 「真野ふれあい住宅」協同食堂の使われ方

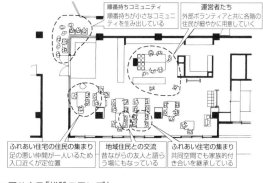

■図表8 シェアハウス「松陰コモンズ」

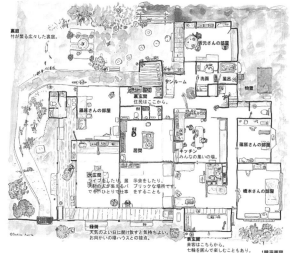

考えてみよう
●身近な集合住宅のアクセス方式や住戸形式を調べてみよう。
●集合住宅の募集パンフレットを集めて、管理方式やサービスについて調べてみよう。

商業施設のインテリア

【学習のねらい】商業施設の基本的機能とは何か。また物販・飲食空間の種類にはどういうものがあるか。さらに売り場の動線、ファサードのデザイン、寸法の原則など機能を満足させるための商業施設の計画について理解する。

1）商業施設の概要

❶商業施設の定義

商業施設は、「商い」をする場所である。「商い」とは、字源を調べると「モノコト明ニシテ、コレ商量スルヲ得ルナリ」とあるように「モノ＝商品、コト＝サービスの価値を明らかにしてその対価として利益を得ること」である。そしてその行為を専業にする人を商人（しょうにん、あきんど）という。

社会生活を営む中で、商業施設とは、「人と人が触れ合い言葉を交わし、物品を交換し、必要なサービスを提供しながらお互いの生活を助け合う施設」といえる。また「人間生活における楽しみ、社交、出会いの受け皿であり、ものを買ったり、食べたり、さまざまなサービスを享受する空間およびそれを成り立たせるための装置」、「ものを買う、食べるという生活用品の需要を充足させる機能からサービスを提供する機能まで人間の生活を支える施設」とも表現できる。

❷商業施設の機能

商業施設の機能は、「生活のさまざまなシーンを支える施設であり、ライフスタイルに商品やサービスを適合していくもの」といえる。「生活のさまざまなシーン」とは、「衣（ファッション）・食（飲食および食材）・住（住居関連）・遊（遊興・娯楽）・健（健康）・知（知識・学習）・趣（趣味）・社（社交）」を指す。

そして、時代や生活のしかたによって変化していく部分（流行・感覚など）と、基本要素として変わらない要素（原理・機能など）をもつ。

主に、どの時代でも変わらない要素（原理・機能）は二つある。

■図表1 商業施設の事業別機能

機能大分類	機能中分類	機能要素
対顧客機能	顧客誘引機能	魅力演出、素材感、色調
	商品理解機能	ディスプレイ、店員知識
	売買効果機能	売場効率、回転率
	搬送機能	商品回転率
事業機能	販売企画機能	商品仕入れ
	商品搬出入機能	倉庫、商品管理
	宣伝機能	販促、イベント
	人事管理機能	人件費
	建築、什器管理機能	後方施設

事業別機能

商業施設は「売り手」としての提供側と「買い手」としての享受側に分けることができる。事業として商業施設をみると、対顧客機能と利益を得るための仕組みとしての事業機能がある（図表1）。

空間別機能

商業施設を空間別に分類すると、顧客のアプローチ順に、ディスプレイスペース、商品陳列スペース、接客スペース、事務スペース、ストックスペースの五つに分類できる。

ディスプレイスペースではいかに顧客が入りやすい店頭をつくるかが重要である。商品陳列スペースでは見やすく、期待感をおこさせることが重要である。接客スペースでは選びやすく、回遊性、滞在性、自由選択性の高いプラン、見て回る楽しさが重要である。事務スペース内の業務管理には金庫室、事務室、店長室、応接室、商談室などがある。また人事管理には休憩室、更衣室、社員便所などがある。ストックスペースは荷捌スペースや倉庫などがあり全体の面積の5〜10％が一般的である。

❸商業施設の分類

商業施設は、規模および構成要素などにより分類されている。規模別では主に個別商業施設と複合商業施設に分けられる（図表2）。さらにそのうち、業態として物品販売施設、飲食施設、サービス施設、総合商業施設、集団商業施設に分けられる。「何を売るか」という分類のしかたを「業種」といい、「どのように売るか」という分類のしかたを「業態」という。とくに個別商業施設では、事業分野の名称で区分されている。

日本では、「魚屋」「肉屋」「八百屋」など商品別による個店が発達していたが、近年、商品の多様化、顧客の要望などにより「何を」「いつ」「どのようにして」「どのくらいの値段で」買うかなど生活のしかたに合わせたきめ細かい提供のしかたの工夫が重要視されている。このようなニーズに対応するために生まれてきたのが「業態」という考え方である。

また、物流およびITの進展によって1990年代から店舗をもたない販売形式が日常化している。そもそも「商業」とは、交換の仕事全体を指し、交換の個々の仕事を「取引」、交換の対象を「商品」、交換の媒介手段を「貨幣＝お金」、交換の場を「市場（しじょう）」と呼ぶ。このような仕事

をすべて電子の力によって処理することを「Eコマース electronic commerce（電子商取引）」という。

以下、各分類について説明する。

規模別分類

個別商業施設——一般に個店といわれ、個人経営の店舗が主である。ただし企業経営によるチェーン店の小規模なものも含む。

複合商業施設——これは、地域開発や商業地域での再開発など大規模で集客施設として都市の中心的施設となるものである。この中には、経営が単体の総合商業施設（百貨店・総合スーパー）や、それぞれの経営が集まった集団商業施設（駅ビル・ショッピングセンター・地下街・飲食雑居ビル・道の駅）がある。

以上、業態としての特徴など総合的な分類表にまとめたものが図表2である。

購売頻度別分類

また、購売頻度によって次のような分類方法もある。

買回品店（かいまわりひんてん）——アパレルなど嗜好によって購買動機が変化する商品で、さまざまな店を比較しながら購買したい商品を扱う店である。海外ブランド店など高額商

■図表2 商業施設の分類

規模	業態	施設	備考
個別商業施設	物品販売施設	服飾用品販売業施設	衣料品、装身雑貨等主として流行性商品を扱う施設
		生活文化用品販売業施設	家具、インテリア用品等上記以外の嗜好性商品を扱う施設
		日用生活用品・食品販売業施設	食料品、日常消耗品等日常的に使う必需性商品を扱う施設
		食品加工販売業施設	販売に当たって食品を加工する施設
		その他の販売業施設	自動車販売等前項に含まれない施設
	飲食施設	喫茶業施設	食事および酒類提供を主としない施設
		軽飲食業施設	日常の飲食生活に広く対応し、食事を主とする施設
		料理飲食業施設	専門料理とその提供方法の嗜好性が高い飲食生活に対応する施設
		飲酒業施設	飲酒を主とする施設。風俗営業を除く
		遊興飲食業施設	飲食、接待サービスなど風俗営業許可を必要とする施設
	サービス施設	金融業施設	銀行、証券、保険業等主として接客部分の施設
		保健衛生業施設	理容、美容、浴場、クリーニング業等の施設
		スポーツ・娯楽業施設	娯楽業の各種施設。非営利施設は除く
		その他のサービス業施設	映画館、旅館、集会場等の施設
複合商業施設	総合商業施設	百貨店	各種商品の販売を中心に、関連する各種サービスを行う大規模施設
		総合スーパー	セルフサービス方式の大規模施設
	集団商業施設	駅ビル	交通ターミナル機能に関連し、利便性の高い各種個別施設の集団
		ショッピングセンター	大規模商業施設と個別商業施設の複合による販売・サービス施設
		地下街	都市の高度利用のために公共道路の地下に集合した複合商業施設
		飲食雑居ビル	一般飲食店が有機的に集積した集団施設

■図表3 商業施設の構成要素と各部名称

規模・業態 構成要素		個 別 商 業 施 設			複 合 商 業 施 設	展 示 施 設
		物品販売施設	飲食施設	サービス施設	総合商業施設・集団商業施設	情報PR施設
直接営業部門	導入部分	客用出入口・階段 駐車場	客用出入口・階段 サンプルケース 駐車場	客用出入口・階段 駐車場	客用出入口・階段・主通路 エレベーター・エスカレーター モール・駐車場など	客用出入口・階段・主通路 エレベーター・エスカレーター 駐車場・受付・チケット売場
	接客付帯部分	☆売場付帯部分	☆客室付帯部分	☆客室付帯部分	接客付帯部分	☆展示室付帯部分
		休憩コーナー 化粧室・便所	レジ・客待 化粧室・便所	レジ・待合室 化粧室・便所	休憩室・化粧室・便所 託児室・店内案内所など	休憩室・便所
	接客部分	☆売場部分	☆客室部分	☆客室部分	接客部分	☆展示部分
		売場・レジ 包装台 接客カウンター	客室・個室 配膳コーナー カウンター厨房	美理容作業室 など	売場・レジ・包装台 副通路・接客カウンター 出店者の個店・売場事務所	展示室・ショールーム・映像室
間接営業部門		商品管理部分	☆厨房部分	☆管理部分	商品管理部分	☆管理部分
		仕入事務コーナー 倉庫・仕入口	厨房・倉庫 厨房口	事務室・休憩室 従業員出入口	仕入事務室・荷受場 配送所・商品搬出入口	倉庫・準備室・機械室・操作室 器材搬出入口・管理室
		一般管理部分	一般管理部分		一般管理部分	
		事務室・休憩室 従業員出入口	事務室・休憩室 従業員出入口		役員室・応接室・社員食堂 ロッカー室・機械室・従業員出入口	

☆印は当該施設に限って使用する部分名称である。
例示は代表的なものを示してあり、具体的には各論による。
ここでは、業態として展示施設を加えている。

品を取り扱う。

もよりひんてん
最寄品店──日用生活用品や食料品など実用品で、できるだけ近く、安く買える店である。コンビニエンスストアや地域スーパー、ドラッグストアなどが参入している。

❹商業施設の構成要素

商業施設は、直接顧客に関係する空間（直接営業部門）とそれを支えるための空間（間接営業部門）に分けることができる。顧客が商業施設を利用するときの順に分類し、それぞれの構成要素を述べる（図表3）。

直接営業部門

顧客と直接かかわる空間であり、とくにデザイン・サインは直接売上げにかかわるので重要である。どの商業施設もその時代・地域・風習によって左右されるので、つねにこの部門は変化し得るつくり方が求められる。

間接営業部門

顧客とかかわる直接営業部門を支える間接部門で、商品・従業員・施設などの管理にかかわる部門である。近年とくに市場の国際化、多様化が進む社会の中で、その規模・場所・動線などのあり方が変化してきている。

2) 物品販売施設（物販店）のインテリア設計

物品販売施設とは、ものを売る店舗であるが、扱う商品の違いによって千差万別である。ここでは導入部分と売り場部分の基本的な要素について述べる。

❶導入部分の計画

導入部分とは、道行く人々に買い物動機を促進するための外部の演出性と機能性において重要な部分である。外装のデザインと店名、商品名などのサインが大きな要素といえる。

導入部分の道路との計画にかかわる条件

自然条件──日照、降水量、気温、湿度、風向き、方位など。とくに日照は商品が日焼けしないような工夫が必要である。また気温、湿度はガラススクリーンの曇りなど空調管理に配慮が必要である。方位、風向きは入口の幅、位置などにより顧客の入りやすさに影響を与える。
敷地条件──地形や道路との関係、敷地の間口、奥行など。低価格帯の商品を扱う店舗では間口＞奥行がよく、営業の中心は道路に近い。反対に高級店では間口＜奥行の敷地でもよく、営業の中心が道路から奥に入った落ち着く環境が求められる。
道路条件──道路の幅員、歩車道の区分や歩道の有無、道路面と敷地との高低差、アーケードの内法高（天井高）、道路面の照度など。歩道からの段差は原則ないほうがよい。アーケードの天井高は店舗の大きさに影響

を与える。
店頭の状況──営業時間帯における通行人の量、歩行速度、停滞状況や来店方向、自動車の交通量など。駐車施設をもつ大規模店舗では、駐車場の位置は事前に来店方向の交通規制などを調査して、その方向別頻度によって入口を決定していくことは重要である。
防災的条件──防犯扉・防火シャッターの設置位置など。万引き防止などのため店頭に盗難防止ゲートを取り付けるブティック、本屋などもある。防犯・防火シャッターを設置していない店頭ではそのほとんどが防犯センサーを取り付けている。

導入部分の計画要素

顧客をいかにその店に導入するかという観点から、導入部分の計画要素として、とくに人間の心理的要因を挙げると以下の点が重要である。
開放度──道路に対してどのくらい実際に開いているかの度合いをいう。開放度が大きくなると、風・塵による商品の傷みや騒音による悪影響、さらに空調条件の悪化などが発生する。とくに開放度が高い事例は室内商業モールに面する各種食料品店およびショッピングセンターなどに多い。
透明度──道を往来する顧客に対して店舗室内への誘導を促すための透視の度合いをいう。とくに感性にうったえる商品を扱う店では開放度よりもこの透明度を高くすることが求められる。その素材は単なる透明ガラススクリーンのみでなく、さまざまな販促要素としてのサイン、イラストなどが求められる。
深度──導入部分の奥行の長さをいう。道路境界からじかに商品を見せる方法は深度が小さいという。とくにブティックや和装などではアクセスとしての空間をとることによって高級感や、その店の特色を演出できる。このように道路から出入口までの距離が長い場合を、深度が大きいという。
出入口──導入部分にとっての出入口は何よりも顧客の自然な導入として重要である。とくに人通りの流れの方向性の分析、サッシの素材と寸法、さらに開け方など店の構えとして検討することが重要である。

以上、諸条件および要素を考慮して、その物販店に適合した計画を進める必要がある。

図表4は導入部分の基本形を示したものである。

❷売り場部分の計画

物販店にとって最も重要な部分としての売り場部分は、主に顧客動線、販売方式、通路幅、販売業務スペースのとり方を計画することが重要である。

顧客動線

顧客動線には、その業種によってさまざまな形式が

ある。代表的な形式を業種別に図示したのが図表5である。

販売方式

販売方式には、対面販売方式、側面販売方式、セルフ販売方式の3種類がある(図表6)。

対面販売方式──顧客と従業員とが、ショーケースなどを挟んで、向き合って商品を販売する方式である。商品が比較的小さく高額なもの、あるいは商品管理上および衛生管理上展示ケース内に収納しておく必要のある業種に多くみられる。

側面販売方式──顧客のそばに従業員が立ち、商品を販売する方式である。種類が多く大量に見せる商品、もしくは大型商品の業種に多くみられる。

セルフ販売方式──顧客が自由に商品を選択し、集中した場所でのレジにて購買する方式である。商品の大量販売や大規模店舗に多くみられる。

通路幅

ショッピングモールの通路幅が8m以下だと、顧客にとって両サイドの店頭が視界に入る。近年、ゆとりのある環境をつくることやミニイベントを行うために通路幅を大きくとる場合があるが、その広げた通路にワゴンセールやベンチなどを置くことによって、憩いと賑わいのあるモールを演出する事例は多い。通路幅には原則とする寸法がある。

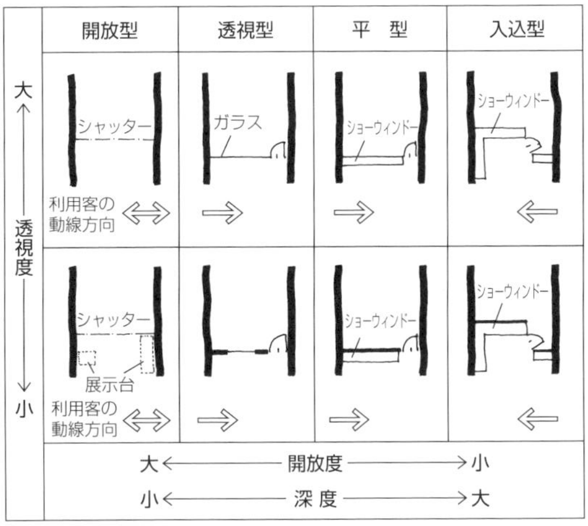

■図表6 販売方式

対面販売方式	
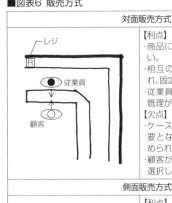	【利点】 ・商品についての相談、説明がしやすい。 ・相互のコミュニケーションが生まれ、固定客ができやすい。 ・従業員の作業位置が決められ、商品管理がしやすい。 【欠点】 ・ケースから商品を取り出す作業が必要となり、マンツーマンの応対を求められる。 ・顧客が商品を手に取ることができず選択しにくい。
側面販売方式	
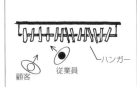	【利点】 ・顧客が商品を自由に手に取って選択でき購買心をそそる。 ・従業員が販売と監視を兼ねることができる。 ・商品の陳列面積を大きく取ることができる。 【欠点】 ・商品が傷みやすく、盗難に遭いやすい。 ・客動線と従業員動線が交錯しやすい。
セルフ販売方式	
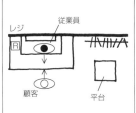	【利点】 ・顧客にとって自由に好きなものを大量に購買できる。 ・従業員にとって販売管理がレジ1カ所でできる。 【欠点】 ・商品の陳列管理が崩れやすくメンテナンスに手間がかかる。 ・きめ細かな販売プロモーションがしにくい。 ・盗難に遭いやすい。

■図表4 導入部分の基本形

	開放型	透視型	平型	入込型
大↑透視度↓小	シャッター／利用客の動線方向	ガラス／利用客の動線方向	ショーウィンドー／利用客の動線方向	ショーウィンドー／利用客の動線方向
	シャッター／展示台／利用客の動線方向		ショーウィンドー	ショーウィンドー

大←──開放度──→小
小←──深度──→大

■図表5 顧客動線の基本形

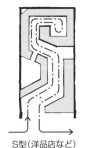 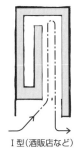 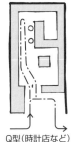  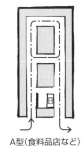

S型(洋品店など)　　I型(酒販店など)　　Q型(時計店など)　　U型(書店など)　　A型(食料品店など)
ゆっくり道草をしながら　同じ通路を一直線　店頭でウインドーショッピン　店内を一周する型　店内を回遊する型
奥まで行く型　　　　　に往復する型　　グし、一部が店内に入る型

売り場面積が50〜100 m²程度では、通路幅の標準は1.0〜1.5 mとする（図表7、8）。

対面販売方式の場合、従業員のための後方通路幅は約60 cmとする（図表8）。

営業状況によって、通路に売り台を置くなど通路幅の調整を必要とすることがある。

レジ台、カウンター回り、主力商品展示部分などは、通路幅を広くとり、客動線に変化を与えるようにする。

販売業務スペースのとり方

販売業務スペースとは、商品を梱包するための梱包台、それに必要な梱包紙、梱包袋、レジ台などのためのスペースである。梱包台の大きさは、商品の大きさに比例する。また高さは、一般に800 mmが標準寸法である。取扱い商品が大きくなるほど低くする傾向にある。図表9はレジ台と梱包台の組合せの例を示す。

❸設計上のチェックポイント

このほか、間接営業部門として商品管理および一般管理としての従業員関連諸室および商品搬出入、倉庫などがあるが、ここでは省略する。

次に、商業施設を設計していく上でのチェックポイントを整理すると、以下のように要約できる。

・出入口の位置、商品配置、客動線、レジ台の位置
・部門別の陳列スペース
・部門別の陳列方式
・ストックルームの位置と在庫数
・トータルイメージ／素材感、色彩感、造形感
・ゾーニングプラン／商品部門の決定、配置、面積（客溜り、デッドスペースをつくらない形状、より高い販売効率）、客動線、陳列数とストック数の決定

❹設計事例

物販店は近年、消費の多様性や流通経路の革新性により規模、業種の違いによってさまざまな事例が見受けられる。店舗の基本機能がわかりやすい事例として、図表10、11の平面図を参考に掲載する。

■図表7 ショーケースと通路幅

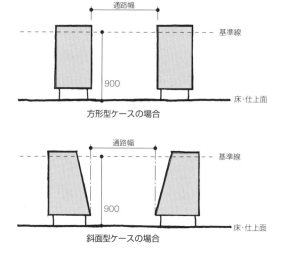

方形型ケースの場合

斜面型ケースの場合

■図表8 ケースと通路部分の寸法

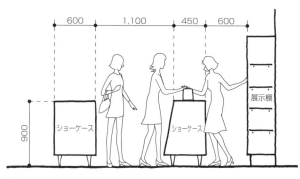

■図表9 レジ台と梱包台の組合せ例

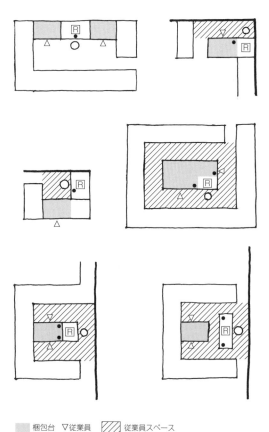

■図表10 ショップ＆カフェの事例

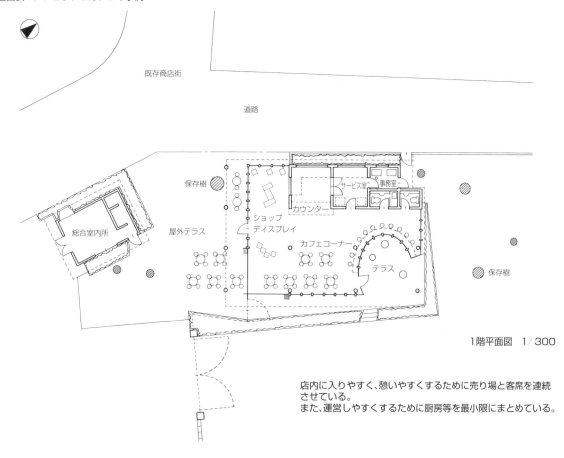

1階平面図　1／300

店内に入りやすく、憩いやすくするために売り場と客席を連続させている。
また、運営しやすくするために厨房等を最小限にまとめている。

■図表11 ブティックの事例

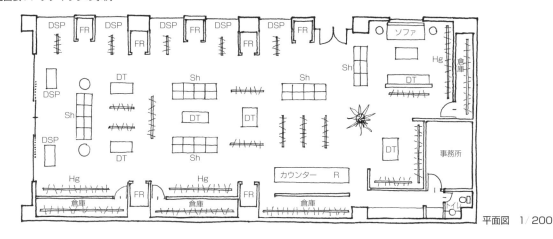

平面図　1／200

FR　フィッティングルーム
Hg　ハンガー
DSP　ディスプレイ
Sh　棚
DT　平台

店内は、テーマ別レイアウトが可能なようにコーナー展開を連続させている。さらに、商品ストックは搬出しやすいように各コーナーに分散させている。

3）飲食施設（飲食店）のインテリア設計

❶施設の分類

飲食施設には、さまざまな規模、環境、メニューがある。日本人にとっての外食は、極端にいえば世界中の食材を一人ひとりの生活スタイルに合った形式で提供されることを期待している。その意味で、都心、地方において食材の提供方法の発達および情報の処理能力の高度化によって飛躍的にこの分野の空間の種類が増えている。

飲食施設は、利用目的の観点から大きく図表12のように分類できる。

❷飲食施設の事業にかかわる［用語］

飲食施設では、時代の変化の激しさにより、とくに営業上知っておくべき重要な用語がある。

・客席比率——床面積当たりの客席数をいう。一般的に喫茶は客席比率が高く、料理飲食店は低い。
・客席回転数——1日の客席の利用回転数である。延べ客数を客席数で除した数値が、1日の客席の利用回転数であり、営業の効率を評価する係数の一つである。ナイト飲食である遊興飲食業のほとんどは2回転業種である。喫茶、軽飲食、一般レストラン食堂などは2〜7回転である。7回転以上の業種は立ち食いそば、スタンドコーヒー、スタンド式カレーなどがある。
・客席の利用率——客席の利用率とは1組の客が客席を何人で使用するかということである。たとえばテーブル一つに四つの椅子を構成する飲食店の場合、一人の利用を想定すると3席分は空いてしまい、売上効率は低くなる。そこで2人掛けのテーブルを移動して簡単に4人掛けにすることなどが多くみられる。
・客単価——利用客一人当たりの消費単価をいう。

❸導入部分の計画

ここでは通路部分から出入口までの奥行、前面道路との高低差、外部からの見通しの度合い、出入口の開放の度合いなど各種施設の特性をとらえて計画することが重要である。

図表13は導入の諸形式を表したものである。また図表14は導入部分の床の高低差について図示したものである。

■図表12 飲食施設の区分表

施設	主たる提供商品と営業	該当する飲食店
喫茶業施設	主として飲み物・菓子類と軽い食べ物を提供する営業	喫茶店、甘味店、フルーツパーラー
軽飲食業施設	喫茶、食事、飲食にかかわる軽い食事を主として扱う営業	そば・うどん店、スパゲッティ店、スナック、ファストフード店
料理飲食業施設	各種料理品を主として、飲物や酒類も提供する営業	食堂、レストラン、各国料理店、日本料理店、すし、天ぷら、うなぎ等専門料理店
飲酒業施設	酒、ビール、洋酒など酒類を主として扱う営業	酒場、ビアホール、居酒屋、焼き鳥店、洋酒バー
遊興飲食業施設	風俗営業等の規制及び業務の適正化等に関する法律（風営法）に該当する営業	料亭、バー、キャバレー、ナイトクラブ

■図表13 導入の諸形式

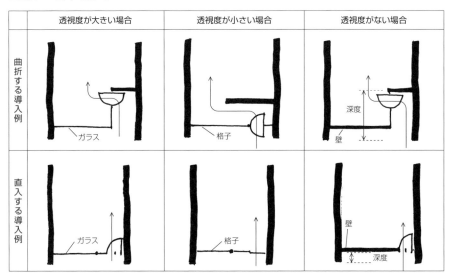

94

❹客席部分の計画
客席計画

　客席部分の計画とは、一つのテーブルと数個の椅子、または座席の組合せをもって客席構成の単位とし、それをいかに配置計画に落とし込むかが重要な部分である。さまざまな配置において客席の基本的離隔距離を示したものが図表15である。また客席配置は用途に応じていろいろな形式がある(図表16)。

縦型配置──客席配置の基本形で、事例も多い。一般に導入部から奥に向かって縦に配列される。客席構成が単純明快な形となるため、利用客の客席選定がしやすく、サービスの効率もよい。しかし反面、単調で硬い感じになりやすい。

横型配置──主要な客席通路に直角に配置された形式

で、客の席選択およびサービスのしにくさがある。

縦・横型配置──縦型と横型の組合せの形式で客席効率を上げることができる。しかし、動線が入り組み、サービスの動線が煩雑となる。

変形型配置──曲線型や屈曲型など、自由に配置する形式で、変化をつけやすく個性的な客席構成が可能である。

点在型配置──一定感覚で整然と配置する形式と、不規則に配置する形式がある。客席同士が離れているためにゆとりのある環境がつくれるが、客席効率が落ちてしまう。

　以上を図示したものが図表16である。

客席通路寸法

　各地方自治体では、火災予防条例として客席通路寸法の最小幅を規定している。このように防災時の安全性からも、また従業員の作業性からも通路幅は重要である。一般的に100 m²程度の規模の場合、主通路の幅は750 mmである。それより広い大規模飲食店の場合は1,200 mmとる。図表17は、客席配置と通路の寸法の標準事例である。

■図表14 導入部分の床の高低差

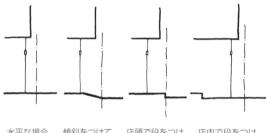

水平な場合　傾斜をつけて処理する場合　店頭で段をつけ処理する場合　店内で段をつけ処理する場合

■図表15 客席の離隔距離

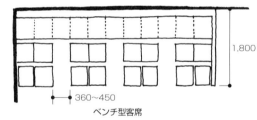

1,800

360〜450

ベンチ型客席

400以上

客席間隔400〜450

客席通路
750〜900

テーブルの大きさ　750×750〜900×900

点在型客席

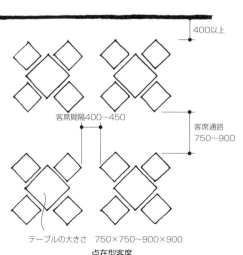

■図表16 客席配置の諸形式

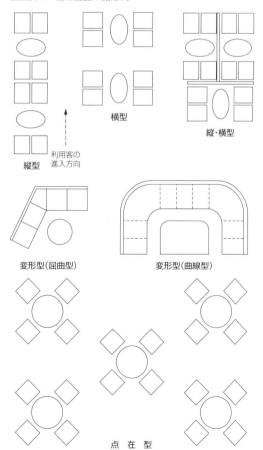

横型

縦・横型

利用客の
進入方向

縦型

変形型(屈曲型)　　　変形型(曲線型)

点　在　型

客席家具寸法

　飲食店における家具の寸法はその用途、提供メニュー、環境、演出、規模によって適切な寸法の家具を選ぶことが重要である。近年は、既製品の家具から選ぶのみでなく、オーダーしてつくるケースも増えている。図表18は、用途別にみた標準的家具の寸法を図示したものである。

❺厨房部分の計画

　近年、この部門には厨房機器メーカーの各種厨房機器が多数提供され、機器メーカーからの提供サービスとしてメニューが決定されると、それに基づき厨房レイアウト図および見積書まで短時間に設計者に提出されることが多くなった。設計者としては、とくに料理人の希望および環境に対する要望を聞き厨房計画をすることが重要である。ここでは、厨房計画にかかわる事項を簡潔に述べる。

基本計画

厨房の位置──食材の搬出入、客席サービス動線の円滑化、諸設備の引込み・接続・保守の利便性などを考慮して決定する。ビル内での飲食店の場合、ビル全体でのパイプシャフト（PS）の位置を考慮する。

厨房面積──調理機器の選定、調理人数、調理作業、食材・調理材料のストックなどを考慮して決定する。

厨房形式──開放型、一部開放型、閉鎖型の3形式がある。火災の延焼防止のため、なんらかの形で防火区画することも重要である（裸火区画）。

厨房作業

　厨房での具体的作業を述べると、準備のための仕込み作業、食材の加工をする主調理作業、商品としての価値をつくり込むための盛付け作業、省動線および商品価値を落とさないための配膳作業、顧客からの注文等の客席サービス作業、終了後の食器回収作業、さらに残

■図表17 客席配置と通路の寸法例　　　　　　　■図表18 用途別客席寸法の基準

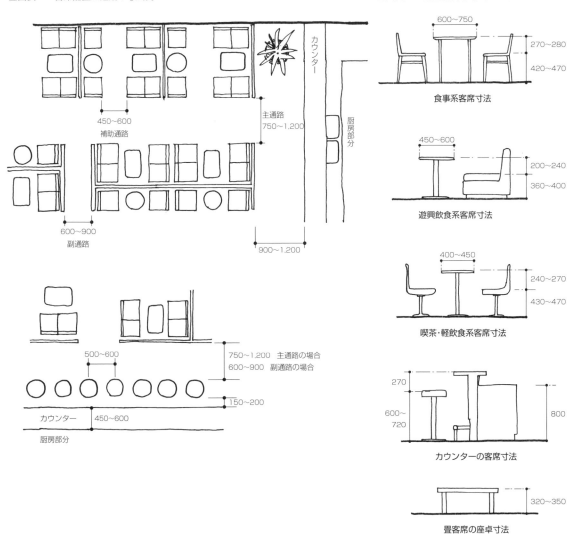

滓処理・食器洗浄・消毒作業、次の顧客サービスのための食器格納作業などがある。

調理機器の配置計画

調理品目と調理品の質、量に適応する性能の調理機器を選定する必要がある。その数量はピーク時の回転数に合わせること、また調理作業の区分に応じた調理機器の配列も重要である。

調理用機器類

調理用機器類は以下のように分類できる。

・流し台類・ラック類
・炊飯機器
・加熱調理機器
・調理機器類
・冷却機器類
・食器洗浄器類、食器消毒器類
・厨房残滓処理設備類

❻設計事例

以上、飲食店はもの余り時代に入り、物販店以上に注目されてきている。冷凍物流技術の進歩など、全国にさまざまな飲食店の事例が見受けられる。基本機能がわかりやすい事例として図表19、20の平面図を参考に掲載する。

■図表19 寿司店の事例

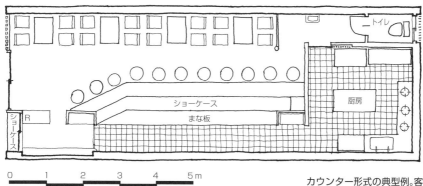

カウンター形式の典型例。客側にはテーブル席を、一次加工としての厨房を板前スペースの後部につくっている。

■図表20 居酒屋の事例

客席は、少人数から多人数まで対応できるようレイアウトされている。厨房はさまざまなメニューを加工しやすく、一列状としている。

考えてみよう
●1日1,000人の客が来店する喫茶店の客席はいくつ用意したらよいか、考えてみよう。
（利用率＝0.3、回転数＝5回）

教育施設のインテリア

【学習のねらい】教育施設のタイプや学習空間の種類にはどういうものがあるのか、また一般的な教室や教室回りの寸法計画や家具レイアウトはどのようにすればよいのかを理解する。

1) 教育施設の概要とさまざまな学習空間

❶施設タイプと規模

　教育施設は、図表1に挙げたように幼稚園・小学校から大学・大学院、また特別支援学校（視覚障害・聴覚障害・知的障害・肢体不自由・病弱）などの学校、さらには専修学校や各種学校などさまざまなタイプがある。戦後に教育の機会均等等を目指して6・3・3・4制の学校教育制度がスタートしたが、1962年には5年一貫の高等専門学校設置、1999年から中高一貫教育の中等教育学校設置、さらに2004年からは小中一貫教育が可能になるなど、これまでの単線型の学校制度が変化してきている。

　また教育システムに関しても、たとえば高等学校で1988年に学年による教育課程区分をせず必要単位数の修得によって卒業を認定する単位制高等学校、1994年には系列を設定し卒業必要単位数80単位のうち35単位が必修で、残りは専門教科群から選択す

■図表1　教育施設のタイプと内容

施設名称	制度・関連事項	対象年齢・年限
幼稚園	・保育所(厚生労働省管轄)との併設・一体化登場	・3歳から小学校就学まで ・1年・2年・3年保育
小学校	・単式学級・複式学級・単級学級など ・小中一貫校・小中併設校など ・特別支援学級(弱視・難聴・知的障害・肢体不自由・病弱および身体虚弱・言語障害・自閉症および情緒障害)	・6歳以上 ・6年間
中学校	・同上 ・中等教育学校(中高一貫校)	・3年間
高等学校	・全日制・定時制・通信制・単位制 ・普通科・専門学科・総合学科 ・専攻科・別科(卒業後進学)	・全日制は3年間、定時制・通信制は3年間以上 ・専攻科・別科は高校卒業後1年以上
特別支援学校	・幼稚園・小学校・中学校・高等学校に準じる教育 ・視覚障害・聴覚障害・知的障害・肢体不自由・病弱(身体虚弱を含む) ・小学部と中学部は義務教育	・対象年齢には幅あり ・幼稚部・小学部・中学部・高等部が設置
高等専門学校	・工業(機械・電気・建築・工業化学・土木など)、商船など学科 ・その他の分野の学科・専攻科も設置可能	・中学校卒業以上の者 ・工業は5年間、商船は5年6ヵ月
短期大学	・学科または専攻(文・経済・商・理・工・教育・家政・社会福祉・体育など) ・通信教育部・夜間部 ・専攻科・別科	・2年間または3年間 ・専攻科・別科は短大卒業後1年以上
大学	・学部(医・薬・文・経済・商・理・工・教育・家政・社会福祉・体育など) ・通信教育部・夜間部 ・附属の学校・研究所・図書館・病院など	・4年以上 ・医学・薬学・歯学は6年以上
大学院	・修士課程・博士課程 ・研究科:学部に準拠、学部と関係ない独立組織もある	・修士課程は2年間以上 ・博士課程は3年間以上
大学校	・関連省庁が所管(職業訓練大学校、防衛大学校、警察大学校、消防大学校、自治大学校、航空大学校、海上保安大学校、気象大学校など)	・個々に規定
専修学校	・職業訓練・教養育成を目的 ・高等課程(高等専修学校)・専門課程・一般課程	・高等課程は中学校卒業程度以上、専門課程は高等学校卒業程度以上 ・1年間以上
各種学校	・上記の教育施設以外のもので学校教育に類する教育を行うもの	・中学校卒業以上 ・年限なし

■図表2　運営方式と内容

方式	内容	利点と課題
総合教室型	・クラスルームもしくはクラスルーム回りで大部分の学習・生活活動を行う方式	・弾力的な時間配分・クラス運営が可能 ・クラスルーム内や周辺に多様な学習コーナー(作業・図書・流し等)設置 ・小学校の低学年に適する
特別教室型	・国語・社会・数学・英語などのコア科目はクラスルームで行い、理科・図工・美術・家庭科・技術・音楽などの実習授業は特別教室で行う方式	・クラス専用のホームルーム教室が確保 ・科目に合わせた専門的な学習環境の形成ができない ・小学校高学年、中・高等学校に適する
教科教室型	・各教科がすべて専用の教室をもち生徒が移動する方式 ・教科教室をホームルームに割り当てたり、クラスの拠点を別に設置するなどのタイプがある	・各教科に応じた学習環境・設備・家具・メディアを整備できる ・児童・生徒の移動が増える ・ホームベースなど居場所の確保が必要 ・中学校・高等学校に適する
系列教科教室型	・複数の教科を関連付けて(人文系・理数系・芸術系など)教科教室を配置する方式	・教室の利用率が上がる ・教科枠を超えた弾力的学習展開に有効 ・中学校・高等学校に適する
学年内教科教室型	・コア科目(国語・社会・数学・英語)の教室を学年ごとにまとまりをつくって配置し、その中で教科教室型運営を行う方式	・移動が学年ユニット内で完結し、学年のまとまりもよい ・規模の大きな中学校・高等学校に適する

る総合学科制高等学校が設置されるなど、特色ある学校が登場してきている。

施設の規模としては幼稚園が100人前後で2〜6クラスが多く、小・中学校は12〜18クラスが標準とされるが、全国的にみると1学年1クラスの単学級が多い。校舎はほとんどが鉄筋コンクリート造で、面積は児童・生徒一人当たり10 m²弱（屋内運動場を除く）が平均である。また公立小・中学校では1クラス当たりの児童・生徒数は40人以下（1980年までは45人以下）と定められている。自治体によっては特区で1クラス35人以下としているケースもある（公立小学校の学級編制を35人に引き下げる改正法案が2021年に閣議決定され、2021年度から2025年度までに1クラスあたりの人数を35人に段階的に引き下げている）。

❷教育・運営方式と学習空間

教育内容・時間数・教科内容等の基準は学校種別ごとの学習指導要領に定められているが、ほぼ10年ごとに改訂されている。なお2017年度の改訂では、「生きる力」を育むことを目標に「人間性」「知識および技能」「思考力・判断力・表現力」を子どもたちに必要な力として三つの柱を提示し、またその手段としての主体的・対話的で深い学び（アクティブ・ラーニング）を重視した授業を勧めている。それ以前の学習指導要領にも言及されているが、従来型の一斉指導型の学習だけではなく、個人や小グループで行う個別・グループ学習や課題探究型学習などをより重視する姿勢が明確になってお

り、そのためにアクティブ・ラーニングに対応した教室空間やオープンスペース等の整備がこれまで以上に求められているといえる。

図表2に挙げたように、教科や科目に応じて教室や学習空間を利用する運営方式にはさまざまなものがあるが、基本的には総合教室型、特別教室型、教科教室型がある。教科担任制をとっている中・高等学校では教科教室型が採用されることもあり、また高等学校で必修の多い1年生を特別教室型、2年生以上を教科教室型とするなど運営方式を組み合わせるケースもある。

❸学習空間のタイプ

一般教科学習スペース　特別教室型ではホームルームとなる普通教室がこれに当たり、教科教室型の学校

■図表4 図工室と理科室をまとめた事例（下山田小学校、設計／鮎川透＋環・設計工房）

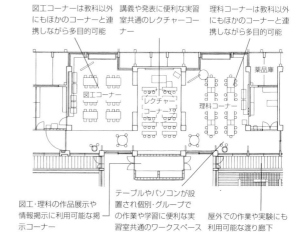

図工コーナーは教科以外にもほかのコーナーと連携しながら多目的可能

講義や発表に便利な実習室共通のレクチャーコーナー

理科コーナーは教科以外にもほかのコーナーと連携しながら多目的可能

薬品庫

図工コーナー

レクチャーコーナー

理科コーナー

図工・理科の作品展示や情報掲示に利用可能な掲示コーナー

テーブルやパソコンが設置され個別・グループでの作業や学習に便利な実習室共通のワークスペース

屋外での作業や実験にも利用可能な渡り廊下

■図表5 図書・メディアセンターの事例（玉島北中学校、設計／いるか設計集団）

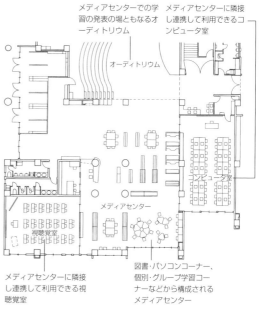

メディアセンターでの学習の発表の場ともなるオーディトリウム

メディアセンターに隣接し連携して利用できるコンピュータ室

オーディトリウム

コンピュータ室

メディアセンター

視聴覚室

メディアセンターに隣接し連携して利用できる視聴覚室

図書・パソコンコーナー、個別・グループ学習コーナーなどから構成されるメディアセンター

■図表3 教室回りに多様な学習コーナーをもつ学校（明海南小学校・明海中学校、設計／INA新建築研究所、計画指導／柳澤要）

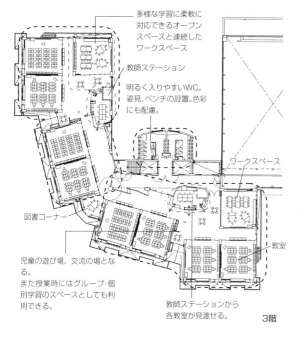

多様な学習に柔軟に対応できるオープンスペースと連続したワークスペース

教師ステーション

明るく入りやすいWC。姿見、ベンチの設置。色彩にも配慮。

ワークスペース

図書コーナー

教室

児童の遊び場、交流の場となる。
また授業時にはグループ・個別学習のスペースとしても利用できる。

教師ステーションから各教室が見渡せる。

3階

ではそれぞれの科目ごとに専用教室が用意される。多様な学習活動に対応するための多目的スペースを普通教室に隣接させた学校もある（図表3）。

実験・実習スペース　理科・図工・美術・家庭科・技術・音楽などの実習を行うスペース。関連する実習室をまとめて、共通のレクチャー・ワークスペースを設けて相互の連携的利用を図る例もある（図表4）。

情報スペース　図書室・視聴覚室・コンピュータ室など情報検索・収集のためのスペース。児童・生徒が個人やグループ・クラス単位で利用する情報・メディア拠点となる（図表5）。

その他のスペース　その他、屋内運動場や格技室など体育関連スペース、ホールやランチスペースなどの生活・集会スペース、職員室や会議室などの管理諸室スペースなどがある。

2) 教室、教室回りのインテリア

❶教室の寸法・面積と家具レイアウト

　教室空間は、利用する児童・生徒の年齢別の寸法や行動特性などに合わせてきめ細かく計画すべきである。とくに小学校では学齢による発達が著しく異なる。たとえば小学校では窓台の高さ一つとっても、低学年、中学年、高学年で適正な高さが異なる。また教室の寸法も児童・生徒の人体寸法や動作空間などに基づいて設定

すべきである（図表6）。しかし通常の普通教室は小・中学校でも高等学校でも単一形状・面積となっていることが多く、学齢に合わせた細かな設計上の配慮がなされていることは少ない。

　一方、普通教室の家具レイアウトも黒板に向かって定型的な個人机が整列するという従来型のレイアウトがいまだに主流となっている。普通教室内にもさまざまな組合せが可能な台形机を設置し、一斉指導のみならず、個別・グループ学習やディスカッションなど多様な学習形態に対応可能にした事例もある（図表7）。また教室を通常よりも広く確保し個人机のスペース以外に手洗いやロッカー、学習・展示コーナーを設けるなど教室の機能拡張をしている事例もある（図表8）。

❷教室回りの空間構成と家具レイアウト

　前述したように近年、新しい学習スタイルや新しい学習空間が整備されてきている。学習スタイルや学習集団が多様になることで、スペースのみならずバラエティに富んだ新たな家具・インテリアが増えてきている。

　普通教室以外の教室についても、新しい学習スタイ

■図表6　普通教室の寸法と家具配置(cm)

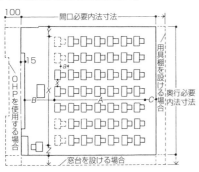

一斉学習の机配置例

注)　*1　机の大きさを60×40 cm、黒板厚を15 cmとした
　　　*2　後部に用具棚を設定
　　　*3　窓側に観察台を設定

		学校・学年	小学校低学年	小学校高学年	中学校	高校
間口方向	a: 机間距離		35	41	45	50
	A: 机・椅子(7a+7×40)		525	567	595	630
	B: 黒板面と最前列の机との距離		160	160	170	170
	C: 壁面と最後列の椅子との距離		115[*2]	115[*2]	60	60
	間口必要内法寸法[*1]		815	857	840	875
奥行方向	x: 机間距離		35	35	35	40
	X: 机・椅子(6x+7×60)		630	630	630	660
	Y: 通路側間仕切りと最寄りの机との距離		50	50	60	60
	Z: 窓面と最寄りの机との距離		90[*3]	60	60	60
	奥行必要内法寸法		770	740	750	780

■図表7　台形机を活用した教室内の家具レイアウト(ぐんま国際アカデミー、設計／CAt＋CAn、計画指導／上野淳・柳澤要)

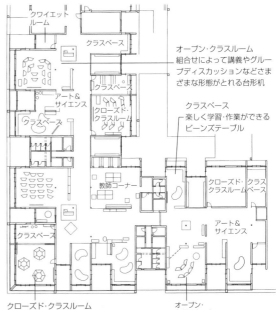

クローズド・クラスルーム
組合せによって講義やグループディスカッションなどさまざまな形態がとれる台形机

オープン・クラスルーム

教室内に置かれた台形机

教室脇のホームベース内に置かれたビーンズテーブル

ルに対応させていく必要がある。たとえば、理科室や図工室、また家庭科室などの実習教室では、グループ単位での実験や実習に対応した4〜6人用の固定の実験・実習机が島状に配置されるのが一般的であるが、教室周囲に実験台・流し、またキッチンを設置し、中央には可動式のテーブルを置いて、グループ作業や試食などによりフレキシブルに対応できるようにした事例もある。また先に紹介した事例（図表4）では教室に隣接して個別・グループ学習に対応するワークスペースや講義・発表用のレクチャースペースを設けている。

❸学校用家具のサイズ・デザイン

学校用の家具は、普通教室内の個人の机・椅子をはじめ、ロッカーや下足入れなどの収納用家具、掲示板や黒板、先ほど紹介したオープンスペースに置かれる各種テーブルなどさまざまである。明治期の学校制度に導入された教室における椅子座のスタイルは、その後、人間工学の研究成果を反映させたJIS規格によって子どもの体格に合った寸法体系を取り入れて整備されていく。これまで個々の児童・生徒の体格に合わせてきめ細かくデザインされてきた机・椅子であるが、近年、学校

ではさまざまな学習スタイルが登場してきており、それに伴い机や椅子をいかに多様な学習スタイルに適合させていくかが課題となっている。そういう意味では、1999年に改定された新JIS規格は、机の組合せも視野に入れたフレキシブルな機能寸法を導入しており、今後の家具のバリエーションやデザイン・質の向上が期待される。

机や椅子の素材としては、座面や天板が木製やメラミン化粧板でフレームがスチール・アルミなどの金属製というものが多いが、近年、児童・生徒の心理面・健康面を考慮して木造・木質系校舎が見直され、インテリアに合わせて木製家具も増えてきている（図表9）。

海外にみる多様な家具・インテリア

国外に目を向けると、とくに教育の個別化、個性化が進む欧米先進諸国では、グループで作業できるような大きな机やパソコンが置かれたコーナー、また読書や休憩をするコーナーまで多様な場・コーナーがつくられており、そこに多種多様な家具が使われている。たとえばスウェーデンの小・中学校では、学年ごとに快適で居心地の良いコモンズスペースを設けているが、ここが学習の場だけでなく交流や食事など生活の場としても活用されている。普通教室内も日本と比べて生徒一人当たりの面積が大きいこともあり、個人用の机だけでなく、グループ学習用の机や読書コーナー等の学習コーナー形成とそれに合わせた多様な家具が展開している（写真）。アメリカでも広い教室内やコモンズスペースにさまざまな学習コーナーを設置する傾向があるが、近年、通常の教室とは別に児童・生徒の生活拠点となる個人用ワークステーションを設置する学校も登場している。家具のデザインや素材に注目しても、とくに北欧諸国では食堂やラウンジだけでなく教室も含めて一般住宅でも利用されるようなデザインや快適性を重視した木製ハイブリッド家具が利用されていることが多く、これが洒落た照明や内装材などとも相まって学校を家庭的で生活感のある雰囲気にしている。概して欧米の学校家具・インテリアの素材や色、デザインなどは多様で種類も豊富であり、日本でも今後、個性的な学校をつくっていくために、これまでのような画一的・定型的なものではない家具・インテリアのバリエーションやデザイン・質の向上が期待される。

■図表8 ユニークな形状をもつゆとりのある教室空間（日本女子大学附属豊明小学校、設計／内井昭蔵建築設計事務所、計画指導／長澤悟）

実習時に便利な流し台が設置されたコーナー　教室内にまとまった個人ロッカーコーナー　教師の作業や児童との相談に便利な教師コーナー

用務員室

3年生教師コーナー

3年生クラスルーム

3年生ワークスペース

床座で集合もできる教室内のオープンスペース　個別・グループ学習に便利なワークスペース

■図表9 三つのサイズの木製の机・椅子（前谷地小学校）

さまざまな家具・コーナーで構成された教室（フューチュラム、スウェーデン・ストックホルム市）

考えてみよう　●自分の通った学校のタイプや教育・運営方式について考えてみよう。
　　　　　　　●自分の通った学校の普通教室の寸法や家具レイアウトを考えてみよう。

医療施設のインテリア

【学習のねらい】医療施設の種類や空間構成にはどういうものがあるのか、またインテリア・家具計画はどのように考えるべきかを理解する。

1) 施設の種類と空間構成

医療施設には、健康増進、病気予防・診療・治療、リハビリテーション、介護など、その目的に応じてさまざまな施設がある。図表1に福祉施設を含んだ医療・福祉施設の体系を示したが、医療法においては20床以上の病床を擁する施設を病院、20床未満の施設を診療所と定義している。病院の計画に際しては、変化する医療技術・機器への対応、効率的なスタッフや患者の動線や物品搬送、高度な設備等による適切な室内環境、効果的

な情報処理システム導入などの課題に取り組んでいかなければならない。

また病院にはさまざまな部屋やスペースがあり、計画に際してはこれらを機能ごとにまとめた部門構成を考慮する必要がある。一般的には図表2の5部門(病棟・外来・診療・管理・供給)に分けている。さらに病院ではさまざまな人(患者・来訪者・医療スタッフ・サービス関係者など)や物(医療関連・看護関連・事務関連など)や情報(診療関連・看護関連・管理関連など)が動くので、それらとの関連も考慮する必要がある。

■図表1 医療・福祉分野の高齢者施設体系

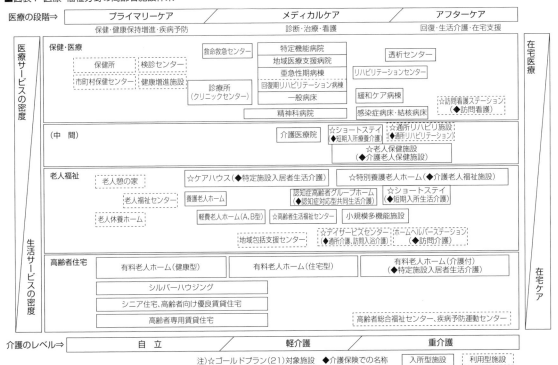

■図表2 病院の部門構成と面積割合

部　門 （面棟構成割合）	概　要	環境特性
病　棟 （35〜40％）	入院患者に対して診療や看護を行う場である。同時に、患者にとっては生活の場ともなる。病院の中心となる部門である。	居住空間的
外　来 （10〜15％）	通院患者への診療が行われる部門である。リハビリテーションやガンの化学療法などの通院治療や日帰り手術の出現などにより、外来部門の重要性が増してきている。	公共空間的
診　療 （15〜20％）	検査部・放射線部・手術部など、医師の診療行為を支援する部門である。病院管理の考え方から中央化が進められてきた。診療技術の進歩により面積割合が増加しつつある。	特殊空間的
供　給 （15〜20％）	滅菌材料・看護用品・薬品・食事・リネン・事務用品など院内の各部門に必要な物品を供給する部門である。エネルギーや医療廃棄物も扱う。	生産空間的
管　理 （10〜15％）	院長・看護部長・事務長室や医局、庶務・医療事務室で構成され、病院全体の管理・運営を行う部門である。カルテ(診療録)の管理や職員食堂、更衣室などの福利厚生などもつかさどる。	執務空間的

2）生活環境を重視した病室計画

　欧米では個室だけで構成された病棟も珍しくないが、日本では個室と多床室（4床室・2床室）で構成することが多い。4床室はとくに通路側の病床が窓から遠く環境的に不利であり、最近では個々の病床が専用の窓をもちプライバシーも確保しやすいような個室的多床室（図表3）と呼ばれる病室も登場している。また病室計画においては、看護作業用の十分なスペース確保や利用しやすい水回りなど、ベッド周囲の計画にとくに注意を払う必要がある。病院は入院患者にとっては医療活動に加え、食事・交流・休憩・睡眠などの生活活動を行う場である。そういった意味では病室やデイルームなどをはじめとして、患者のプライバシーが十分に確保できる空間、また木製家具など自然素材の活用や温かい雰囲気をつくり出す照明計画など、患者の心理面を考慮したインテリア・家具計画を目指したい。

3）子どもの医療環境と家具・インテリア

　精神的、身体的にも発育過程にある子どもの医療環境には、とりわけ配慮が求められる。家族のケアも含めたサービスなどソフト面の充実の必要性はいうまでもないが、病院が患者やその家族にとって楽しく親しみのもてる場所にしたい（図表4）。欧米でよくみられる家族の宿泊や憩いの場でもあるファミリールームの設置も効果的である（図表5）。また病棟内でさまざまな遊びを行うプレイルームも、患者の年齢や行動特性に合わせてきめ細かなインテリア・家具計画をする必要がある。ティーンエージャーのためのプレイルームの設置も重要である。事例として紹介したフランスの子ども病院（図表6）は、9歳以上の子どもを対象とした空間で音楽鑑賞やビリヤード・パソコンなどさまざまなコーナーが用意されている。インテリアや家具も大人っぽい洒落たものになっている。

■図表3　プライバシーの確保を考慮した個室的多床室（日下部記念病院、設計：柳澤忠＋建築計画連合）

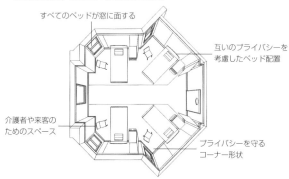

すべてのベッドが窓に面する

互いのプライバシーを考慮したベッド配置

介護者や来客のためのスペース

プライバシーを守るコーナー形状

■図表5　読書や休息など家族が24時間利用可能なファミリーライブラリー（フィラデルフィア子ども病院、設計／カールスバーガー）

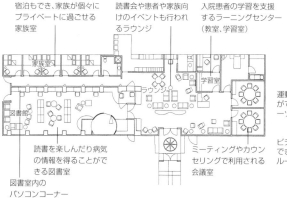

宿泊もでき、家族が個々にプライベートに過ごせる家族室

読書会や患者や家族向けのイベントも行われるラウンジ

入院患者の学習を支援するラーニングセンター（教室、学習室）

読書を楽しんだり病気の情報を得ることができる図書室

図書室内のパソコンコーナー

ミーティングやカウンセリングで利用される会議室

■図表4　中央に設けられた楽しく開放的なアトリウム空間（宮城子ども病院）

■図表6　ティーンエージャーにふさわしい活動が楽しめる病院内プレイセンター（マラド子ども病院）

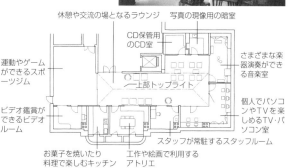

休憩や交流の場となるラウンジ

写真の現像用の暗室

CD保管用のCD室

さまざまな楽器演奏ができる音楽室

運動やゲームができるスポーツジム

上部トップライト

個人でパソコンやTVを楽しめるTV・パソコン室

ビデオ鑑賞ができるビデオルーム

スタッフが常駐するスタッフルーム

お菓子を焼いたり料理で楽しむキッチン

工作や絵画で利用するアトリエ

考えてみよう
●自分の知っている医療施設の空間構成、インテリアを考えてみよう。
●快適に過ごせる病室や、デイルームの家具レイアウトを考えてみよう。

業務施設のインテリア

【学習のねらい】業務施設のうち、ここではオフィスのインテリアについて扱う。オフィスの運用方式や空間構成にはどのようなものがあるのか、またゾーニングやレイアウトはどのようにすればよいかを理解する。

1）オフィスの概要とワークプレイス

❶オフィスとは

オフィスとは、業務を行うための、オフィス家具や事務機器、情報機器などの設備や道具と、環境を提供する専用の場である。ICTの進化によりあらゆる場所で業務を行うことが可能になり、働き方が多様化することで、オフィスの機能や役割は変化している。

❷ワークプレイスとオフィス

時間や場所にとらわれず、実空間や仮想空間に限らず、人が仕事をしている空間そのものの環境をワークプレイスという。企業の理念や経営戦略から、ワーカーに求められる働き方がワークスタイルであり、その働き方を実現するための場がワークプレイスとなる。オフィスは代表的なワークプレイスの一つである（図表1）。

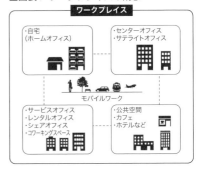

■図表1 ワークプレイスの概念

2）オフィスの運用方式

日本では組織図をそのままレイアウトに落とし込んだ、島型対向式オフィスの形態が主流である時代が続いてきた。その理由として、省スペースで画一的な家具のため経済的であったこと、組織変更に対応しやすく

■図表2 オフィスの運用方式・形態

オフィスの運用方式	特徴
固定席	個人専用のデスクをもつ運用方式。業務特性によってデスク・パネル・収納などのしつらいを工夫することで効率性と快適性の向上を図る。部門の関連性や会議室など、機能設備の利用度に基づくゾーニングも重要である。
ユニバーサルプラン	個人専用のデスクをもつ運用方式で、役職や業務特性を考慮しながら、レイアウトおよびスペースのモジュールを標準化して設定し、それをオフィス全体にわたって適用する。組織変更などの場合も、基本的にレイアウトを変更せず、人・書類の移動のみで対応することができる。
フリーアドレス	個人専用のデスクはなく、自由に席を選ぶ運用方式。在席率に見合った座席配置にすることで空間の効率化ができる。メールボックスや個人ロッカーの設置は必要になるが、個々が保管していた書類を一括管理することでオフィス全体の書類削減につながる。

オフィスの形態	特徴
センターオフィス	企業の事業推進の中核となるオフィスで、本社機能や複合機能をもつ。
サテライトオフィス	センターオフィスをコアにして、衛星のように設置されたオフィス。通勤時間の短縮や、交通機関の混雑緩和などの目的から、職住近接や顧客近接を図り、部門にかかわりなくワーカーが利用できる。
タッチダウンオフィス	テレワークをするワーカー、他のオフィスからの出張者などが、立ち寄って仕事ができる環境をもつオフィス。ドロップインオフィスともいわれる。
シェアオフィス	企業や個人が共同で利用するオフィス。オフィス設備をシェアするためコストを大幅に削減できる。自社のオフィスでも自宅でもないオフィスで、利用目的や立地など、ニーズに合わせて選択することができる。
コワーキングスペース	スペースを共有しながら、独立した仕事を行う協働ワークスペース。独立して働きつつも価値観を共有する参加者同士が組織を超えて集まることで、コストの削減や利便性だけでなく、仕事上での相乗効果も期待されている。そのためイベントなどを通したコミュニティの育成も注力される。
ホームオフィス	自宅でテレワークができるよう、情報機器・環境が整えられたオフィス。
ABW	ABWはActivity Based Workingの略称で、ワーカーが仕事の内容に合わせて場所を選ぶ働き方。集中したいときにはブース席、リラックスして働きたいときにはカフェテリアで、といったようにあらゆる場所で働くことができる。 オフィス内での場所の選択性を指すことも、オフィス外を含めた働く場所の選択性を指すこともある。さらに場所だけでなく、時間の自由度を含める場合もある。

■図表3 オフィスの空間構成

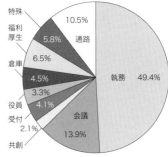

■ **執務スペース**
　従業員が通常、執務する空間。執務エリア内の役員以外の個室も含む

■ **会議スペース**
　会議を行うための空間

□ **共創スペース**
　既存の組織の枠組みを超えた協働作業を行うための空間

■ **受付スペース**
　外来者を迎えるための空間。ラウンジや商談コーナーなど

□ **役員スペース**
　役員が専用で利用する空間。役員室、秘書室、役員用会議室など

■ **倉庫スペース**
　物品や資料の保管、管理を目的とした空間。書庫、資料庫、倉庫など

□ **福利厚生スペース**
　業務に直接関係のない、福利厚生で使う空間。食堂、喫煙室、更衣室など

■ **特殊スペース**
　業務の補助的行為をするための空間。サーバールーム、図書室など

□ **通路スペース**
　居室間を移動するために使用する空間

管理職も目視での管理がしやすかったこと、さらに、快適で機能的なオフィスにすることと生産性向上との関係が不明確で、経営者がオフィスを経営戦略の一つであると十分に認識できず、投資の対象とはならなかったことなどが挙げられる。

　知的生産性向上への注目、ICT の発展、ワークスタイルの多様化を受けて、オフィスの運用方式を変える動きがみられるようになった。代表的なオフィスの運用方式・形態をまとめたものが図表2である。

3）オフィスの空間構成

❶オフィスプランニング

　オフィスプランニングとは、業務に必要な機能を配置し、必要な設備、機器、家具等を適切にレイアウトすることである。これまでのオフィスを調査・分析、そこから新しいオフィスの計画・設計をする。

　オフィスの業務と生活に必要なスペースを機能スペースといい、図表3はその構成を示したものである。

❷オフィスコンセプト

　オフィスコンセプトとは、つくろうとしているオフィスの役割や目的を明文化したもので、経営者からワーカー、オフィスづくりに携わる関係者までの意識を方向付ける重要なものになる。オフィスコンセプトは、経営戦略・経営計画に基づき、企業の方向性や組織のあるべき姿、働き方などをふまえて作成する。

❸ゾーニングとレイアウト

　オフィスコンセプトを受けて、オフィスの運用方式をどのようにするか検討する。近年の特徴として、ABW に対応したオフィスの数は増加傾向にある。

　運用方式を検討したのち、機能スペースをオフィス全体に割り付けし、配置をするゾーニングを行う。ゾーニングでは、部門間の近接度、動線への考慮が重要になる。

　ゾーニングされたスペースの中に、各機能スペースに対応する設備、家具、機器の配置をするレイアウトを行う（図表4）。レイアウトでは、仕事の効率、室内の環境、安全、企業文化に配慮する必要がある。また、空調・照明・防災など設備の配置を考慮することが求められる。

■図表4 オフィスのレイアウト例

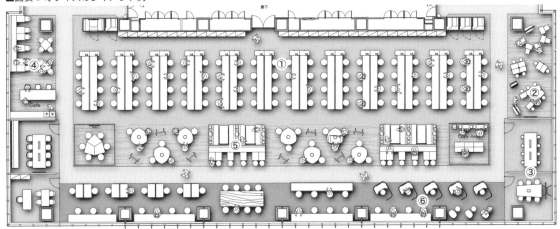

①ホーム席
固定席または一定の部門で利用するグループアドレスの運用とすることで業務内容に応じた運用が行いやすくなる

②コラボレーションエリア
チームの作業や人数に合わせて素早くしつらいを変えられることで柔軟に利用することができる

③会議室
人数や内容に応じて複数のしつらいから選べると利用しやすい

④カフェカウンター
リフレッシュやコミュニケーションの場となるオフィスのカフェカウンター

⑤ブース席
パネルで囲まれた、こもり感のあるブース。作業や打ち合わせ、ランチなどさまざまなシーンで利用できる

⑥集中ブース
周囲からの視線を遮り、個人作業に集中できるワークブース

考えてみよう
●自分が働きたいと思うオフィスの運用方式・空間構成を考えてみよう。
●具体的に会社を想定して、オフィスプランニングを考えてみよう。

宿泊施設のインテリア

【学習のねらい】非日常の環境とサービスを提供する宿泊施設の中でも、ここではホテルを中心にそのコンセプトのあり方を学ぶ。

1）宿泊施設の概要

　宿泊施設には、ホテル・旅館・民宿・ゲストハウス・ユースホステルなどがある。厚生労働省では、旅館業法として旅館・ホテル営業、簡易宿泊所営業、下宿営業の3つに分類している。旅館・ホテル営業は50,321施設（2022年）あり、宿泊料を受けて、人を宿泊させる営業で、簡易宿泊所営業および下宿営業以外のものとしている。簡易宿泊所営業は29,811施設（2022年）あり、宿泊する場所を多数人で共用する構造および設備を主とする施設を設け、宿泊料を受けて、人を宿泊させる営業で、下宿営業以外のものとしている。下宿営業は573施設（2022年）あり、施設を設け、1月以上の期間を単位とする宿泊料を受けて、人を宿泊させる営業としている。その旅館業法上の区別をホテル、旅館、簡易宿泊営業としての民宿やペンション別にまとめたのが図表1である。なお、2019年のバリアフリー法の改正によりホテル、旅館の車椅子対応客室を1％以上義務化されている。

2）ホテルの種類

　宿泊施設の中でも、ここではとくにホテルについて種類と特徴を述べる。
・シティホテル：価格は高めに設定されており、規模が大きく国際水準のサービスを提供、差別化を図り様々な付属施設（宴会機能ばかりでなくエンターテイメント施設など）を備えたり、アメニティグッズ、ショップの充実を図っている。

・ビジネスホテル：駅周辺に多く、アクセスが非常に便利。価格は低〜中価格でビジネスマンが愛用しやすいように十分な設備を備える。
・リゾートホテル：観光地に立地し、その地域との共存を図り、さまざまなアクティビティを備える傾向にある。ホテル内外でエンターテイメント機能を充実させている。
・複合型ホテル：テーマパークやショッピングセンターと併設しているホテルで、近年、急増している。
・エコノミーホテル：低価格であり宿泊に特化しているために設備やアメニティグッズなどは最小限に抑えられている。

3）インテリアデザインの大切さ

　ホテルは、さまざまな宿泊者に対して短期間の良好な環境を提供する目的がある。そのために機能が基本となるほかの施設に比して、立地・利用客層・規模・用途など人に寄り添い提案できる要素が大切となる。そこで快適さ・統一感・コンセプトの表現・差別化・非日常感など、ホテルの基本コンセプトを考える専門家としてインテリアデザイナーが活躍している。

4）ホテルでの主要ポイント

　諸室の基本となる留意点を次に述べる。
・ロビー空間
　お客様を最初に迎え入れる空間でホテルのイメージとして大切な環境をしつらえることが大切。玄関に続く通路を兼ねた広間・休憩・待合せ機能があり、その目

■図表1　宿泊施設の区分

	ホテル	旅館	民宿やペンション
和式・洋式	主に洋式	主に和式	問わない
客室数	10室以上	5室以上	問わない
客室の広さ	7 m²以上／室 （寝台有りは9 m²以上／室）	同左	客室合計33 m²以上
入浴設備等	適度な洋式浴室か シャワー室・洗面設備	適度な規模の 入浴設備・洗面設備	適度な規模の 入浴設備・洗面設備
トイレ	洋式水洗	適度な数	適度な数
施錠	出入り口と窓に施錠	問わない	問わない
その他	客室同士や客室と廊下は壁で区切る	問わない	問わない

的に応じて家具配置、情報提供、サービス諸装備をしつらえる。

・フロント

　宿泊者、来客者にとってすべての情報が得られるホテルの窓口。予約・宿泊者登録・客室の設定・チェックアウト等宿泊者、来客者とのあらゆるホテルの司令塔といえる。後方諸室との動線が大切。

・客室

　ホテルにとって一番収益に影響する空間。その課題は、非日常性・快適性・清潔感・開放感・利便性などがある。それぞれの主要な項目で見落としがちな点を述べる。

　非日常性／間接照明、アクセントのアート、隠す収納

　快適性／ラグジュアリーな寝具、シンプルなデザイン

　清潔感／シーツ・枕の清潔さ、グッズの綺麗さ、ゴミ箱の大きさ配置

　開放感／広く見せる家具配置、バランスの良いサイズ、外部とのつながり

　利便性／通信機器、照明器具など設備諸機器の使いやすさ

　以上を平面スケッチで解説したのが図表2、図表3である。

・宴会部門

　大宴会場から個室まで、玄関からのアクセス、および厨房との動線が交差しない配置計画が基本である。さらに稼働率を上げるための可動間仕切壁、演出機能のしつらえなど、コンパクトで多様な使い方に適応できることが重要である。

・飲食部門

　メインダイニングからバーまで、そのホテルのコンセプトに合った配置と機能が重要。食材提供などバック動線の利便性も大切である。

・エンタテイメント部門

　近年とくに滞在時間を増やすための工夫として注目されている。音楽型、体験型、文化型、スポーツ型など

・設備

　24時間常に稼働できる維持管理、非常時の対応、照明計画、温度管理（空調設定）、換気装置など、コントロールシステムの充実が必要となる。

・その他

　什器備品計画、サイン計画、警備計画など、ホテルは都市機能の縮小版ともいえる環境、空間、装備を要する。

■図表3　シティホテルのツインルーム
客室の稼働率を上げるための工夫。
シンプルな中にラグジュアリーなしつらいを工夫する

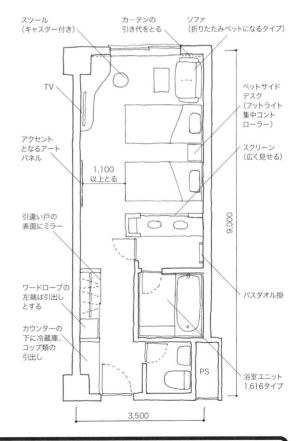

■図表2　ビジネスホテルのシングルルーム
近年多様な使われ方をするのでバック置場・ゴミ箱・枕元の柵の
集中コントローラーなど、サービスの配慮をする

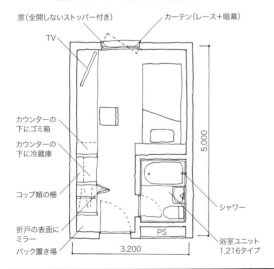

●大都市中央部と郊外駅前とでシティホテルのあり方の違いは？
●リゾート地での旅館とリゾートホテルの立地・規模・デザインの違いは？
考えてみよう

地域コミュニティ施設のインテリア

【学習のねらい】地域コミュニティ施設の種類や空間構成にはどういうものがあるのか、またインテリア・家具計画はどのように考えるべきかを理解する。

1）施設の種類と役割

地域コミュニティ施設とは、地域住民の日常的な交流・集会・文化活動等のための施設で、図表1に挙げたように利用対象者や設置主体、サービス内容や範囲などによってさまざまなタイプがある。また近年の多様な利用目的や利用形態に対応するために図書館やスポーツ施設、各種学習施設も併設したコミュニティセンターや生涯学習センターなども登場している。これまでは地域の特定グループが部屋を借りる形で利用されることが多かったが、個人利用や利用目的の多様化などの時代の流れを受け、コミュニティ施設のあり方も変化してきている。

具体的には、ロビーなどの共用スペースをより充実させ、ギャラリーや情報コーナーなど多機能化する（図表2）、吹抜けやガラスパーティション等によりそれぞれの部屋やスペースの視認性を確保しお互いの活動の様子を把握できるようにする（図表3）、個人でも利用できる図書館やパソコン・ビデオ室などを設置する、どこでもいつでも情報が得られるように情報機器や映像機器などを活用する、などがある。

また運営・管理面でも、近年、利用する地域住民がボランティアなどの形で参加したり、計画段階で地域住民が参加し要望を反映させていくなどのケースもみられる。今後、地域の特性を生かしながら、より柔軟でオープンな施設づくりが求められる。

■図表1 地域コミュニティ施設の設置主体と設置目的

名称	所管官庁	設置主体	設置目的
地域集会所		市区町村	・地域住民の交流・集会・学習等
児童館	厚生労働省	市区町村 社会福祉法	・地域の児童を対象に放課後に集会・読書・遊び・スポーツ等
児童文化センター	文部科学省	都道府県 市区町村	・児童の科学的知識の普及 ・児童の集団での遊びと訓練等
婦人会館	文部科学省 等	都道府県 市区町村	・婦人の交流・相談・学習等 ・主として団体利用
公民館	文部科学省	市区町村	・地域住民の社会教育・文化活動・健康や社会福祉推進のための各種事業・活動
生涯学習センター	文部科学省	都道府県 市区町村	・地域住民すべてを対象に各種学習活動
地区センター		都道府県 市区町村	・地区全体を対象とした交流・集会・文化等
コミュニティセンター	総務省等	市町村	・地域住民の交流・文化・スポーツ・レクリエーション活動等

大階段のある広々としたエントランスホール（千葉市生涯学習センター）

■図表2 図書館やマルチメディアホールなどさまざまな施設が複合した生涯学習センター（千葉市生涯学習センター、設計／INA新建築研究所）

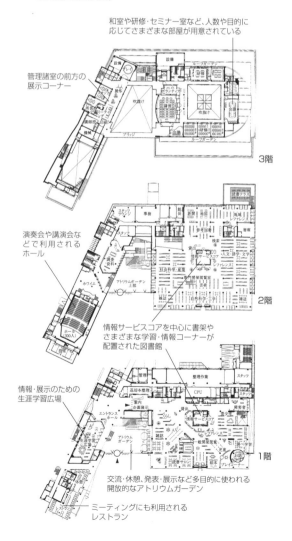

和室や研修・セミナー室など、人数や目的に応じてさまざまな部屋が用意されている

管理諸室の前方の展示コーナー

3階

演奏会や講演会などで利用されるホール

2階

情報サービスコアを中心に書架やさまざまな学習・情報コーナーが配置された図書館

情報・展示のための生涯学習広場

1階

交流・休憩、発表・展示など多目的に使われる開放的なアトリウムガーデン

ミーティングにも利用されるレストラン

2）施設の空間構成

　地域コミュニティ施設の諸室は図表4のように、機能によって大きく集会・研修系、交流系、実習・実験系、スポーツ系、情報・閲覧系、鑑賞系、展示系、飲食系、管理系、その他に分けられる。なお施設によって規模や機能が異なり、それぞれの諸室の面積や数も多様である。従来はこれらの諸室が互いに独立し、廊下に沿って一列に並ぶ無機質で個性がない施設が多くみられたが、これからはとくにそれぞれの部屋・スペースの視認性やフレキシビリティを確保することが重要で、そのため

にスペースはできる限りオープンとし、将来的な変化にも柔軟に対応できる空間構成とする必要がある。

3）施設の家具・インテリア

　家具計画も重要で、大規模な施設では個人やさまざまな規模のグループに対応できるように、それぞれの空間に合わせた家具の設置、また小規模な施設では必要に応じて可動間仕切りや家具でしつらいを変化できるようなフレキシブルな計画とすることが重要である（図表5）。また同時に、楽しく学び交流できるような温かく明るい雰囲気のインテリア・家具が求められる。地域コミュニティの中での子どもや若者の居場所の喪失が問題視されているが、地域コミュニティ施設が日常的な居場所となるようなインテリアの雰囲気づくりも重要である。

■図表3 ガラス面の多いさまざまな形態の空間で構成される生涯学習センター（すみだ生涯学習センター、設計／長谷川逸子・建築計画工房）

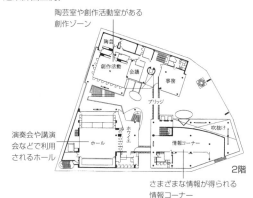

陶芸室や創作活動室がある
創作ゾーン

演奏会や講演
会などで利用
されるホール

さまざまな情報が得られる
情報コーナー

2階

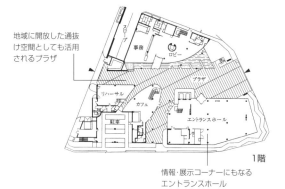

地域に開放した通抜
け空間としても活用
されるプラザ

1階

情報・展示コーナーにもなる
エントランスホール

■図表4 地域コミュニティ施設の機能と諸室構成

機能	諸室構成
集会・研修	集会室、講義室、会議室、研修室、和室など
実習・実験	実験室、工作室、音楽室、調理実習室、スタジオなど
スポーツ	アリーナ、トレーニングジム、プール、プレイルーム、更衣室、シャワー室など
情報	図書室、資料室、視聴覚室、コンピュータ室、AV室など
ホール	ホール、多目的ホール、ホワイエ、映写室、放送スタジオなど
展示	ギャラリー、展示室、収蔵庫など
飲食	レストラン、カフェ、調理室など
管理	事務室、館長室、応接室、受付、印刷室、倉庫、ボランティア室など
その他	ロビー、ラウンジ、談話室、託児室、中庭、広場など

■図表5 個人からグループまでさまざまな利用に配慮した空間構成と家具レイアウト（横浜市女性フォーラム、設計／芦原建築設計研究所）

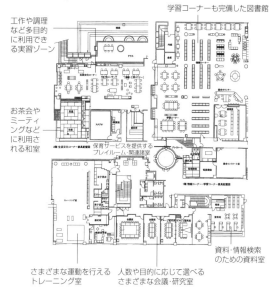

工作や調理
など多目的
に利用でき
る実習ゾーン

学習コーナーも完備した図書館

お茶会や
ミーティ
ングなど
に利用さ
れる和室

保育サービスを提供する
プレイルーム・関連諸室

さまざまな運動を行える
トレーニング室

人数や目的に応じて選べる
さまざまな会議・研究室

資料・情報検索
のための資料室

考えてみよう　●自分の知っている地域コミュニティ施設の空間構成・インテリアを考えてみよう。
●さまざまな機能に分かれた部屋やスペースの家具レイアウトを考えてみよう。

家具

【学習のねらい】家具の種類とその分類方法、および椅子・机・箱物の構造、加工法、各種機能など、家具の基本的知識について学ぶ。

1) 生活と家具

私たちの周囲にはつねに家具があって、日々の暮らしや仕事、交流や休息の場面を支えてくれる。人は生まれてベビーベッドの世話になり、学童家具で学んで成長し、一生の3分の1を寝具の上で過ごす。このように家具は、日々の快適性や健康にも影響する重要なインテリアエレメントである。家具にはさまざまな素材が使われ、その機能やデザインは多様である（図表1）。

そこで、家具の材料・構造・仕上げ・各種機能について木製家具を中心に概要を解説し、家具選択の際の参考としたい。

2) 家具の分類と種類

❶家具の製品的分類

家具は、住様式や形態・材料・構造・システムなどさまざまな製品的・商品的基準で分類できる。主なものを挙げて整理した（図表2）。

❷家具の機能的分類

機能的分類では、椅子・ソファ・ベッドなどの人体系家具（体具）、テーブル・デスク・カウンターなどの準人体系家具（台系家具）、棚類・たんす類・ワードローブなどの収納タイプの建物系家具に分類する（36頁参照）。

■図表1 生活と家具

■図表2 家具の製品的分類表

分 類	種 類	種 類 の 例
住様式	和 家 具	桐だんす・茶だんす・ちゃぶ台・座卓・衝立
	洋 家 具	上記以外のほとんどの家具
形 態	脚 物	椅子・テーブル・デスク・ソファ・ベッド
	箱 物	棚・たんす・キャビネット・ボード
材 料	木 製 家 具	直材・曲木・成形合板など木製の家具
	金 属 家 具	鋼製・軽金属製・パイプ家具
	プラスチック家具	FRP、PP、ABS、硬質発泡ウレタン製家具
	藤 家 具	藤製の家具
	竹 製 家 具	竹製の家具
	その他の家具	石・ガラス・紙・布製の家具
構 造	解体式家具	ノックダウンと呼ばれる金具で分解できる家具
	折畳み式家具	折り畳み可能で省スペース機能をもった家具
	拡張式家具	テーブル面を拡張できるような家具
	積み重ね式家具	積み重ねが可能な形状をもった家具
	その他の家具	高さ調節、連結、兼用などの機能をもつ家具
システム	ビルトイン家具	部品の組合せで空間などの条件を満たす家具
	ユニット家具	基本単位を組み合わせて用途、空間に対応する家具

■図表3 椅子に用いられる木材加工法

直材／挽物（ひきもの）　　　曲木　　　成形合板　　　コーピングマシーン／曲木

挽物：木工用旋盤によって木材を回転させ、刃物を当て切削する。こけしやお椀も同様に制作する。この椅子の前後脚と貫が挽物加工されている。

笠木：曲木による成形。木材を蒸して、金型に固定して乾燥する。

後脚：コーピングマシーンによる切削加工。有機的な形状の加工に適している。

フランス、14世紀頃　　no.14（設計／トーネット、1895）　　T-0639（設計／木村戦太郎、1982）　　Yチェア（設計／ウェグナー、1951）

3) 椅子・ベッド：人体系家具（体具）

椅子やベッドは、人体を直接支える家具であり、姿勢を適切に支持する機能と、心地良さや柔軟さも求められる。また、人の体重や使用の際のさまざまな衝撃に耐える強さも必要である。

❶椅子の構造

椅子は、座・背もたれ・肘掛けなどの人体に接する部分と、それらを支持する脚・座枠（台輪）・束・貫などの部分からなる。座は、座枠を組み、その上に板張り、布張りなどの座を固定する。体重は後脚に多くかかるので、後脚に差し込む座枠の柄（ほぞ）は長くして強度を増す。脚の貫を省く場合もあるが、脚の下部に取り付ければ、強固な構成になる（図表4）。

椅子には、直材（ちょくざい）を組んだもの、曲木（まげき）や成形合板（せいけいごうはん）によるものがあり、直材の椅子は通常、木の材質に留意した直線的な構造をとる。接合箇所も多く、接合技術が強度

を左右する（図表5）。

曲木の椅子は曲線を特徴とし、仕上げた部品をボルトや木ネジで組み立てるノックダウン方式のものが多い。収納性・搬送性に優れ、接合部も少なく軽量で強いのが特徴である。

成形合板の椅子は薄板を成形接着し、前脚・座受・後脚を継目なく一体で製作するため、軽く耐久性が高い。

コーピングマシーンは有機的形状の部材加工に用いられ、ハンス・ウェグナーのYチェア後脚はその一例である。なお、背の笠木（かさぎ）は曲木である（図表3）。

❷事務用回転椅子

事務用回転椅子は、長時間作業の疲労を軽減するための合理的な機能や形態をもつものが多い。座の高さや奥行・角度の調節、背もたれが傾動するなどの機能を備えており、家事作業にも便利なものが多い。

脚先のキャスターは床材との関係が重要であり、カーペット等の軟質の床には樹脂、硬質の床には軟質

■図表4　椅子の構造と各部の名称

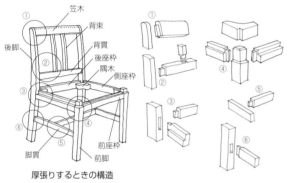

厚張りするときの構造

■図表5　木材の接合

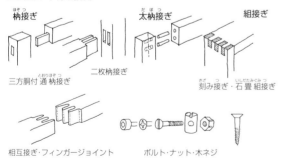

柄接ぎ　　三方胴付　通柄接ぎ（とおりほぞ）　二枚柄接ぎ　太柄接ぎ（だぼ）　組接ぎ　刻み接ぎ・石畳組接ぎ（きざみ・いしだたみぐみ）

相互接ぎ・フィンガージョイント　　ボルト・ナット・木ネジ

■図表9　クッションの構造

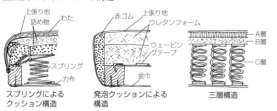

スプリングによるクッション構造　　発泡クッションによる構造　　三層構造

■図表6　事務用回転椅子の構造と各部の名称

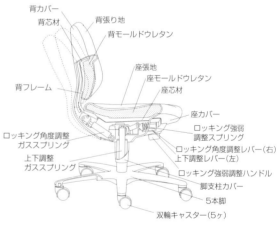

■図表7　ソファの構造

■図表8　ソファの張り構造

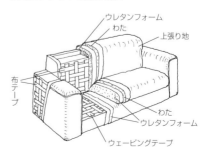

材の車輪のものを選択すべきである(図表6)。

❸ソファの構造

　主要部分の構造や工作法は椅子とほとんど同じであるが、間口が長くなるので、座枠に前後の枠をつなぐ根太を入れて補強する。背もたれも、笠木・背貫が長くなるので、途中に1、2本の補強用の束を立てる(図表7)。

　ソファは張り構造で仕上げる場合が多い。クッションは、人体を柔らかく支えるだけでなく、ソファの外形をつくる重要な役目をもつ。その硬軟の度合いには十分注意し、しっかりと姿勢を支持する組合せを選択すべきである。ただ柔らかいだけでは、かえって疲れてしまう(図表8、9)。

❹椅子の付加機能

スタッキング　来客用の予備椅子は、重ねると便利である。軽く丈夫なものが積み重ねの操作がしやすい(図表10)。

フォールディング　小さく畳めて省スペース性は高いが、安定性が悪く転倒しやすい。近くの棚に専用の収

納場所があると安全で、扱いやすくなる(図表11)。

カバーリング　座面または椅子全体のカバーを簡単に着脱できる方式。汚してもすぐに洗濯でき、カバーをいくつかそろえておくと、季節や気分に応じた演出もできて楽しい(図表12)。

❺ベッドの構造

　ベッドは、マットレスとボトム、ヘッドボードとフットボードからなり、ボトムにクッション性をもたせたものをダブルクッションタイプといい、もたせないものをシングルクッションタイプという。一般にダブルクッションタイプは、ボトムに脚とヘッドボードを取り付け、フットボードが付かないものも多い。シングルクッションタイプは、ヘッドボードとフットボードを、ベッド用フックを用いてサイドフレームでつなぎ、すのこやボードなどを落とし込むものが多い(図表13)。

　上記の一般的なベッドのほかに、2段ベッド、下部に金物を用いた可動式ベッド、壁面収納式ベッド、電動式でさまざまな機能を備えた介護用ベッドなど、多様な

■図表10 スタッキングチェア

■図表11 フォールディングチェア

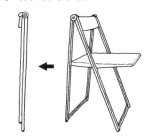

■図表12 カバーリング方式の安楽椅子

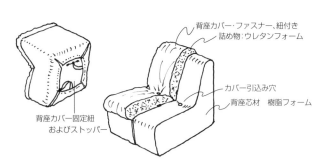

背座カバー・ファスナー、紐付き
詰め物:ウレタンフォーム
カバー引込み穴
背座芯材　樹脂フォーム
背座カバー固定紐
およびストッパー

■図表13 ベッドの構造と各部の名称

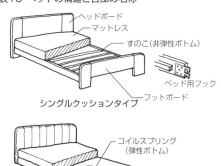

ヘッドボード
マットレス
すのこ(非弾性ボトム)
ベッド用フック
シングルクッションタイプ
フットボード

コイルスプリング
(弾性ボトム)
ダブルクッションタイプ

■図表14 ソファベッド

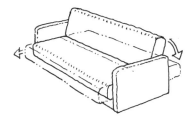

■図表15 ソファ&ベッド

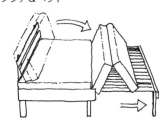

用途に対応するベッドがある。

❻ベッド金物を用いた多機能ベッド

ソファベッド　簡単な操作でソファにもベッドにもなる。クッション下部に大きな収納スペースがとれ、来客用にも便利であるが、製品によって強度や寝心地の差があり、現品で確認する必要がある(図表14)。

跳ね上げ式ベッド　ベッド枠がスプリングで軽く持ち上がり、大きな収納スペースが活用できる。

ソファ＆ベッド　ソファのクッション下からベッドフレームを引き出して利用する。3人掛けがダブルベッドに、2人掛けがセミダブルサイズのベッドになる。来客用寝室のない住宅には便利である(図表15)。

4) テーブル・デスク:準人体系家具(台系家具)

❶テーブル・デスクの構造

テーブルやデスクは、甲板と、それを支持する脚部や幕板からなり、必要に応じて収納の要素を加える(図表16)。

甲板は、テーブル・デスクの最も重要な部分で、表面が平滑で摩擦、衝撃に強いことが求められる。また使用条件によっては、耐水性、耐薬品性などが要求されることもある。甲板の材料には木材のほか、木質材料・金属・ガラス・プラスチック・石材などが使われる。木製甲板の種類には次のようなものがある(図表17)。

脚はその形状によって、角脚・丸脚・板脚・X形脚・箱脚(袖)などに分けられる。柱状の脚の場合は、脚上部の四方に幕板を、中央部に貫を取り付け、繋ぎ貫を枘接ぎで組んで固める(図表18)。

❷鋼製デスクの構造

鋼製デスクの特徴は、鋼板でつくられ強固な接合方法がとられていて剛性が高い点である。地震などの際に避難場所として利用できよう。さらに、板厚が木材に比べ格段に薄いため、収納部分の有効容積が大きい点である。また、ファイル引出しに使われるサスペンションレールは重量物を入れても軽く作動する(図表19)。

❸テーブル・デスクの付加機能

ノックダウン　脚がネジ込み式などで着脱でき、引越しの際に小さく梱包できる。

■図表16 テーブル・デスクの構造と各部の名称

ダイニングテーブル

ライティングビューロー

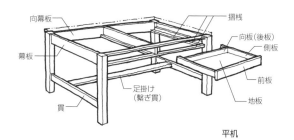

平机

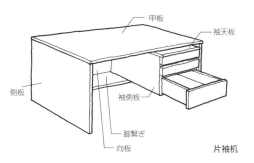

片袖机

■図表17 木製甲板の種類

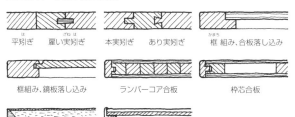

平矧ぎ　雇い実矧ぎ　本実矧ぎ　あり実矧ぎ　框 組み、合板落し込み

框組み、鏡板落し込み　ランバーコア合板　枠芯合板

MDF単板練付け　厚物合板

■図表18 脚の取付け

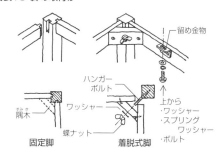

留め金物

ハンガーボルト

ワッシャー

上から
・ワッシャー
・スプリング
　ワッシャー
・ボルト

隅木

蝶ナット

固定脚　着脱式脚

フォールディング　バタフライテーブルなど、甲板が小さく折り畳める（図表20）。

エクステンション　格納した甲板を挟んで伸長する。2人分（600 mm）伸長できるものが多い。来客の多い場合に便利な機能である（図表21〜25）。

ネスティング　相似形のテーブル3〜5個を入れ子にしたネストテーブルは、小さくしまえて大きく使える便利な家具である。スツールにも使えるので、一つあると重宝する（図表26）。

5) 収納家具：建物系家具

❶単品家具

収納家具の主体は、天板・側板・地板・裏板で構成される。これに中仕切り板・棚板・引出し・扉などが取り付けられ、これを支える台輪や脚、デザインに合わせた上部飾りの支輪（しりん）なども取り付けられる（図表27）。

❷システム家具

システム家具が考案された背景には、私たちの物質的生活が豊かになったことと住文化やライフスタイルの多様化がある。人々は、それぞれの嗜好に合わせて多くの生活用品に囲まれており、一定の用途に合わせて設計された単品家具では、これらの多様な要求に対応できなくなってきたといえよう。しかし単品家具にも、部屋に配置するだけで使える簡便さや、デザイン表現の自由度がある。それぞれの特性を理解し、用途に即した使い分けが求められよう。システム家具は、ユニット式とパーツシステム式の2タイプに大別できる。

ユニット式　ユニット家具ともいう。規格寸法でつくられ、各種の収納機能をもたせた箱体を、用途に合わせて組み合わせる方式である。扉・引出し・カウンターなどのパーツが追加できるものもあり、安全面から上下左右の箱体を、金物で締め付ける方式のものが多い（図表28）。

パーツシステム式　ビルトインファニチャーともい

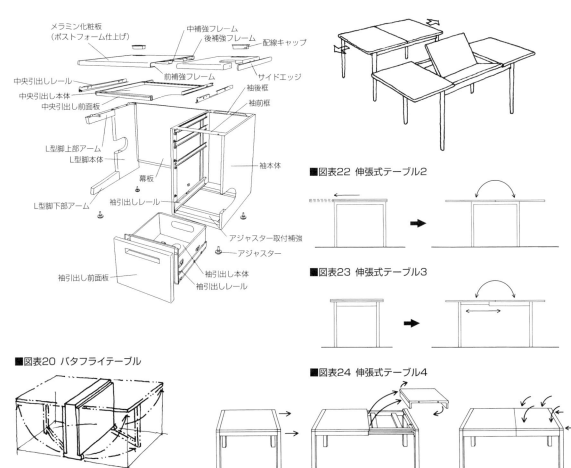

■図表19 鋼製デスクの構造と各部の名称

■図表21 伸張式テーブル1

■図表22 伸張式テーブル2

■図表23 伸張式テーブル3

■図表20 バタフライテーブル

■図表24 伸張式テーブル4

われ、標準化された側板・背板・上下フレーム・天板・地板で本体を組み上げ、これに扉・棚板・引出し・各種キャビネットやハンガーパイプなどの部品類を用途に合わせて組み付ける（図表29）。

きめ細かく顧客ニーズに応えることができ、ライフサイクルの変化に応じて組替えも可能である。壁から壁・天井との隙間を塞ぐことも可能で、ドアを組み込んで部屋の間仕切りとして使えるものもある。

ただしこの家具を採用した場合は、引越しや組替えの際にそのつど解体・組立作業が必要となり、通常、素人の手には負えないため多額の外注費用が発生する。この費用を負担できるかどうか、またはがんばって自分で解体・組立を行うかどうかが、判断の分かれ目とな

ろう。その点ユニット式は、箱体を並べ、積んで金物で締め付ける作業のため、比較的容易である。

なお、家具の強度や性能についてはさまざまな制度と、それによるマークが定められている（図表30）。

6）家具の強度

家具は、構造物としての強度と安全性が求められる。

強度の基準や試験法についてはJISで定められているが、ほかに、製品安全協会や産業デザイン振興会などの団体も、それぞれ基準を設け、品質と安全について保証を行っている。強度に関するJIS基準は、使用条件の厳しい学校用家具、事務用・会議用の家具を対象に設けられている。

■図表25 伸張式テーブル5

■図表26 ネストテーブル

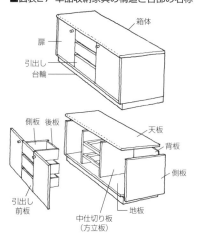

■図表27 単品収納家具の構造と各部の名称

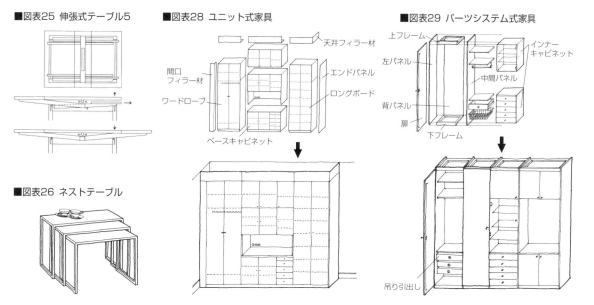

■図表28 ユニット式家具

■図表29 パーツシステム式家具

■図表30 家具の強度や性能を保証する制度

JISマーク　国が定めた日本産業規格（JIS）に適合していることを証明するもので、学校用家具、オフィス家具、住宅用ベッドなどが表示許可品目に指定されている。

Gマーク　日本デザイン振興会が運営する、デザイン・品質が優れているものを選定し認定する制度。

PSCマーク　「特定製品／消費者に危害を及ぼす恐れのある製品」で、これを防止する技術的基準に適合する製品に許可される。

SGマーク　特定製品以外の製品が対象で、製品安全協会が基準を定めている。食器棚、乳幼児用ハイチェア、2段ベッドなど。

JIS 鋼工業品
JIS 加工技術
JIS 特定側面
PSC 特別特定製品
PSC 特定製品
S

考えてみよう
- 自宅や学校の家具が、どのような木材加工法によってできているか調べてみよう。
- 自宅や学校の家具構造を調べ、構造と強度の関係を考えてみよう。

照明器具

【学習のねらい】照明のインテリア空間に与える影響を理解し、光の強さ・性質と物の見え方、照明器具の形状と材質による効果の違いを理解する。

1) 照明計画

インテリアのさまざまな要素の中でも、照明はインテリアイメージの決定に強い影響力をもっている。たとえば、全般照明で部屋全体を明るく照らす照明は、教室やオフィスでは有効だが、さまざまな使われ方をする住宅には必ずしも適さない。環境照明や作業用など特定部位に向けた部分照明を、機能性、装飾性、安全性を考慮して組み合わせ、時と場合に応じた選択が可能な照明計画が求められる。

■図表1 変化に富んだ照明計画

1 食事の明かり

2 団らんの明かり

3 パーティーの明かり

4 安らぎの明かり

主照明と局部照明を組み合わせて配置し、それに調光機能を組み合わせると、部屋の使い方に合わせた明かりの演出が可能となる。

1 ペンダントで食卓を明るく照らすと食事もおいしく見え、会話も弾む。居間の主照明を消し、スタンドを灯して広がりを演出。
2 居間に集っての団らんのひととき。ペンダントを消して部屋の広がりを演出する。調光機能を使って、ケースバイケースで明暗の変化をつけても楽しい。
3 大人の集まりや子どもたちのパーティーなど、そのときの気分に合わせた演出をしてみよう。明るい空間は、活気ある集いを演出する。
4 休息や安らぎのときには、明るすぎない空間が望ましい。

2) 照明と光の性質

光がなければ、私たちは空間も物も見ることはできない。そして光の種類や当たり方によって、空間の印象や物の見え方も変化する。したがって照明の計画に際しては、作業・団らん・休息などの目的に応じた明るさと、心に作用する陰影の具合や光色など、光の質にも配慮が必要である（図表1）。

❶照度

照度（lx：ルクス）は光源により照らされる面の明るさの度合いで、1 m²の面に1 lm（ルーメン）の光束が入射したときの受光面の照度を1 lxという（40頁参照）。

各種空間の必要照度は、オフィスの執務机や学習机の机上面が1,000 lx、読書や食卓が300〜700 lx、さまざまな行為が行われる子ども室・食堂・居間空間が30〜150 lxと幅広くなっている（41頁参照）。

■図表2 色温度

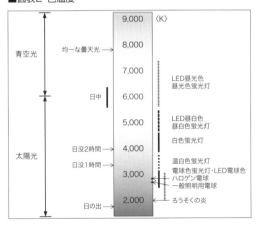

■図表3 演色性

光源 / 演色性グループ	4	3	2	1B	1A
白熱電球					●
3波長蛍光ランプ				●—●	
美術館照明用蛍光ランプ					●—●
Hf蛍光ランプ（高周波点灯用）			●		
セラミックメタルハライドランプ			●——	—●	
一般照明用白色LED		●——	—●		
高演色白色LED				●—●	

平均演色評価数(Ra)
10　40　60　80 90 100

❷色温度

　色温度とは光源の色を指し、色温度が高い光ほど冷たく感じ、低いほど温かく感じられる。たとえば色温度5,000 Kを境にそれより温かみを増すほど色温度は低くなり、青味を増すほど高くなる（図表2）。

❸演色性

　物の見え方は光源の性質によって異なり、色の見え方を左右する光源の性質を演色性という（42頁参照）。物体の色は光の性質によって変化するので、その物が好ましく見える光源を選ぶべきである。

　平均演色評価数とは、光源による試験色の見え方の違いを数量的に表したもので、100に近いほど演色性が良いことを示している。そして、一般的には高い照度であるほうが演色性は良い（図表3）。

3）照明器具

❶取付け形態による分類

　照明器具は、その形態や取付け位置、配置場所によって分類されている。代表的な分類を図示したので、イン

テリアデザイナーを志向する人はこれらの名称は覚えておきたい（図表4）。

❷照明器具の配光による分類

　照明器具から放射される光は、素材・形状によって、広がり方や強弱、届く範囲などがさまざまである。

　照明器具を見ただけでは、その器具による照明効果はわからないが、器具の形状と材質（透明度）によって、その器具の配光方向・配光曲線・上下の光束比が判断できるので覚えておくと便利である（図表5）。

4）建築化照明

　照明器具としての照明方法ではなく、建築に組み込まれた造作工事として施工、設備化された照明方法を建築化照明という。この方式による、光源を見せない間接照明はインテリアに柔らかい光環境をつくり出す。

　図表6のコーブ、コーニス、バランスのほかにダウンライト、ラインライト、光天井、ルーバー天井、トップライトなどの方法がある。

■図表4 取付け形態による分類

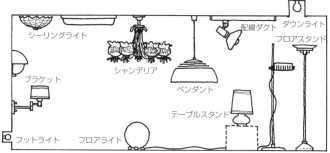

■図表5 照明器具の形状・素材と配光特性

		直接形照明	半直接形照明	全般拡散形照明	半間接形照明	間接形照明
配光方向		金属シェードペンダント（下面開放）	乳白ガラスペンダント（下面開放）	ガラスグローブペンダント	乳白ガラスペンダント（上面開放）	金属ペンダント（上面開放）
光束比	上方	0〜10％	10〜40％	40〜60％	60〜90％	90〜100％
	下方	100〜90％	90〜60％	60〜40％	40〜10％	10〜0％
配光曲線						
照明効果		・天井面が暗くなる ・水平面照度を得やすい ・直下照度は高くなるが、光幕反射グレアも生じやすい ・下方のみを照らす	・天井や壁面を少し明るくするため、直接形に比べると陰影が柔らかい ・器具の輝度が高くならないようにする	・乳白グローブやちょうちんのような器具は輝度が高くならないようにする	・天井面と照明器具も明るいため空間に暗いイメージを与えにくい	・天井および壁面の反射率によって、照明効率が著しく異なる ・物の立体感が弱い ・天井面は明るくなるが器具は影になりやすい

■図表6 建築化照明

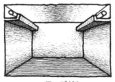

コーブ(1)

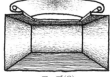

コーブ(2)

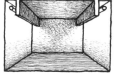

コーニス　　　　バランス

コーブ照明は天井を照らす照明。天井からの反射光が空間を柔らかく包み、コーブ(2)では曲面による反射が柔らかい光のグラデーションをつくる。コーニス照明は壁を照らす照明で、壁は明るく天井は暗くなり、バランス照明は天井も壁も照らす照明である。ランプと天井や壁との関係を調整し、美しい光環境でグレアレスの設計を指向したい。

> **考えてみよう**
> ●光源の種類により肉や野菜などの見え方が変わる。LEDとその他の違いを確認しよう。
> ●照明器具の形状や材質と照明効果の関係を観察してみよう。

ウィンドウトリートメント

【学習のねらい】窓は採光や通風・眺望を確保し、雨や冷気を遮断する内外をつなぎ隔てる装置である。これら窓に求められる機能に対応するための、さまざまなトリートメントの基礎知識を学ぶ。

1) ウィンドウトリートメントの機能

ウィンドウトリートメントとは「窓装飾」を指す言葉だが、窓それぞれの目的や機能に沿い、その上でインテリアを快適にするものでなければならない。建物の立地や周辺環境、窓の開閉方式や、庭やベランダなどへの出入りの有無、部屋の用途や使用者の身体条件などによって、トリートメントに求められる機能は異なる。

❶遮光性

寝室や昼間に映写を行う場合に求められ、遮光性素材を用い、壁との隙間をつくらないようにする。

❷断熱性

寒冷地では、素材を選び、壁・床との間に隙間をつくらないように縫製し、設置すると効果的である。

夏期、天窓からは強い光が降り注ぐ。断熱素材のスクリーンは冷房負荷を軽減する。

❸遮音性

外部の騒音を遮り、内部の音を漏れにくくする。

❹防炎性

難燃性のある素材にすれば、燃え広がりを防ぐ効果がある。

❺ウィンドウトリートメントの開閉機能別の種類

ウィンドウトリートメントには、装飾性や機能性の異なるさまざまな方式が開発されているため、選択に際しては、それぞれの性質を理解することが求められる（図表1）。

さらに、目的に応じて単独で使用したり組み合わせて使用される場合もあり、これらの方式に色・柄・素材

■図表1 ウィンドウトリートメントの開閉方式による分類

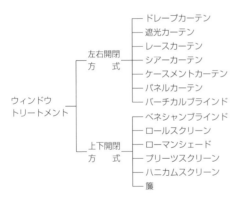

■図表3 カーテンレールの取付け

天井埋込み型

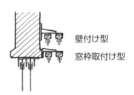

壁付け型
窓枠取付け型

■図表4 カーテンレール

一般カーテンレール

装飾カーテンレール

■図表2 さまざまな組合せが楽しめるウィンドウトリートメント

2段吊りカーテン

竹簾＋フラットウェーブカーテン

リバーシブルのスイングカーテン

を加えると組合せは多種多様である(図表2)。デザイナーの腕の見せ所ともいえよう。

2) カーテン

❶カーテンの構成要素

カーテンボックス　造作工事による天井埋込み式、壁付けのレールにボックスを付けるなど(図表3)。

カーテンレール　一般的カーテンレール、装飾レール、カーブレール、伸縮吊棒式などがある(図表4)。

カーテンの寸法　掃き出し窓のカーテンは一般に床から1cm上げて縫製するが、防寒性を重視する場合は床との隙間をなくすとよい。取り付け後の布地の伸びも予測して慎重に寸法を決定する(図表5、6)。

プリーツ　プリーツの数や形がカーテンの重厚感や保温・遮音機能に関係し、用尺にも影響する(図表7)。

カーテンアクセサリー　カーテンは数多くの要素で構成されており、アクセサリー類も多様である。さまざまな組合せを検討して、そのインテリアに適合した提案を行いたい(図表8)。

❷カーテンの種類

カーテンにはさまざまな素材の布地が使われており、シワになりにくいもの、寸法安定性、防炎機能などが重視されている。ポリエステル繊維はしなやかでシワになり難い点、アクリル繊維は羊毛に似た風合いが特徴である。

ドレープカーテン　光を通さない厚い布地のカーテンを指す。ジャカード織りで色柄を表現したものやふくれ織りなどがあり、ドビー織りの無地・チェック・ストライプなどもある。

遮光カーテン　ジャカード織りの厚手のもの、アルミを真空蒸着したもの、ウレタン樹脂をコーティングしたものなどがある。

レースカーテン　織物ではなく編物で透過性がある。素材は、寸法安定性、耐久性、耐光堅牢度に優れたポリエステルが主流になっている。

シアーカーテン　透過性のあるファブリックスの総称であり、平織りで色数をそろえたもの、プリント柄、極薄手のシャキッとした手触りのもの、クレープ状の

■図表5 掃出し窓のカーテン寸法

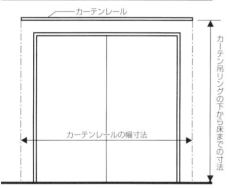

通常、窓枠の幅より10～20cm大きくする

■図表6 腰高窓のカーテン寸法

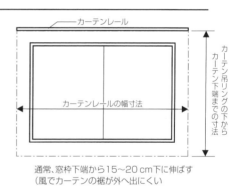

通常、窓枠下端から15～20cm下に伸ばす
(風でカーテンの裾が外へ出にくい
長さとして決められた、一つの目安)

■図表7 カーテンのプリーツ(ひだ)

片ひだ
(必要幅:間口の2倍)

ボックスプリーツ(はこひだ)
(必要幅:間口の2.5～3倍)

2本ピンチプリーツ(二つ山ひだ)
(必要幅:間口の1.5～2倍)

3本ピンチプリーツ(三つ山ひだ)
(必要幅:間口の2.5～3倍)

■図表8 カーテン各部の種類と名称

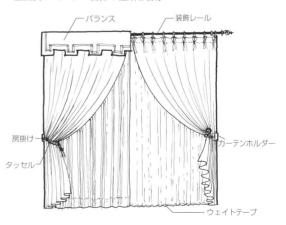

もの、透明な素材に半透明にオパールプリントしたものなどバラエティに富んでいる。ドレープの室内側にシアーカーテンを掛ける事例も増えている。

ケースメントカーテン　ドビー機で絡み織りされており、粗い編み目でも糸がずれない。太陽光を通し、素材の質感・色調を演出するのに効果的で、単独で使用される。

パネルカーテン　ひだのないパネル状のカーテンで、窓寸法に合わせて幅を設定する。室内の間仕切りなど応用範囲が広い(図表9)。

3) ブラインド

❶バーチカル(縦型)ブラインド
縦型のルーバーを回転させて光量や視界を調節し、全体を左右に開閉できる。素材は、布、塩化ビニル、アル

ミ、ガラス繊維、木製などがあり、近年布の色数も豊富になり住宅でも使いやすくなった(図表10)。

❷ベネシャン(横型)ブラインド
直射日光をカットしつつ光量を確保する、外部からの視線を遮りながら光を取り込むなど、状況に応じた微調整が可能な点が特徴である。木製もあるが、アルミのスラットに塗装したものが主流である。スラットの色を自由に組み合わせて指定できるので、応用範囲が広がっている。単独使用だけでなく、カーテンと組み合わせる事例もある(図表11)。

4) その他のウィンドウトリートメント

❶ロールスクリーン
棒に巻き付けた布または簾などを引き下ろして使用する。上下の操作には、スプリング式、チェーン(コード)式、電動式などがある。布は形状を安定させる目的

■図表9 パネルカーテン

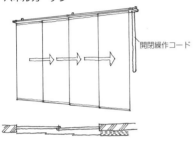

■図表10 バーチカルブラインド

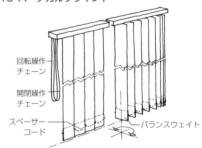

■図表11 ベネシャンブラインド

■図表12 ロールスクリーン

■図表13 ローマンシェードの構造と各部の名称

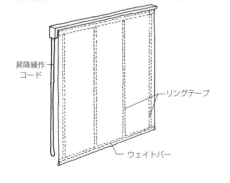

■図表14 ローマンシェードのスタイル

呼称	プレーン	シャープ	バルーン	オーストリアン
スタイル	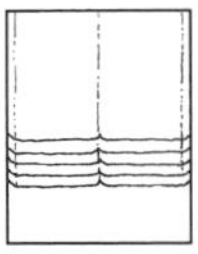	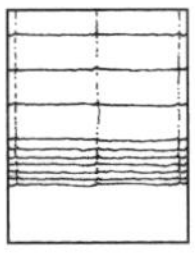		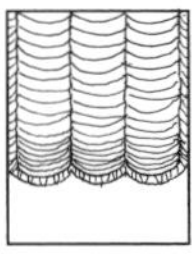
特徴	一定の間隔でフラットなひだを畳み上げていく、ローマンシェードの最もベーシックなスタイル。幅広いファブリックスの選択が可能である。	布地とバーを組み合わせたシンプルで規則正しいラインが特徴。	引き上げるとU字形のひだが次々と畳み上げられていく、女性的な優しい雰囲気が特徴。	ひだをたっぷりと取ったゴージャスな雰囲気が特徴。ホテルのロビーや劇場などにも用いられている。

で樹脂加工される。ポリエステルが多いが、ガラス繊維と塩化ビニルの複合材で100％遮光、経木を編んだ簾風のものもある。カーテンとの組合せも可能である（図表12）。

❷ローマンシェード

布の裏側に縫い込んだ棒を紐で引き上げるもので、縫製と引き上げ方式によってプレーンなものからデコラティブなものまでさまざまな表情をもつトリートメントである。通常、レースカーテン、ロールスクリーンと併用する（図表13、14）。

❸プリーツスクリーン

25mmほどに折り畳んだものを上下する方式。単一素材の製品と、透過性の高い素材と低い素材を組み合わせ、光量をコントロールしやすくしたものがある。カーテンとの組合せもある（図15）。

❹ハニカムスクリーン

スクリーンの断面が蜂の巣状になっており、その構造が空気層をつくり、断熱・遮音の効果がある。コードが内側を通るためスッキリしており、コード穴からの光漏れもない。二重構造のため眺望性はないが、強い日差しのさす西側の窓に使用すると効果的である（図表16）。

❺簾

竹ひごや葦を糸でつないだ日本古来のスクリーンで、日除け、目隠し、室内の間仕切りとして使われてきた。夏の簾は日本の原風景ともいえよう（図表17）。

5）品質表示と消防法

❶品質表示

カーテンは「家庭用品質表示法」によって、繊維の組成について表示することが義務付けられており、規定により伸縮性、難燃性、家庭洗濯等取扱い方、寸法を表示することになっている。

❷防炎規定

防炎とは「不燃」とは異なり「燃えにくい」性質を示すものであり、消防法の基準を満たしたものを「防炎物品」と呼ぶ。防炎防火対象物（高さ31mを超える高層建築物、地下街、劇場、病院、老人福祉施設、ホテルなど）では「防炎物品」の使用が義務付けられている（図表18）。

■図表15 プリーツスクリーン

■図表17 簾

■図表16 ハニカムスクリーン

■図表18 防炎ラベル

（イ）	防炎	水洗い洗濯およびドライクリーニングについての基準に適合するもの
（ロ）	防炎	水洗い洗濯についての基準に適合するもの
（ハ）	防炎	ドライクリーニングについての基準に適合するもの
（ニ）	防炎	洗濯後、再防炎処理の必要があるもの
（ホ）	防炎	洗濯後、再防炎処理したもの
（ヘ）	防炎	

●防炎物品は決められた試験方法により認定されたものであり、燃えないものではありません。火気には絶対に近づけないでください。

考えてみよう ●トリートメントの素材による、昼・夜の見え方の変化を調べてみよう。
●トリートメントの方式による、視線の遮断と光量のコントロールの違いを考察しよう。

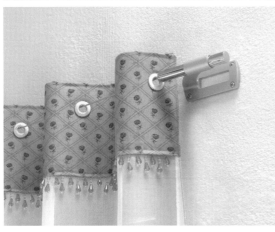

III章

表現・伝達の知識

設計図書――配置図・建物概要・外部/内部仕上げ表・平面図

【学習のねらい】設計段階のスケッチでは自由に発想することが大切であるが、製図段階の図面ではそこに必要な約束事を確実に守ることが大切である。

1）設計図書とは

　スケッチして建物を自由に発想した後は、デザインした内容をほかの人に確実に伝える「設計図書」の作成が必要になる。設計図書とは「図面」「見積書」「特記仕様書」を総称したものである。設計後は建設となるが、施主と施工者の間で契約が交わされるとき、この3点セットが必要となる。ここでは、その中の「図面」について、事例を通して解説する（図表1）。

2）配置図

　敷地境界線には、道路境界線と隣地境界線の2種類がある。前面道路の位置と幅が明記されていること。建築物の位置は、敷地境界線から外壁までの距離で示しておく。そのほか、方位、縮尺、図面名称は必ず記入しておく。門扉、浄化槽、保存すべき樹木などの位置も記入しておく（図表2）。

3）建物概要・外部仕上げ表

　外部仕上げの材料は、まずデザイナーの美意識を優先して、テクスチャーや色から決めていくとよい。その後、材料の耐水性、耐火性、耐力性、耐震性などの性能を確かめておくことが大切である。最後に、その地域の美観を損ねないように、視覚環境への配慮をしておくことも大切である（図表3）。

■図表1 事例の概要

●外観模型

●内観パース

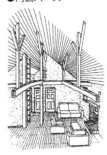

●コンセプト

「自然の中の自然」をテーマに、できるだけ自然の材料を使う。外壁はカラマツの下見張り、内壁は珪藻土塗りとし、ホルムアルデヒドなどを含まない材料を使う。イメージは「英国風木造コテージ」でデザインの統一を図る。

事例/軽井沢の別荘
設計/宮宇地一彦建築研究所

■図表2 配置図の例

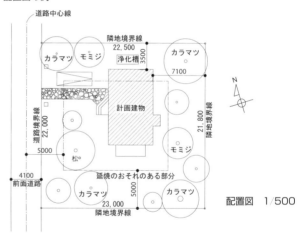

配置図　1/500

■図表3 建物概要および外部仕上げ表の例

●建物概要

用途：一戸建て住宅
構造：木造（在来構法）
延べ床面積：64.00 m²
建築面積：61.50 m²
最高高さ：5,640 mm

●外部仕上げ表

屋根：彩色スレート瓦葺き
軒下：珪酸カルシウム板 t=6 VP
棟：カラーステンレス押え
外壁：松板の下見張り t=15
サッシ：木製サッシ、ペアガラス
玄関扉：木製扉
雨樋：なし
根回り：コンクリートの上モルタル補修
暖炉：レンガタイル張り
ベランダ：ヒノキ OS

略語	OP：オイルペンキ	CL：クリアラッカー	t ：厚み
	OS：オイルステイン	PB：プラスターボード	@ ：ピッチ
	VP：ビニルペイント	ST：スチール	

これらの略語は、すべての図面で使用される。

4) 内部仕上げ表

平面図に出てくる「室名」を、すべてリストアップすることから始める。それぞれの室の仕上げ材料は、床・幅木・壁（腰）・回り縁・天井の順で記入していく。備考欄には、その室に造り付けされる家具などを記入しておく。

一室の中で、2種類以上の材料が使われている場合は、同じ欄にカッコで記入しておく。火を使うキッチンは、法律によって「不燃材料」が義務付けられているので、垂れ壁の内側の天井と壁は、たとえば磁器タイルや金属パネルや珪酸カルシウム板など火に強い不燃材料をカッコで記入しておく（図表4）。

■図表4 内部仕上げ表の例

内部仕上げ表

室名		床	幅木	壁（腰）	回り縁	天井	備考
居間	仕上	フローリング t=20	木製 h=60	珪藻土塗り t=5（キッチン：磁器タイル）	塩ビ	杉板 t=12（キッチン：大平板 t=6 VP）	キッチンセット 薪ストーブ 玄関収納
	下地	構造用合板 t=12		ラスボード t=9			
寝室	仕上	フローリング t=20	木製 h=60	珪藻土塗り t=5（キッチン：磁器タイル）	塩ビ	杉板 t=12（キッチン：大平板 t=6 VP）	クローゼット
	下地	構造用合板 t=12		ラスボード t=9			
トイレ 洗面	仕上	フローリング t=20	木製 h=60	珪藻土塗り t=5（キッチン：磁器タイル）	塩ビ	杉板 t=12（キッチン：大平板 t=6 VP）	洗面器、混合栓 タオルリング 鏡セット
	下地	構造用合板 t=12		ラスボード t=9			
風呂	仕上	磁器タイル張り 300×300	ナシ	磁器タイル張り 300×300	塩ビ	塩ビバスリブ	
	下地	コンクリート		壁：ラスボード t=9 腰：コンクリート			バスタブ ミラー 混合栓

5) 平面図

平面図では、各室に必ず「室名」をつけなければならない。この室名は仕上げ表や展開図で使われることになる。「寝室」のように室名とその機能がほぼ一致している場合は問題ないが、この事例の「居間」のように、一つの室に、リビング、ダイニング、キッチン、玄関など複数のゾーンが含まれている場合は、室名は四角で囲んで強調し、いくつかのゾーンは少し小さめの字で記入しておくとよいであろう。造り付け家具（本工事）は実線で描き、置き家具（別途工事）は点線で描いておく。図面の周囲には寸法線と寸法および通り芯の記号をX軸とY軸の各方向で記入しておく（図表5）。

■図表5 平面図の例

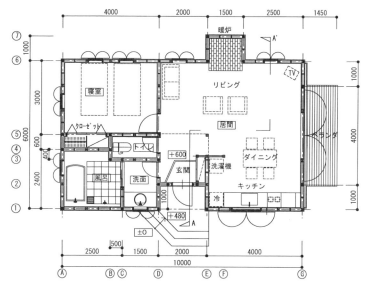

平面図　1/150

設計図書──立面図・断面図・展開図

【学習のねらい】設計段階のスケッチでは自由に発想することが大切であるが、製図段階の図面ではそこに必要な約束事を確実に守ることが大切である。

1）立面図

東西南北の4面で描く。建物は地面の上に建設されているので、地盤面の線を左右に飛び出して描いておく。窓や扉の位置は、平面図と食い違いがないこと。立面の主要部分（屋根・外壁・窓サッシ・雨樋・根回りなど）の材料を記入しておく。初心者の失敗として多いのが、軒先や窓枠などの厚みをダブル線で描いていないことが挙げられる（図表1）。

2）断面図

建物を垂直に輪切りにして、横から見た図面である。水平に輪切りにした平面図と同じ原理で描かれている。断面図では、高さ方向の寸法が大切である。寸法の見方や記入方法は「矩計図の描き方事例」（154〜161頁）を参照していただきたい（図表2）。

■図表1 立面図の例

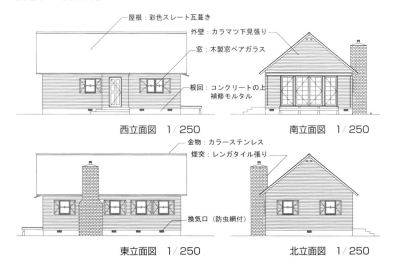

屋根：彩色スレート瓦葺き
外壁：カラマツ下見張り
窓：木製窓ペアガラス
根回：コンクリートの上補修モルタル

西立面図　1/250　　南立面図　1/250

金物：カラーステンレス
煙突：レンガタイル張り
換気口（防虫網付）

東立面図　1/250　　北立面図　1/250

■図表2 断面図の例

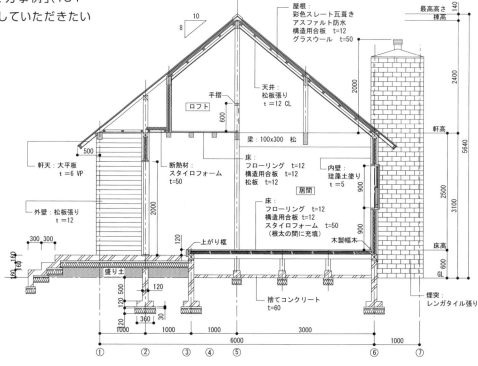

屋根：
彩色スレート瓦葺き
アスファルト防水
構造用合板　t=12
グラスウール　t=50

最高高さ
棟高
140

天井：
松板張り
t=12 CL

手摺
ロフト
600

梁：100×300　松

軒天：大平板
t=6 VP

断熱材：
スタイロフォーム
t=50

床：
フローリング　t=12
構造用合板　t=12
松板　t=12

居間

床：
フローリング　t=12
構造用合板　t=12
スタイロフォーム　t=50
（根太の間に充填）

内壁：
珪藻土塗り
t=5

外壁：松板張り
t=12

軒高
2000
2400
5640

2500
3100

床高
600

上がり框

木製幅木

盛り土

捨てコンクリート
t=60

煙突：
レンガタイル張り

300 300
160
160

120
500
120
120
360
30

120

GL

1000　1000　1000　3000　1000
6000

① ② ③ ④ ⑤ ⑥ ⑦

A-A′ 断面図　1/80

900
900

8 10

500

3) 展開図

　まずキープランをつくり、各四つの壁面を、A、B、C、Dの記号で決める。展開図を描く原理は、その室の中央に立って見える通りに描けばよい。壁の裏側や天井の裏側など見えない部分は描かなくてよい。壁面に窓や扉がついていれば、見える通りに描いておく。造り付け家具（本工事）は実線で必ず描いておく。施主が将来自分で入れる置き家具（別途工事）については、その位置に点線で描いておく。仕上げ材料は、図面に直接記入する方法もあるが、ここでは、一つの表にしてまとめてある。居間のB展開図のように、暖炉のレンガタイルのような、そこだけ特殊な材料は図面に特記しておく（図表3）。

■図表3　展開図の例

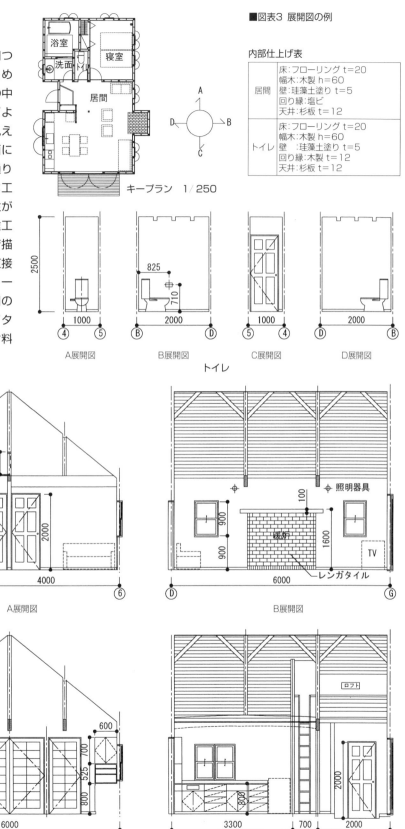

キープラン　1/250

内部仕上げ表

居間	床：フローリング t=20 幅木：木製 h=60 壁：珪藻土塗り t=5 回り縁：塩ビ 天井：杉板 t=12
トイレ	床：フローリング t=20 幅木：木製 h=60 壁：珪藻土塗り t=5 回り縁：木製 t=12 天井：杉板 t=12

A展開図　　B展開図　　C展開図　　D展開図

トイレ

A展開図　　　　B展開図

C展開図　　　　D展開図

居間

展開図　1/100

1) 建具表

まずキープランをつくり、すべての建具をリストアップすることから始める。それぞれの建具に記号と番号をふった後、番号順に建具の姿図を描いていく。建具表は、金属建具と木製建具の二つに分けて作成される。理由は、発注先の工場が違うからである。ここでは小規模住宅であるため一つの表にまとめてある。外壁に取り付けられる建具の姿図は内観図で描く（図表1）。

■図表1 建具表の例

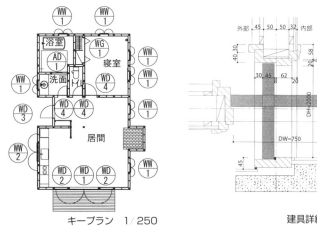

キープラン 1/250

建具詳細図 1/15

建具表 1:100

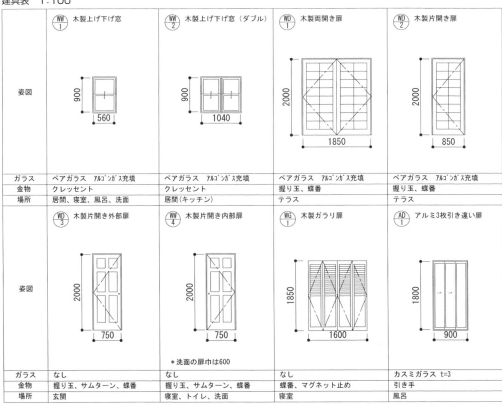

	WW① 木製上げ下げ窓	WW② 木製上げ下げ窓（ダブル）	WD① 木製両開き扉	WD② 木製片開き扉
姿図	900 / 560	900 / 1040	2000 / 1850	2000 / 850
ガラス	ペアガラス アルゴンガス充填	ペアガラス アルゴンガス充填	ペアガラス アルゴンガス充填	ペアガラス アルゴンガス充填
金物	クレッセント	クレッセント	握り玉、蝶番	握り玉、蝶番
場所	居間、寝室、風呂、洗面	居間（キッチン）	テラス	テラス

	WD③ 木製片開き外部扉	WW④ 木製片開き内部扉	WG① 木製ガラリ扉	AD① アルミ3枚引き違い扉
姿図	2000 / 750	2000 / 750 ＊洗面の扉巾は600	1850 / 1600	1800 / 900
ガラス	なし	なし	なし	カスミガラス t=3
金物	握り玉、サムターン、蝶番	握り玉、サムターン、蝶番	蝶番、マグネット止め	引き手
場所	玄関	寝室、トイレ、洗面	寝室	風呂

略語	AW：アルミ窓	AD：アルミ扉	SD：スチール扉
	WW：木製窓	WD：木製扉	WG：木製ガラリ扉

2）基礎伏図

　木造の基礎は、布基礎と独立基礎の2種類で描く。外壁の下には、ほぼ確実に布基礎がくる。室を囲む間仕切り壁の下も同様である。面として広がる床下には、900ピッチで独立基礎が並んでいる。浴室や玄関の下は、コンクリートスラブを打っておく。外壁の下の布基礎には、防虫網付きの換気口を付けておく（図表2）。

3）床伏図

　床を下から支えている根太、大引き、土台の3部材を描く。土台は布基礎の上にほぼ確実にくる。根太と大引きは直角に交わりながら一体となって床を支えているが、建物のx軸・y軸のどの方向に入れたらいいかは基本的に自由である。詳しくは「矩計図の描き方事例」（154～161頁）を参照していただきたい（図表3）。

4）天井伏図

　床に立って見上げた状態を描けばいいが、「見上げる」ということを深く考えると天井伏図は描きづらくなる。たとえば、図表4のような実際の図面を見ながら「なるほど」と理解するといいであろう。注意事項として、火を使うキッチンの天井は「不燃材料」を、浴室天井は「防水材料」を使用すること。天井が高くなり、吹抜けになっているところは一点鎖線で×印を入れておく。

■図表2　基礎伏図の例

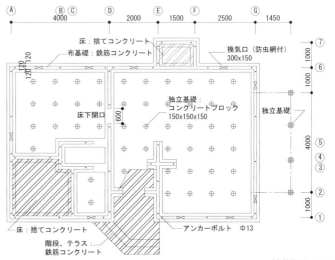

基礎伏図　1/150

■図表3　床伏図の例

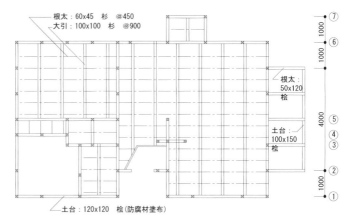

床伏図　1/150

■図表4　天井伏図の例

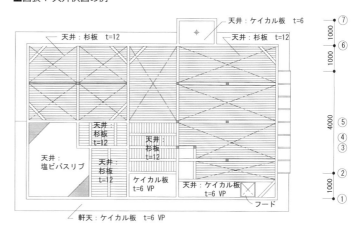

天井伏図　1/150

129

設計図書——梁伏図・小屋伏図・屋根伏図・給排水設備図・電気設備図

【学習のねらい】設計段階のスケッチでは自由に発想することが大切であるが、製図段階の図面ではそこに必要な約束事を確実に守ることが大切である。

1) 梁伏図

梁伏図と小屋伏図を一緒に描くこともあるが、複雑になるのでここでは二つの図面に分ける。梁には、柱の頭をつなぐ役目と、上からの屋根荷重を受ける役目がある。梁の高さ（背＝せい）をどう決めるかは難しいところであるが、概略計算法を「矩計図の描き方事例」（154〜161頁）で示しておいたので参照していただきたい。小屋束が立つ位置を○で囲んで示しておく（図表1）。

2) 小屋伏図

日本は雨が多いため、木造屋根には必ず勾配がつく。勾配によって屋根の美しさが決まることもある。屋根には太陽や風・雨・雪に対する気候調節の役目があるが、小屋組には屋根荷重を支える力学的な役目がある。垂木・母屋・棟木・小屋束などで支える。梁は2間（約1,800 mm）間隔で入れると合理的である（図表2）。

3) 屋根伏図

上空から建物を真下に見た通りに描けば屋根伏図となる。屋根材の選択には、太陽や雨・雪・風などに対して耐候性のあるものを選ぶ。人の歩行が想定される場合は、靴などで歩いてもよい材料を選ぶ。軒先や棟や破風の部分は、材と材がぶつかるところであり、防水性と加工性の良い金属を使用して、雨仕舞に問題がないように処理をしておく（図表3）。

■図表1 梁伏図の例

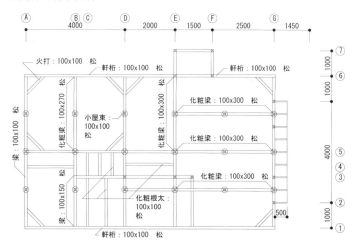

梁伏図　1/150

■図表2 小屋伏図の例

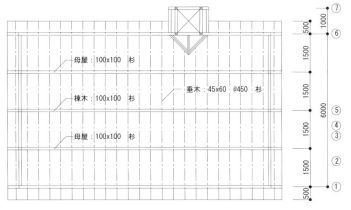

小屋伏図　1/150

■図表3 屋根伏図の例

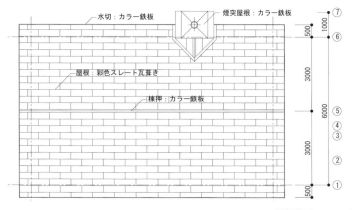

屋根伏図　1/150

4) 給排水設備図

まず、キッチン・洗面・風呂・トイレなどで使う設備機器の機種と位置を明確にしておく。次いで、それらを配管で順次つないでいく(図表4)。

給水管	——
温水管	-----
排水管	——
ガス管	—G—
給水栓	▱
混合栓	▨
給湯器	▥▥
ガスボンベ	⊙

■図表4 給排水設備図の例

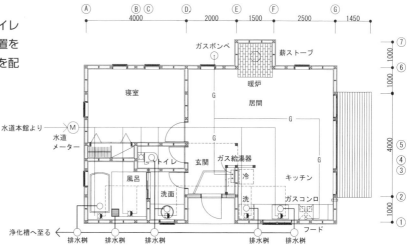

給排水設備図 1/150

5) 電気設備図

まず、照明器具の種類と位置を決めておく。次いで、それらとスイッチをつないでいく。スイッチ類は扉の位置と開き方に注意すること。テレビや冷蔵庫などの電気製品の位置をまず決め、次いで、コンセントの位置を決める(図表5、6)。

照明器具	⊘
スイッチ	●
コンセント	⊞
電話	①
テレビ	◉
換気扇	⊗
分電盤	◣

■図表5 電気設備図の例

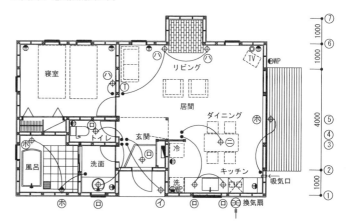

電気設備図 1/150

■図表6 照明器具リストの例

照明器具リスト

	⊘ 玄関灯	▱ ダウンライト	ハ ブラケット	⊖ ペンダント	ホ 防水型ブラケット
姿図	280×165×140(d) 1個	195φ×196(h) 5個	110φ×197(h) 3個	252φ×230(h) 1個	155×155×100(d) 2個
メーカー名	○○社	○○社	○○社	○○社	○○社
品番	39-50024-02-91	MD2819-01	MS1240-35	MP40114-37	MB50129-01
電球	蛍光灯9W	蛍光灯42W	白熱球60W	白熱球(リフレクター球)57W	白熱球(クリプトン球)40W
色	ブラック	ホワイト	クローム	シルバー	ホワイト
場所	玄関	台所、洗面、トイレ、玄関	暖炉	ダイニング	風呂、ベランダ

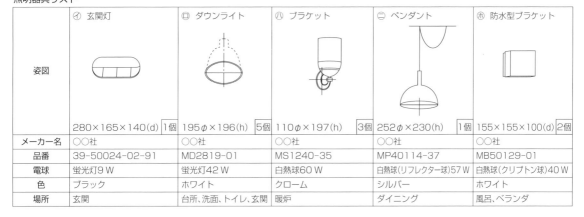

考えてみよう　●自由に発想するスケッチと、約束事を守る図面との違いを考えてみよう。
●設計図書の図面に食い違いはないか、確認してみよう。

プレゼンテーションのテクニック

【学習のねらい】プレゼンテーションの本来の目的を正しく理解し、また、それぞれの目的に適したプレゼンテーション手法を学ぶ。

1) インテリアプレゼンテーションの考え方

建物(住宅など)をつくろうと思ったとき、依頼者にとって一番困るのが、完成品を事前に見られないことである。住宅の場合、展示場やショールームである程度のイメージをつかむことは可能だが、多くの場合は依頼者が実際に手に入れるものとまったく同様のものというわけにはいかない。

一般に建築図書(図面や仕様書など)を読み解いて完成する姿を想像することはプロでなければ難しい。しかし依頼者は自分の望み通りのものができ上がるのかどうかが、事前にわからなければやはり不安である。したがって、プレゼンテーションに使われる手法は、一般の人々が見てもわかりやすく、完成イメージがつかみやすいものでなければならない。ここでは、インテリアのプレゼンテーションに使われる手法を中心に、従来から行われている手法に加え、パーソナルコンピュータ(以下PC)を活用した手法なども加えて解説する。

■図表1 手描きによる着彩平面図

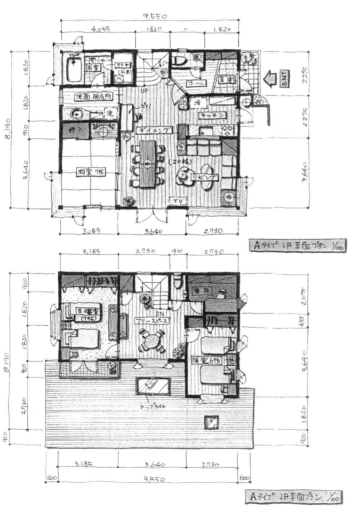

■図表2 断面図で視線を表したもの

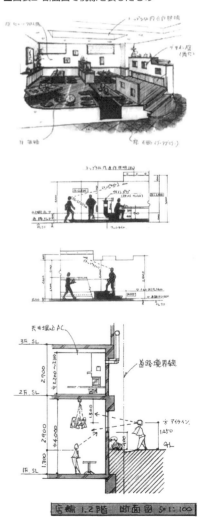

2）平面図、展開図、断面図

　平面図、展開図をプレゼンテーションに活用する場合は、躯体は簡略化してもよいが、実際に使用される家具、調度品などはなるべく描き込むようにする。また、木目など部材表面の質感を表現するのも効果的で、この際着彩を施し、適宜影などの陰影も表現することで、平面図、展開図であっても立体感を感じさせることも可能である（図表1、3）。また、スケール感や視線、動線、空きスペースなどをイメージしてもらうには、人物などの描込みも効果的な場合がある（図表2、5）。

　とくに作図にCADを使用する場合は、CADソフトの初期設定任せにしたり、縮尺を単純に拡大・縮小するだけで対応しないように留意する。縮尺によっては汎用データをそのまま使用すると、詳細部の描き込みすぎになるなど、バランスが悪いことがあるので注意が必要である。また、描画が単調にならないよう線種（とくに実線の太さ）の使い分けにも気を配るようにする（図表3〜5）。

註）CAD（Computer Aided Design）は、コンピュータ支援設計といい、コンピュータを用いて設計をすること、またはコンピュータによる設計支援ツールのことを指す。
ほかに「コンピュータを用いた製図システム」Computer Assisted Drafting, Computer Assisted Drawingと解する場合もある。

■図表3　CADによる平面図（集合住宅）

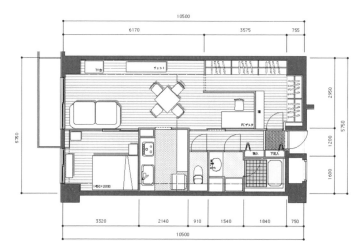

■図表4　CADによる展開図（店舗）

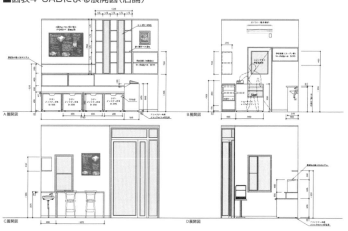

■図表5　平面図に人物などを表現した例

考えてみよう

●自分が依頼者になったとき、どんな資料を見せてもらったらわかりやすいだろうか。
●プレゼンテーションの手法にはほかにどんなものがあるか、自分でも調べてみよう。

パースによる表現

【学習のねらい】完成予想を伝える手段として透視図が使用されるが、その技法は多種多様である。どのような表現方法があるかを理解し、適切な活用方法と技法を学ぶ。

1) インテリアパース(透視図)の種類

パースは、透視図法による作図表現を理解することが基本となる。透視図法には平行透視図法(一消点図法)、有角透視図法(二消点図法)、斜角透視図法(三消点図法)がある(図表1)。表現したい対象に合わせて使い分けるが、インテリアパースには一消点、二消点の図法がよく使われる。また、最近はPCによるCADや3D-CGなどによるパース表現も多用されるようになった。それぞれに特徴があるので、場面に合った表現を選択できるように学んでおきたい。

2) スケッチパース

スケッチパースは、描き手の思いを伝えるために、デフォルメ(強調・省略など)を加えて表現することができるのがメリットである。すべてを写実的に表現するよりも、透視図法による基本をもとに大切なポイントをより効果的に表現するなど、作者の意図を理解してほしいときに効果的に活用できる。ただし、スケール感などはバランスを崩さないように注意することが大切である。スケッチパースには鉛筆などの線画のみの表現によるものや、色鉛筆・水彩絵の具・パステル・マーカーなどで着彩されたものなど、さまざまな表現の手法がある(図表2、3)。

■図表1 透視図法

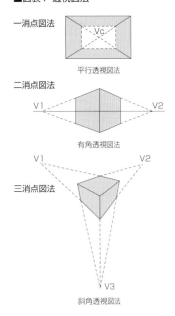

一消点図法
平行透視図法

二消点図法
有角透視図法

三消点図法
斜角透視図法

■図表3 マーカーによる着彩仕上げ

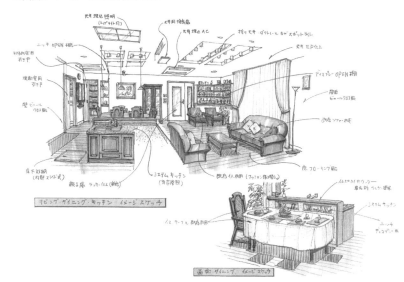

■図表2 線描きによるスケッチパース

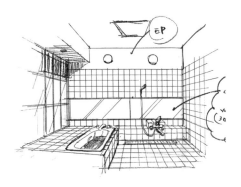

3) CADによるパース

　建築図面をCADで作成しているのであれば、その建築図面をもとに描き起こせるため、最も合理的に作図が可能な手法である。CADソフトは3D表現を可能としているものが一般的で、建物の中を歩き回っているように視点を変えて見ることができる「ウォークスルー」機能や（図表4）、素材表面の質感（テクスチャー）などもリアルに表現できる「マッピング」機能なども兼ね備えており、幅広い表現が可能となっている。また、CADによる線描きのパースを下絵として、その上からフリーハンドで仕上げを描き込むテクニックなども使われている（図表5）。

4) 3D-CGを活用したパース

　3D-CGを活用したパースは写実的な表現に優れており、実際にあるものを写真撮影したような仕上がりが期待できる。最近の住宅（マンション等）販売の場面では、以前のようにモデルルームを建設してから写真撮影をする代わりに、設計完成後すみやかに3D-CG、あるいは後述の「BIM」によって3Dグラフィックスを作成し、室内や外観のモデルとしてパンフレットなどに使用することが多くなっている。これによって、より早期からビジュアル活用による販売促進が可能となるのである。（図表6）

注）　3D-CG（3 Dimensional Computer Graphics）とは、三次元コンピュータグラフィックスをいう。仮想三次元空間上の形状をデータ化し、それらを平面上に投射することで生成するコンピュータグラフィックスである。3D-CGは、写真のような写実的表現や視点の変更の自由度が高いこと、モデルを一度作成すればアニメーションさせやすいことなどがメリットとされる。

■図表4 CADによるウォークスルー表現

■図表5 CADによる下絵にマーカーで着彩したもの

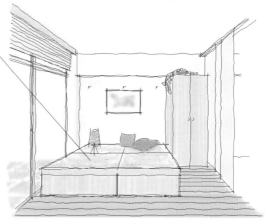

■図表6 3D-CGによる室内パース

考えてみよう
●それぞれの表現方法のメリットを、制作者側と依頼者側の両方の立場から考えてみよう。
●CADのウォークスルーで、どんなアングルから見たらわかりやすいか試してみよう。

【学習のねらい】パース以外の立体図法の手法を学び、その利便性を理解する。また、イメージボードによって、実際に使用される部材が整理され、伝達ミスが少なくなることも理解する。

1）家具・什器のスケッチなど

オフィス・店舗はもとより、住宅においても収納家具などを中心として造作家具の需要が高まっている。これらの造作家具は、現場に合わせてそれぞれに特有の寸法・材質・機能・金物・仕上げ（塗装など）が決められる。依頼者には打合せを通じて、そのつどどのような仕様になっているのかを理解してもらう必要がある。この場合、適宜スケッチで伝えることが大切な手段となるが、比較的表現の簡便な手段として軸測投影図や、斜投影図による表現も有効な手段となる。軸測投影図は、アクソメ（アクソノメトリックの略）とも呼ばれ、なか

でも、アイソメ（アイソメトリックの略）は等角投影図ともいい、奥行・高さを構成する3軸の比が同じで、平面図から手軽に立体を起こすことができるため、よく使用される。ほかに、ダイメトリック（二等角投影図）、トリメトリック（不等角投影図）などの手法がある（図表1）。斜投影図にはカバリエ図、キャビネット図などの手法があり、正面図などを正投影図として立体的な表現にすることができる（図表2）。これらの図法は空間全体の表現にも使用されることが多く、図法が簡単で立体的な表現がしやすい。依頼者にはその場で描き起こしながら説明できるよう習得しておきたい（図表3、4）。

■図表1 軸測投影図と斜投影図の参考例

アイソメトリック
（等角投影図）

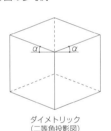

ダイメトリック
（二等角投影図）

トリメトリック
（不等角投影図）

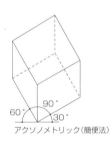

アクソノメトリック（簡便法）

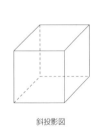

斜投影図

■図表2 カバリエ（左）とキャビネット図（右）

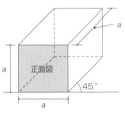

幅・高さ・奥行の比率が1：1：1となるように描く図法。

幅・高さ・奥行の比率が1：1：0.5となるように描く図法。

■図表4 ダイメトリック（二等角投影図）による表現例

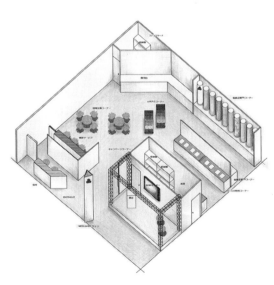

■図表3 キャビネット図による表現例

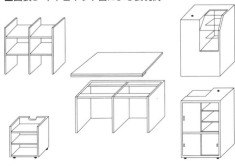

2) インテリアイメージボード

インテリアイメージを伝える手段として、イメージボードによるプレゼンテーションがある。イメージボードにも写真などのコラージュによる手法、現物サンプルを貼る方法などさまざまなテクニックがある。これらもそれぞれに特徴があるので、その違いをよく理解して活用するようにしたい。

❶コラージュによるイメージボード

製品写真やイメージ写真、図面などを活用してコラージュを作成する手法である。以前はカタログ写真や雑誌などの切り貼りが行われた。しかし最近では各メーカーからインターネットなどで配信されている製品画像を使用したり、デジタル化された写真・姿図や、スキャニングした画像を使用し、PC上で作成することが多くなった。この手法はインテリアの雰囲気やイメージ確認には大変有効であるが、プリントアウトされたものでは、後述のカラースキームの際は材料の質感や色の正確性を欠くので注意が必要である。また、この作業には画像処理ソフトやグラフィックレイアウトソフトの習得が欠かせない(図表5、6)。

❷現物サンプルによるイメージボード

この手法は床・壁・天井仕上げやファブリックスなどの現物サンプルをもとに、カラースキーム(色彩計画)などを行う際に有効な方法である。主に現物やカラーサンプル(塗装見本など)を使用するので、色や質感の確認ができ、トータルな配色の確認などにも向いている。ただし、光源の違いによる色の差が出たり、サンプルのサイズによっては柄の見え方の確認ができないこともある。したがって、提案する場所の明るさや光源の種類、場合によっては大判のカットサンプルを別途用意するなどの配慮が必要である(図表7、8)。

■図表5 写真とパースによるイメージボード

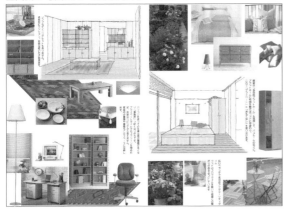

■図表6 平面図と製品画像によるイメージボード

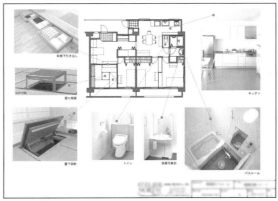

■図表7 現物サンプルによるイメージボード

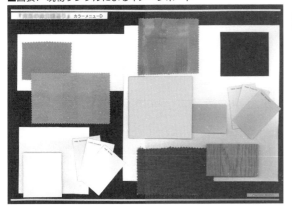

■図表8 仕様書風にまとめたイメージボード

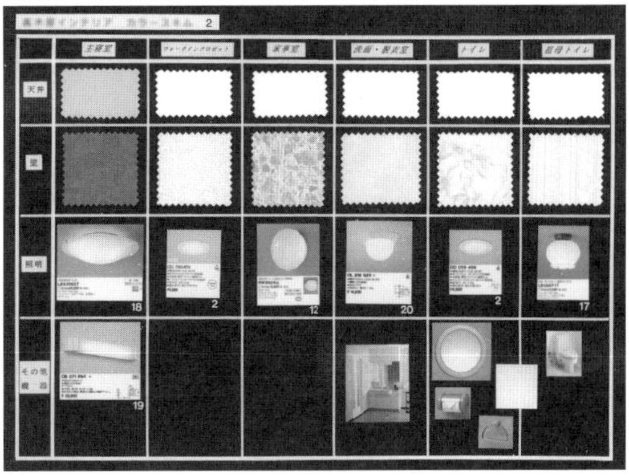

考えてみよう
- どの図法が一番描きやすく、自然に見えるか描き比べてみよう。
- どんなボードがよりイメージを伝えやすいのか、考えてみよう。

PC活用とインテリア模型

【学習のねらい】今後ますます一般化が想定されるPC活用によるプレゼンテーションを学び、表現技術の範囲を広げる。また、模型による空間把握の利点も学習する。

1) PCの活用によるプレゼンテーション

ビジネスシーンでは標準となったPCによるスライドプレゼンテーションは、ノートパソコンやタブレット端末の普及によって、訪問先でも行えるようになった。これにより、企画意図の説明から、プランニング、完成予想のパースまでスムーズにプレゼンテーションすることができ、依頼者の理解も深まると共に、設計者の意図もより伝えやすくなった（図表1）。ほかにも、写真合成による疑似表現（図表2、3）や、カラーコーディネートのバリエーションをさまざまに変えて見せたり、三次元CADによるウォークスルーをリアルタイムで表現して見せる手法、VR、AR、MRなど※によるプレゼンテーション、ウェブ上でのプレゼンテーションサービスなども一般化してきている（図表4、5）。今やPCによるプレゼンテーションは、設計者・デザイナー・コーディネーターにとって、欠かせない手法となっている。

※VR、AR、MR
　前述の他にもインテリアを仮想空間として体験できる手段として、また、これからのプレゼンテーションにも使える技術として期待されている。
VR「Virtual Reality（仮想現実）」
主にCGで構成された映像すべてがバーチャル（仮想）で、「現実ではない」空間をVRヘッドセットや専用ゴーグルを装着して見ることができ、その世界に入り込んだような体感ができる技術
AR「Augmented Reality（拡張現実）」
リアルな現実の風景に、さまざまな情報を付け加えて見せる技術。スマートフォンやタブレット、サングラス型のARグラスを通して見ることができるため、気軽に体感できる。
MR「Mixed Reality（複合現実）」
ARをさらに拡張し、頭に装着するディスプレイを通し、実際にはその場所にないものを現実世界と仮想の世界を重ね合わせて表示（複合現実）し、自由な位置や角度から体感できる技術

■図表2 元画像（左）と写真合成（右）によるプレゼンテーション

■図表1 スライドプレゼンテーションのサムネイル画面

■図表3 実際に完成した店舗

■図表4 ウェブによるプレゼンテーションサービス画面

■図表5 VR体験の様子

2) インテリア模型

インテリアの空間構成や動線、配光などを説明するのに適した手法として、模型によるプレゼンテーションがある。インテリアの表現には1/50〜1/20のモデルが使用されることが多いが、このスケールでインテリアの材質感やディテールを十分に表現するためには、素材の知識と応用力が大変重要となる（図表6）。素材としてはスチレンボード・圧縮紙・各種の紙・バルサ木材などが基本として使用され、補助材料としてアクリル・塩ビ板・プラスチック棒・金属などさまざまな材料が使用される。ほかにも、建築模型用の仕上げ材や樹木などの部品、家具類も縮尺ごとに市販されており、これらの部品を活用することで、よりリアルで効果的な表現が可能となる（図表7）。

また、取り急ぎ空間の配置や構成を主体に説明するため、あえてスチレンボードや白ボール紙をそのまま仕上げとするホワイトモデルなどの表現をすることがある。このホワイトモデルは、設計者が空間をイメージしやすくするための計画検討用としても活用される（図表8）。いずれにしても、建物の間取りや家具の配置、床の高低差、開口部の位置や大きさなどは正確なスケールでしっかりと表現しておくことが大切である。

インテリアの仕上げを表現する場合も、使用する製品（床材・壁紙など）の模様などを縮尺に合わせて縮小しておくことを怠ると不自然な仕上がりになってしまう。また、製作した模型を人の視点に近いアングルから写真撮影をすると、パースなどに代わる表現として効果的に活用することもできる（図表9）。

■図表6 質感を表現した模型

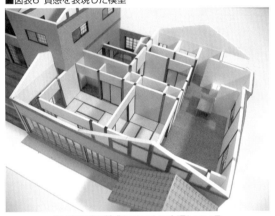

床・壁などの質感もリアルに表現している

■図表8 ホワイトモデルの模型

間取りや開口部などの表現が主体となる

■図表7 市販の模型用パーツ

■図表9 模型内部の写真

模型内部を接写することで空間イメージをつかむ

考えてみよう
● ほかにプレゼンテーションに活用できそうなソフトがあるか、調べてみよう。
● 身の回りにも模型製作に役立ちそうな材料がないか、考えてみよう。

BIM(Building Information Modeling)の活用

【学習のねらい】新しい建築設計および表現の手法としてBIMが登場し、一般化が進んだ。ここではその基本的な特徴について学習する。

BIMは、対象とする建築物などの形状を「三次元モデル」と「属性情報」を組み合わせて表現するシステムで、コンピューター上で仮想的に表現するものである。

最初から三次元で設計し、三次元モデルと平面図・立面図などの二次元図面が連動しているため、三次元データから二次元図面を抽出することも可能である。

三次元モデルをベースに設計や検討を進めることで、完成イメージや変更による印象の変化などを、立体的なイメージで視覚的につかめるため、クライアントにも具体的な提案の内容がわかりやすくなるメリットがある（図表1、2）。

BIMでは一つの建築モデルを構成するすべてのデータが連動するため、修正を行えば、平面図、立面図、断面図、屋根伏図、パース、面積表、数量表などすべての図面や三次元モデルが自動修正され、部分的な変更が設計すべてに即時に反映される。

従来の三次元CADの場合は、平面図などの図面をつくった上で、高さ（奥行）情報を加え三次元モデルを作成する。そのため、二次元図面と三次元モデルが連動し

ておらず、設計変更があるたびに二次元図面と三次元モデルの両方を修正する必要があったが、BIMによってそのプロセスが必要なくなった。

CGパースは建物の使用シーンやイメージを立体的に確認できるが、完成した図面などを基に別途三次元モデルを作成するため、設計の変更点や別のバリエーションを即時的に確認するといった使い方はできなかったが、この点もBIMを用いることでリアルタイムで確認できるようになった。

また、クラウド上にモデルを置くことで、プロジェクトに参加する、意匠や構造、設備などの設計者、あるいはインテリアデザイナーなどが各々の専門領域を描き進めることが可能であり、だれがどの部分を描き加えたかなどが即時反映されるため、参加者全員で相互確認しながら作業を進めることができる。さらに、三次元モデルや図面上のパーツにさまざまな情報を付与できるため、部材の数量の確認、使用されている製品情報、概算コストの計算、修繕時期の管理といった多様な使い方が可能となる。

■図表1
BMIによる
三次元モデル

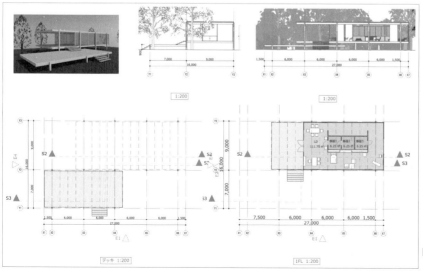

■図表2
BMIによるスタディ図面

IV章

ワークブック

寸法感覚を養う

【学習のねらい】計画は寸法との戦いでもある。しかし寸法は忘れやすい。そこで、寸法が必要になったとき、巻尺ですぐ測れるように実測経験を積んでおく。

1) 実測のポイント

インテリア計画では、家具などの「ものの寸法」のほか、人が使うための「あき寸法」を理解しておくことが大切である(図表1)。寸法は、教科書に出てくる標準寸法のほか、実際に自分の周りで使っている家具や空間の「寸法」を(使いやすい)または(使いにくい)などの「経験」と共に覚えておくことが大切である。

■図表1 実測のポイント

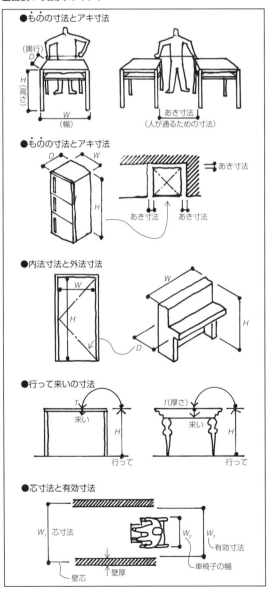

2) 食事をつくる

立位で作業する調理台の高さと椅座位で食べる食卓の高さを同じと考えている人は意外に多いが、実測して違いを確かめておく。吊り戸棚は天井から吊るので天井から測ると考えやすいが、床に立って手を伸ばした高さで測っておく。調理器具だけでなく、フライパン・中華鍋などの収納物も測っておく(図表2)。

■図表2 「食事をつくる」寸法例

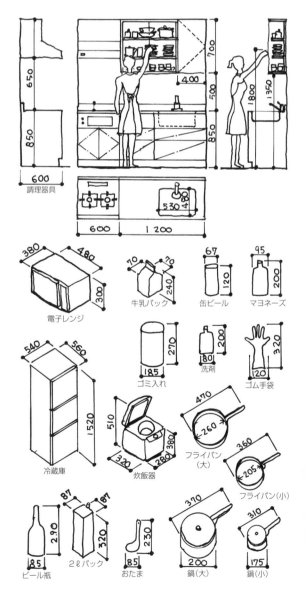

3) 食べる

　食卓の寸法のほか、人が通るための食卓と壁との間のあき寸法も測っておく。住宅では4～6人掛けの食卓が基本になっているが、このサイズは大規模なカフェテリアなどでも応用できる。これは、食事時の「会話帯の距離」が基本になっていると考えていいであろう。大規模なレストラン計画などでは、とかくヒューマンスケールを失いがちであるが、住宅の実測を行うことで確かな寸法感覚を養うことができる(図表3)。

4) 家族で憩う

　住宅の計画では「ソファ派」なのか「ちゃぶ台派」なのか見極めておき、家具の実測をしておくことが大切である。また、使用されている家具配置から、その家族の会話帯の距離を実測しておくこと、そしてテレビまでの視距離を実測しておくことも大切である。大規模なホテルのロビー計画などでは、とかくヒューマンスケールを失いがちであるが、住宅の実測を行うことで確かな寸法感覚を養うことができる(図表4)。

■図表3「食べる」寸法例

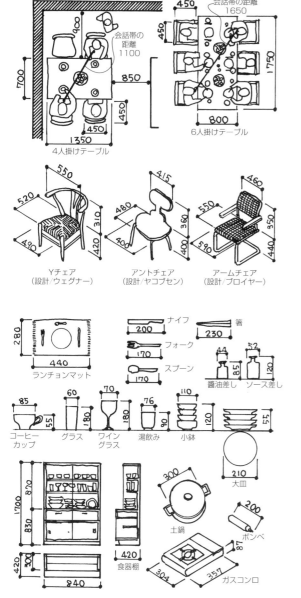

■図表4「家族で憩う」寸法例

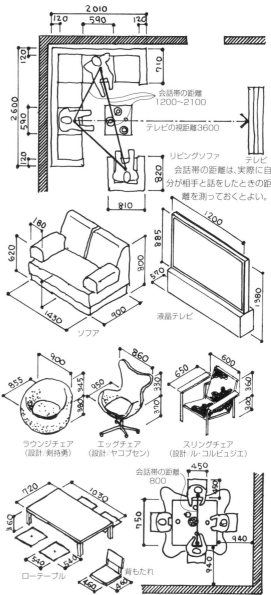

5) 寝る

　ベッドの寸法と畳の寸法は同じと考えている人は意外に多いが、これらは違う。就寝とベッドのシーツ換えはベッドの横から行うので、ベッドと壁との間のあき寸法が必要になる。布団の寸法は、敷き布団に掛け布団を掛けた状態で測っておく。同時に、収納時の畳んだ状態でも測っておく。また、衣類や布団を収納するクローゼットの寸法や押入の寸法も測っておく。個人の持ち物で寝室に収納する物も同様である（図表5）。

6) 子どもが育つ

　子どものベッドは、大人になったときのサイズで計画しておくとよいであろう。勉強机の寸法では、椅子を後ろに引くためのあき寸法を測っておく。衣服を収納するクローゼットの寸法は大人と同じと考えていいが、子どもはけっこう物持ちである。本・ノート・カバンのほか、運動用具や趣味の収集物などがある。扉の中に収納する物と、棚に飾って収納する物の両方を考えて、持ち物の寸法を測っておくとよい（図表6）。

■図表5「寝る」寸法例

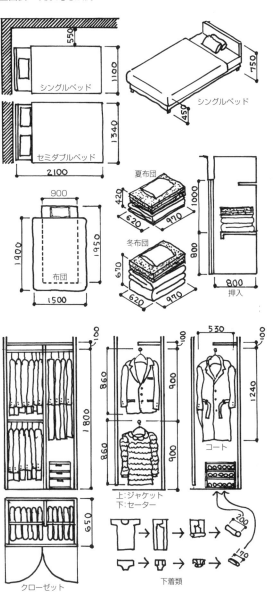

■図表6「子どもが育つ」寸法例

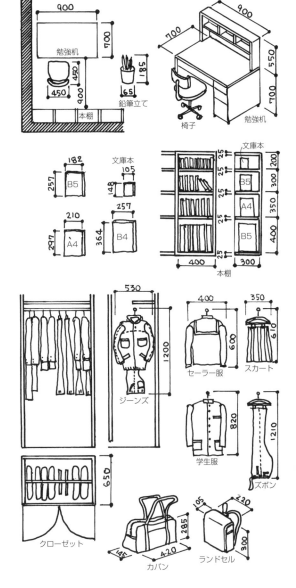

7) 衛生を保つ

　日本では、排泄・入浴・洗顔の機能を3室に割り当てる場合もあるが、西洋では、バスルーム1室にまとめている。いずれにしても、これら三つの機能に対する衛生器具の寸法を実測して確かめておく。さらに、これら衛生器具と壁との間、あるいは扉との間のあき寸法を実測で確かめておく。自宅での実測のほか、ホテルに泊まったとき巻尺を持参しておいて、バスルームの寸法を実測しておくことも大切である（図表7）。

■図表7「衛生を保つ」寸法例

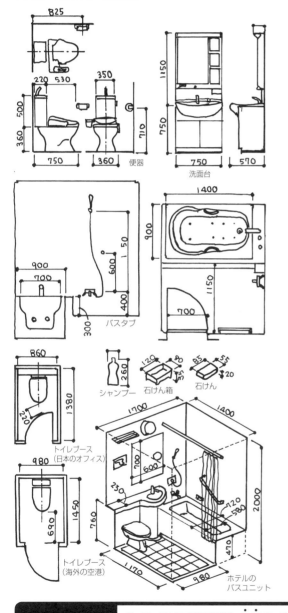

8) 移動する

　インテリア計画では、階段の寸法は難しいものの一つにされている。その大きな理由として、デザイナーが使いやすい階段とわかっていても、その蹴上、踏面、幅、手すりの高さの寸法を具体的に知らない場合が挙げられる。自宅のほか、公共建築などで使いやすい階段を見付けて実測しておくとよい。歩きやすい廊下の幅やスロープの勾配も、その体験と共に覚えておくとよい（図表8）。

■図表8「移動する」寸法例

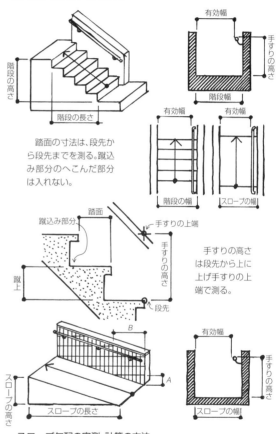

踏面の寸法は、段先から段先までを測る。蹴込み部分のへこんだ部分は入れない。

手すりの高さは段先から上に上げ手すりの上端で測る。

スロープ勾配の実測・計算の方法

　スロープ勾配の実測と計算は、次のようにして行う。まず、タイルなどの水平線のある目地を探す。1枚分のタイルの高さを測る（A）。その目地の高さでの水平距離を測る（B）。たとえば、A＝200、B＝2,430と実測されたとする。スロープ勾配は、たとえば、1/12のように分子を1として表記されるので、求める分母をaとすると、
①1/a＝200/2,430の式が立てられる。
②a＝2,430/200＝12.15と計算できる。
③勾配は1/12.15とわかり、法律（バリアフリー法）の1/12以下の許容範囲内にあることがわかる。

考えてみよう　●インテリア計画では、ものの寸法とあき寸法の両方がなぜ必要かを考えてみよう。
●五感体験と共に覚えておく寸法実測の大切さを考えてみよう。

「食事をつくる」と「食べる」

【学習のねらい】部屋の主たる機能にほかの機能も組み込むことで、新しい行動場面を発想してみる。

1) 食事をつくる

❶ワーク机組込み案

家族が共有するキッチンの脇にワーク机を置くことを考えてみる。手紙を書いたり、趣味の本を読むこともできる。机の近くに電話回線を引いておけば、椅子に座って電話ができ、パソコンに接続すればインターネットもできる。家族の誰もが使える住宅内の公共的なミニ書斎となる。

❷洗濯機組込み案

キッチンのワーク机の近くに、洗濯機を置くことを考えてみる。日本では、下着は風呂上がりに着替え、前夜の残り湯を使って洗濯する場合もあるので、洗濯機は一般に脱衣場に置かれる。もし、風呂の近くに台所があれば、ワーク机のそばに洗濯機を置くことを考えてみる。ワーク机は、洗濯物整理やアイロン台にも使える。ちなみに、米国のユーティリティ（洗濯室）は、一般にキッチン近くに置かれる。

❸キッチン・スタディ案

小学生ぐらいの子どもは、子ども部屋で勉強するよりも、ダイニングやリビングで勉強したほうがよく伸びるといわれる。そのとき、親がそばにいることが条件となる。親は台所仕事をしながら子どもの勉強をみることになるので、ダイニングテーブルはキッチンの近くに配置し、本棚もあるといいかもしれない。これは、ダイニングキッチン（DK）案の一つである。

■図表1「食事をつくる」行動場面のアイデア事例

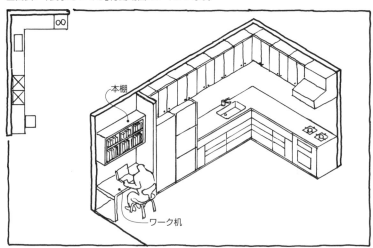

本棚 / ワーク机

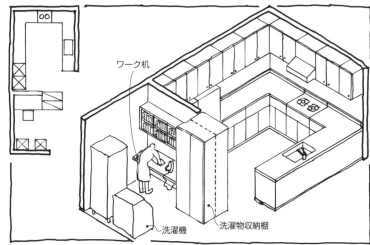

ワーク机 / 洗濯機 / 洗濯物収納棚

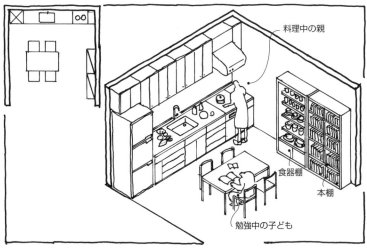

料理中の親 / 食器棚 / 本棚 / 勉強中の子ども

2)食べる

❶ダイニングキッチン案

この案は、「キッチン・スタディ案」とほぼ同じ原理でできている。調理器具とダイニングテーブルが並んで置かれている点がそうである。ここでは、子どもの勉強をみることもできるが、同時に、ちょっとしたホームパーティーを開くこともできる。食卓は、10人程度が座れる長めの「ロングテーブル」になっていて、料理教室を開くこともできる。

❷晩餐室案

住宅には、家族が食事をするスペースは当然必要であるが、そこに大切なお客を招くとなると大変なことになる。前日から掃除をし、花を飾ってお客を迎えることになる。来客の多い家では、いつでも正式な晩餐会が開けるように、「独立した1室」を「ダイニングルーム」としてつくっておく方法もある。晩餐室からはキッチンという楽屋裏が見えないようにしておく。

❸リビングダイニング案

この案の特徴は、「ビッグテーブル」と呼ばれる正方形に近い大きなテーブルが中央にあって、食事する機能と家族で憩う機能が一緒になっている点である。このテーブルがあれば、ソファなどの家具がなくても、ここでご飯を食べ、テレビを見て、おしゃべりをしながらお茶を飲み、子どもの勉強をみることもできる。来客時には客間になり、ホームパーティーを開くこともできる。

行動場面(Behavior Setting):生態学的心理学者ロジャー・バーカーが提唱した考え方。特定の時間・空間において繰り返してある行動が生起する状況のこと。行動とそれを支える空間を一体のユニットしてとらえる点に特徴がある。

■図表2 「食べる」行動場面のアイデア事例

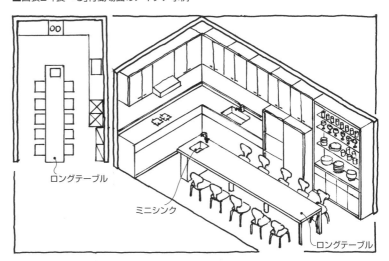

ロングテーブル
ミニシンク
ロングテーブル

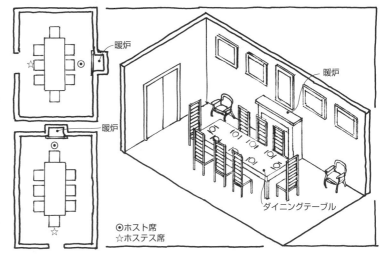

暖炉
暖炉
暖炉
ダイニングテーブル

◉ホスト席
☆ホステス席

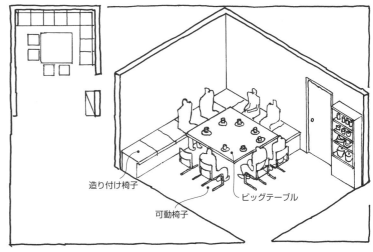

造り付け椅子
可動椅子
ビッグテーブル

考えてみよう
●組み込む機能を考えた後で、「食事をつくる」行動場面の新しい室の名称を考えてみよう。
●組み込む機能を考えた後で、「食べる」行動場面の新しい室の名称を考えてみよう。

「家族で憩う」と「寝る」

【学習のねらい】部屋の主たる機能にほかの機能も組み込むことで、新しい行動場面を発想してみる。

1) 家族で憩う

❶リビングダイニング案

　この案は、前頁の「リビングダイニング」と同じ名称になっているが、ここでは、リビングに必要な「ソファ」と、ダイニングに必要な「食卓」の2種類の家具を置いた構成になっている。欧米のホームパーティーは立食パーティーが主であるが、日本人は座ることを好むので、壁に長めのソファを造り付けにし、可動スツールを用意しておけば、適度な距離の会話帯を数カ所つくれるであろう。

❷ファミリールーム案

　最近では、居間に代わって「家族室（ファミリールーム）」という室名で設計される住宅が増えつつある。少々雑然としているが、子どもの玩具がちらかり、お母さんの読みかけの本があり、お父さんの趣味の収集物が置いてあるアットホームな雰囲気を備えた室である。その室にとって本当に必要な使い勝手を考えた後で、これまでとは違った新たな室名を考え出してもいいであろう。

❸茶の間（和室）案

　家族の集まる室は、フローリングかじゅうたんにして「椅子座」にしたいという希望者もあれば、畳を敷いて「床座」にしたいという希望者もある。椅子座は椅子の数しか座れないが、床座では、少々人数が多くてもローテーブルの周りに集まることができる。冬はやぐらごたつにして、足だけ温めることもできる。夜は、テーブルを片付けて布団を敷けば「寝間＝寝室」にもなる。

■図表1 「家族で憩う」行動場面のアイデア事例

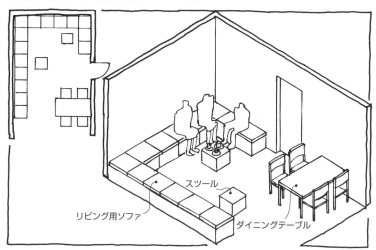

スツール
リビング用ソファ
ダイニングテーブル

会話を楽しむ大人たち
玩具で遊ぶ子どもたち

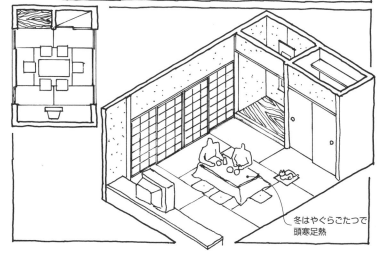

冬はやぐらごたつで
頭寒足熱

2）寝る

❶夜、寝るのみ案

　これは、昼間使うことは一切考えないで「夜、寝るのみ」にした案である。できるだけコンパクトなベッド配置にすれば寝室面積を節約できる。ベッドは、シングル2台よりもダブル1台のほうが寸法的には節約できるであろう。このとき、少々きついが、ベッドとクローゼットの間、およびベッドとベッドの間のあき寸法を最小限600 mmとっておけばいいであろう。

❷書斎机組込み案

　台所の項でワーク机を提案したように、寝室に書斎机を提案してみる。この場合、就寝中のパートナーの目に読書中の光が入らないよう工夫が必要となる。この案は、寝室の一部を本棚で仕切ることで、光が遮断されるようになっている。ベッドで寝ながら、夫婦で一緒にテレビを見ることが好きな場合は、枕元とは反対側にテレビを置く棚などをつくっておく。

❸老いへの発想案

　住宅は、20、30代の若いときに建てる人もいれば、40、50代の熟年になって建てる人もいる。いずれ人間は60、70代へと年をとっていく。そこで、老後どちらかが寝たきりになった場合を想定して、寝る所、食べる所、家族で憩う所が一体になるようにプランを考えておくことも大切である。老後になってバリアフリー工事を行わなくてもいいように最初から考えておくことも大切である。

■図表2　「寝る」行動場面のアイデア事例

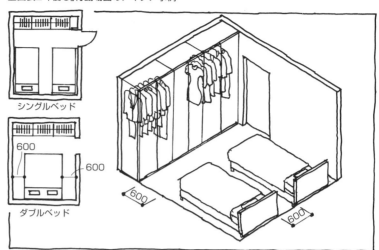

シングルベッド

600　600　600

600

ダブルベッド

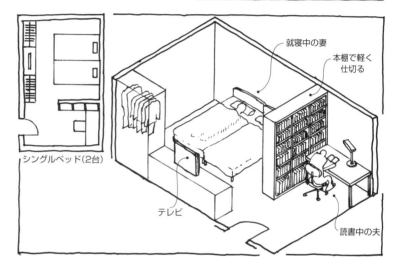

シングルベッド（2台）

就寝中の妻

本棚で軽く仕切る

テレビ

読書中の夫

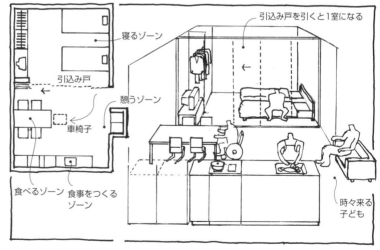

寝るゾーン

引込み戸

憩うゾーン

車椅子

食べるゾーン　食事をつくるゾーン

引込み戸を引くと1室になる

時々来る子ども

考えてみよう
●組み込む機能を考えた後で、「家族で憩う」行動場面の新しい室の名称を考えてみよう。
●組み込む機能を考えた後で、「寝る」行動場面の新しい室の名称を考えてみよう。

「子どもが育つ」と「衛生を保つ」

【学習のねらい】部屋の主たる機能にほかの機能も組み込むことで、新しい行動場面を発想してみる。

1）子どもが育つ

❶兄妹で一緒に勉強案

　子どもの数が多く、また、男の子と女の子がいる場合などは、まず寝るためだけのベッド空間を最小限、間仕切り壁で区切り、確保しておく。就寝部分で節約したスペースを集めて、兄妹みんなで勉強したり遊ぶための共同空間を大きくつくる。壁際に長いカウンター形式の勉強机をつくっておけば、みんなで勉強でき、わからないところは隣で勉強している兄姉に教えてもらうことができる。

❷一人っ子勉強部屋案

　一人っ子に与えられる「寝る所」と「勉強する所」が1室になっている、典型的な「子ども室＝勉強部屋」の案である。扉は、中から施錠できるようにしておくか、両親がいつでも開けられるようにしておくかは、意見の分かれるところである。成長したら1室必要になるので、新築時に個室としてつくっておかなければならない室である。

❸屋根裏部屋探検案

　『ハリーポッターと秘密の部屋』にもあったように、建物内のどこかに秘密の部屋があることは楽しい。地下室や屋根裏でよく見かけるが、この案では、三角形の屋根裏が秘密の部屋になっている。部屋の下階には勉強机があり、梯子(はしご)を上がるとベッドがあり、さらに上がると屋根裏につながっている。ラビリンス（迷宮）のもつ魅力が子どもの未知への冒険心や探究心を養うことへ期待をかけた案である。

■図表1「子どもが育つ」行動場面のアイデア事例

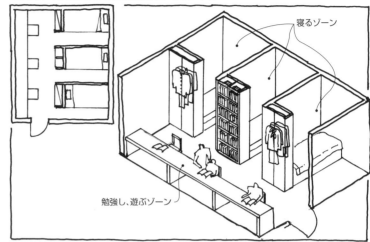

寝るゾーン
勉強し、遊ぶゾーン

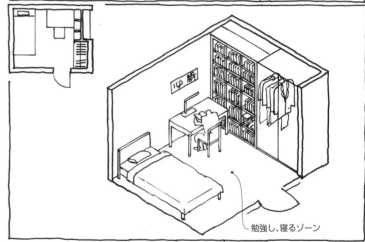

勉強し、寝るゾーン

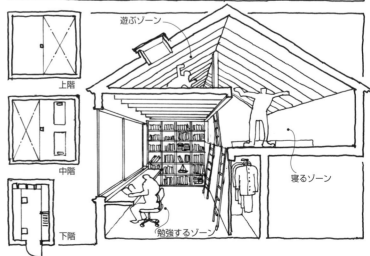

遊ぶゾーン
上階
中階
下階
勉強するゾーン
寝るゾーン

2）衛生を保つ

❶ジャパンスタイル案

用を足す、顔を洗う、体を洗うという機能の間に間仕切り壁を入れて3室にする案である。細かく壁を入れると狭くなるにもかかわらず、日本での人気は根強い。大きな理由は、日本人独特の風呂の入り方にある。日本では、あとから入る人のために湯船の湯をきれいに残すことが礼儀とされ、洗い場での石けん使用となる。そのため、洗い場の水が外部へ溢れ出ないよう室を区切る必要があるからである。

❷西欧スタイル案

ホテルや欧米住宅でよく見かけるバスルーム形式では、便器・洗面台・バスタブが一室に納まっている。このスタイルのメリットとして、室内の視覚的な広さを挙げることができる。この欧米的なバスルームの視覚的な広がりを確保しながら、日本の洗い場での石けん使用も満足したい場合は、洗い場と洗面・トイレとの間に透明なガラス扉を入れることで、水や湯気の流出を防ぐことができる。

❸ちょっと温泉気分案

風呂の外部に坪庭をつくることで、お湯に浸かりながら温泉気分を楽しむことができる。日本では、都会を離れて温泉でくつろぐことは贅沢の一つとされているが、簡単には出掛けられない。そこで、わが家の中に温泉気分の味わえる風呂をつくっておけば、身体的な健康維持のほか精神的なストレスも解消できる。外部からの視覚遮蔽（しゃへい）が必要な場合は、坪庭の周囲を生垣や塀で囲うこと。

■図表2「衛生を保つ」行動場面のアイデア事例

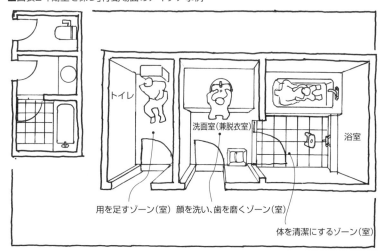

トイレ　洗面室（兼脱衣室）　浴室

用を足すゾーン（室）　顔を洗い、歯を磨くゾーン（室）

体を清潔にするゾーン（室）

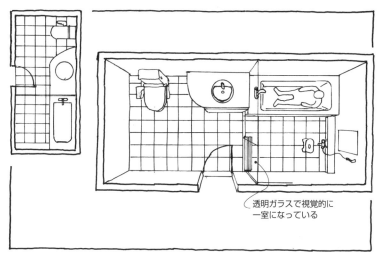

透明ガラスで視覚的に一室になっている

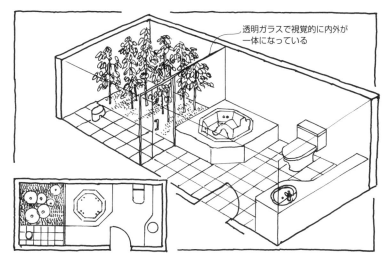

透明ガラスで視覚的に内外が一体になっている

考えてみよう	●組み込む機能を考えた後で、「子どもが育つ」行動場面の新しい室の名称を考えてみよう。 ●組み込む機能を考えた後で、「衛生を保つ」行動場面の新しい室の名称を考えてみよう。

「植物が育つ」と「移動する」

【学習のねらい】部屋の主たる機能にほかの機能も組み込むことで、新しい行動場面を発想してみる。

1）植物が育つ

❶坪庭案

インテリアデザインというと、室内や家具をいじるだけで終わりということもあるが、ここでは、室内から見える外の風景も積極的にデザインすることを考えてみる。たとえば、京都の坪庭では、塀で見せたくないものをまず隠しておいて、室内から庭が美しく見えるようにデザインされる。また、その塀によって四角く切り取られた空も美しくデザインされることになる。

❷グリーンルーム案

前案をベースに、別案作成を試みる。坪庭の上をそっくりガラス屋根で覆い、温室状のグリーンルームにする案である。リビングルームとウッドデッキの間は、ガラス戸で仕切ってもいいし、そのまま連続させることも可能である。冬、花の咲く植物や観葉植物を育てながら室内でガーデニングを楽しむことができる。明るいガラス屋根の下で植物に囲まれながら、午後の紅茶を楽しむこともできる。

❸巨大グリーンルーム案

これは、農業用温室からヒントを得た、住まい用の建物と庭全体を巨大なガラス屋根とガラス壁で覆い「大きなガラス箱」にしてしまう案である。2階分の高さがあるので、果実のなる高木を植えたり、露地植え菜園も可能である。また、庭の一部にせせらぎやビオトープの池をつくることもできる。テラスをつくり、椅子やテーブルを置けば、緑に囲まれたサンテラスとしても使用できる。

■図表1「植物が育つ」行動場面のアイデア事例

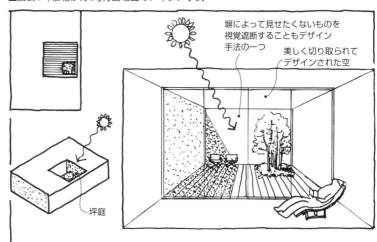

塀によって見せたくないものを視覚遮断することもデザイン手法の一つ

美しく切り取られてデザインされた空

坪庭

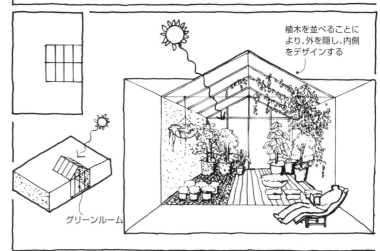

植木を並べることにより、外を隠し、内側をデザインする

グリーンルーム

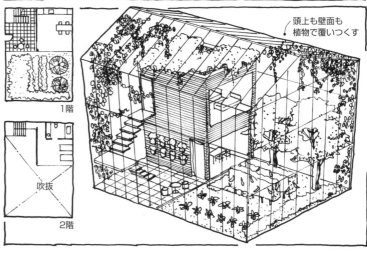

頭上も壁面も植物で覆いつくす

1階

吹抜

2階

2）移動する

❶階段室→居室内階段案

　階段室という呼び名は、階段が「一つの室」になっていることを表している。小規模な住宅では、室にすると面積的にもったいないことになる。そこで、階段を居間などの中に取り込み、室内から階段が見える形で設置しようというのが居室内階段である。階段の周囲を吹抜けにすれば、狭い住居内に広がりを与えることができる。ただし、エアコンの効率に対しては考慮が必要である。

❷廊下→居室内通路案

　廊下も、内壁で囲まれた「一つの室」と考えていいが、小規模な住宅では面積的にもったいないことになる。そこで、同じ動線の役割を果たしてくれる通路で考えてみる。通路の例は、百貨店の売り場内の什器の間につくられた客動線の中にみることができる。この方法を用いれば、居間の家具の間を縫って通路をつくることが可能となり、廊下分の面積を広く使える。

❸玄関階段→スロープ案

　住宅内部のバリアフリーやユニバーサルデザインに対するアイデアは多く出されているが、玄関と道路の間に対してはあまり出されていない。木造住宅は、建築基準法で450 mm以上床を上げる必要があるので、スロープではかなり長い水平距離が必要になる。リニューアルでは、あとから取って付けたようなデザインになるので、将来を予測して新築時から考えておくことも大切であろう。

■図表2「移動する」行動場面のアイデア事例

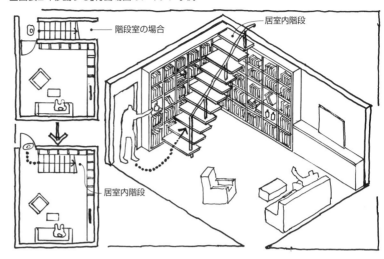

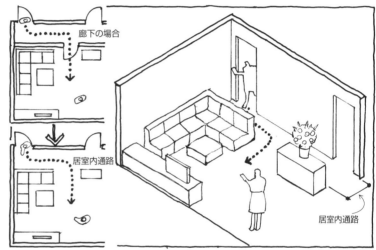

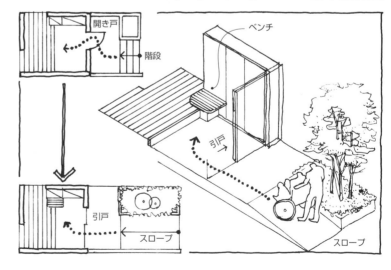

考えてみよう	●組み込む機能を考えた後で、「植物の育つ」行動場面の新しい室の名称を考えてみよう。 ●組み込む機能を考えた後で、「移動する」行動場面の新しい室の名称を考えてみよう。

153

矩計図の描き方事例

【学習のねらい】 矩計図は、建物全体を描く断面図と違い、外壁部分に注目して描かれる。GLから屋根までの高さ寸法と材料名がわかる図面であることを理解する。

1）考え方

　　矩計図は、難しい図面の一つとされている。なぜ難しいのか、二つの理由を挙げておこう。一つは、描く順序を理解していないからである。1.～4.のように、大工さんが建設していく順序とほぼ同じものと理解しておくとよい。

1. 基礎と土台をつくる。
2. 柱を建て屋根を葺く。
3. サッシを建て込み、外壁を張る。
4. 天井、内壁、床の仕上げをする。

　　もう一つは、材料名と厚みがわからないからである。これを知る方法の一つを下に挙げておく。

・雑誌で「感性に合う建築」を見付ける。
・実際にその建築を訪ね、見て、触り、匂いをかぐ。
・もう一度雑誌を調べ、材料名と厚みを確認し、覚える。

　　急ぐことはないので、雑誌を見ながら、あるいは街を歩きながら時間をかけて感性に合う建築を探してみよう。

2）高さを決める

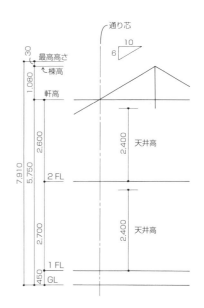

＊GL（Ground Line＝地盤面）

3）壁の厚みを決める

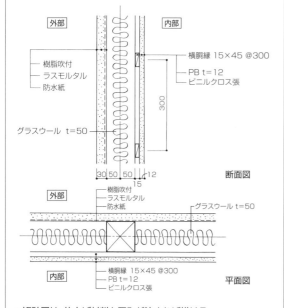

＊矩計図は、仕上げ材料と厚みが決まれば描ける。

4）1階床の厚みを決める

① 　GLから1FLまでの高さを決める。

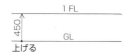

② 　1FLから床の厚み分下げる。

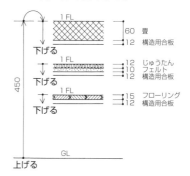

＊矢印の順序で描いていく。まず、GLから床までの高さを上げて描く。次に床から、床の厚み分だけ下げて描く。
＊FL（Floor Line＝床仕上げ面）

5) 1階根太を決める

① 根太を流す方向を決める（どの方向でもよい）。

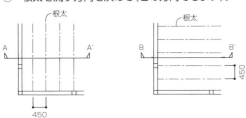

② 切断する方向によって根太の見え方が違う。

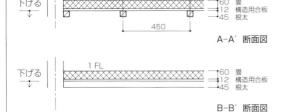

＊根太の間隔は、450ピッチ。

6) 大引と土台を決める

① 大引きを根太に対し直角に入れる。

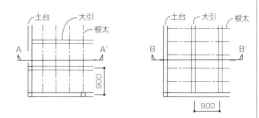

② 切断する方向によって大引きの見え方が違う。

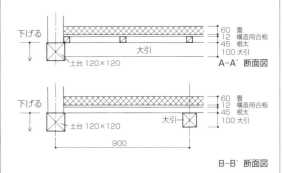

＊大引の間隔は、900ピッチ。

7) 布基礎の位置を決める

① 平面を決める。

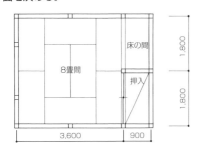

② 布基礎の位置を決める。

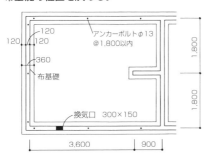

＊布基礎は、室のまわりを囲むように入れる。

8) 独立基礎を決める

大引きの下に900ピッチで入れる。

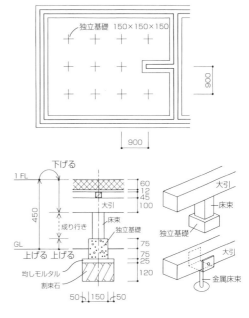

＊「成り行き」とは、結果として決まった寸法で記入しなくても
よい。

9)布基礎の断面を決める

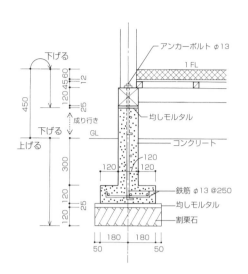

アンカーボルト φ13
1 FL
下げる
450
120 45 60
12
25
均しモルタル
成り行き
下げる
GL
上げる
コンクリート
300
120
120
120
25
鉄筋 φ13 @250
均しモルタル
割栗石
180 180
50 50

＊矢印の順序で描いていく。「成り行き」の寸法は記入しない。

10)2階床の厚みを決める

① 1 FLから2 FLまでの高さを上げる。

2 FL
2.700
上げる
1 FL

② 2 FLから床の厚み分下げる。

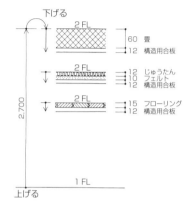

下げる
2 FL
60 畳
12 構造用合板

2 FL
12 じゅうたん
10 フェルト
12 構造用合板

2.700

2 FL
15 フローリング
12 構造用合板

1 FL
上げる

＊矢印の順序で描いていく。基本は1階床と同じ。

11)2階根太と梁を決める

① 根太を流す方向を決める(どの方向でもよい)。

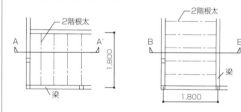

2階根太
A A′
1,800
梁

2階根太
B B′
梁
1,800

② 切断する位置によって根太の見え方が違う。

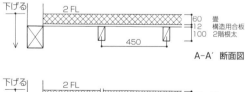

下げる
2 FL
60 畳
12 構造用合板
100 2階根太
450
A-A′断面図

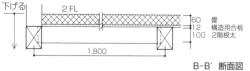

下げる
2 FL
60 畳
12 構造用合板
100 2階根太
1,800
B-B′断面図

＊根太を渡す梁と梁の間隔は1,800(尺貫法で約1間)を基本とする。

12)2階根太と梁の頭はそろえる

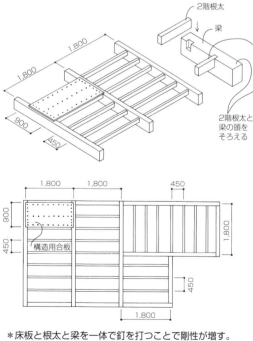

2階根太
梁
1,800
1,800
2階根太と梁の頭をそろえる
900
450

1,800 1,800 450
900
450
構造用合板
1,800
450
1,800

＊床板と根太と梁を一体で釘を打つことで剛性が増す。

13) 梁の高さの決め方
（2階建ての場合の概略計算法）

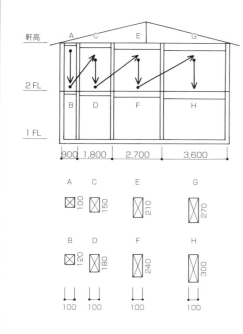

＊ABC…の方向へ30 mm（約1寸）ずつ足していき、高さを決める。

14) 屋根の勾配を決める

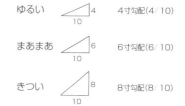

ゆるい 4 / 10　4寸勾配(4/10)

まあまあ 6 / 10　6寸勾配(6/10)

きつい 8 / 10　8寸勾配(8/10)

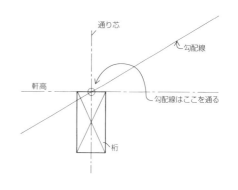

＊勾配線は軒高と通り芯の交点を通る。
＊軒高とは、GLから軒桁の頭までの高さをいう。

15) 小屋束を立て、母屋と棟木を置く

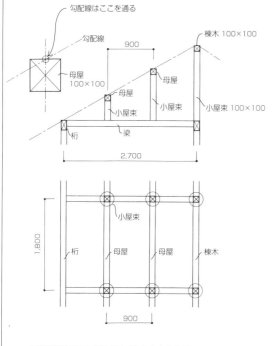

＊勾配線は母屋の頭と通り芯の交点を通る。

16) 屋根は勾配線の上方に描いていく

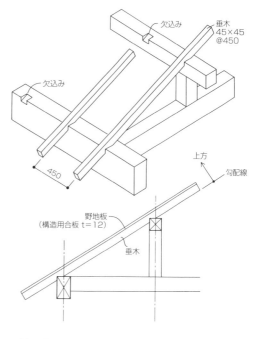

＊垂木の上には必ず野地板（構造用合板）が載る。

17) 屋根の仕上げを決める

① 日本瓦葺き

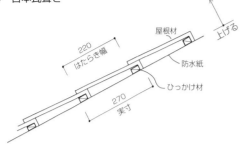

② 彩色スレート瓦葺き

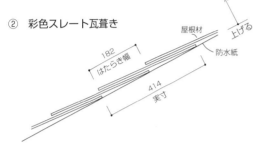

＊野地板の上に防水紙を張り、屋根材の厚み分、上げていく。
＊はたらき幅とは、重なって見えない部分を除いた、見える部分をいう。

18) 軒先を決める

① 日本瓦葺き

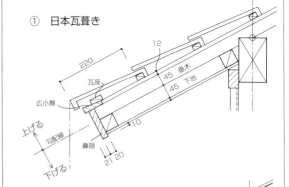

② 彩色スレート瓦葺き

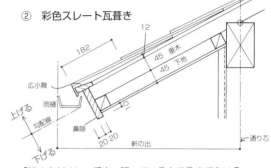

＊「軒の出」とは、一番出っ張っているところまでをいう。雨樋も建築物の一部なので含まれる。

19) 棟を決める

① 日本瓦葺き

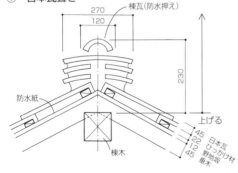

② 採色スレート瓦葺き

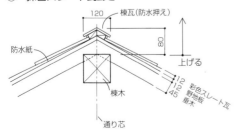

＊屋根工事は軒先から始めて瓦などを重ねていき、トップの棟で防水押えをする。

20) アルミサッシの省略法

① メーカーのサッシ　　② 省略化したサッシ

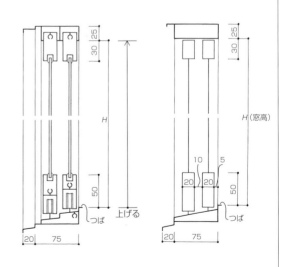

＊サッシはメーカーにより仕様が異なるので、図面では省略図を用いてもよい。

21）1階窓のアルミサッシを建て込む

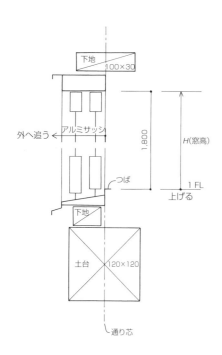

下地 100×30
外へ追う アルミサッシ
1,800
つば
H（窓高）
1 FL
上げる
下地
土台 120×120
通り芯

＊「つば」の位置が床仕上げレベルの位置となる。

22）1階窓の木枠を取り付ける

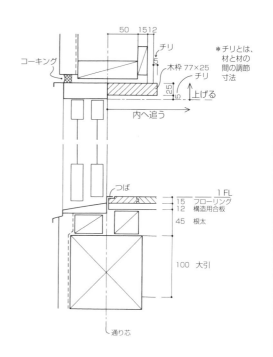

50　1512
コーキング
チリ
5
＊チリとは、材と材の間の調節寸法
木枠 77×25
チリ
25
上げる
内へ追う
つば
1 FL
15　フローリング
12　構造用合板
45　根太
100　大引
通り芯

＊木枠は、アルミサッシと内壁をつなぐ役目を果たす。

23）2階窓のアルミサッシを取り付ける

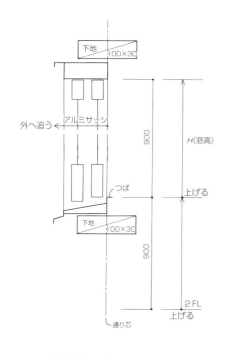

下地 100×30
外へ追う アルミサッシ
900
H（窓高）
つば
上げる
下地 100×30
900
2 FL
上げる
通り芯

＊「つば」の位置が窓台の位置となる。

24）2階窓の木枠を取り付ける

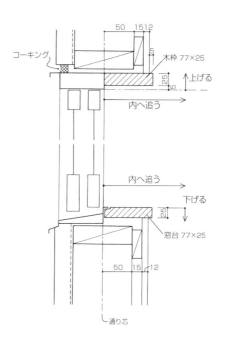

50　1512
コーキング
5
木枠 77×25
25
上げる
内へ追う
内へ追う
下げる
25
窓台 77×25
50　15　12
通り芯

＊木枠は、アルミサッシと内壁をつなぐ役目を果たす。

25) 1階天井を決める(和風の場合)

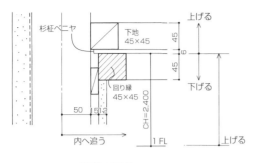

杉柾ベニヤ
下地 45×45
上げる
下げる
回り縁 45×45
内へ追う
1 FL
上げる
CH=2,400

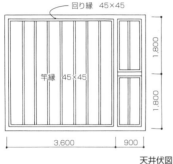

回り縁 45×45
竿縁 45×45
1,800
1,800
3,600 | 900
天井伏図

＊天井高は床面より上げる。CH(Ceiling Height＝天井高)

26) 1階天井を決める(化粧根太の場合)

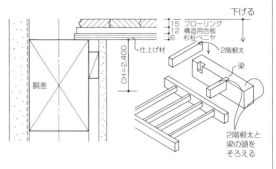

下げる
フローリング
構造用合板
杉柾ベニヤ
2階根太
仕上げ材
CH=2,400
梁
胴差
2階根太と梁の頭をそろえる

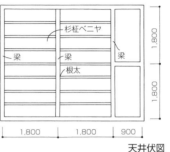

杉柾ベニヤ
梁 | 梁 | 梁
根太
1,800
1,800
1,800 | 1,800 | 900
天井伏図

＊2階床の構造用合板の下に仕上げ材を敷いておく。

27) 2階天井を決める(洋風の場合)

① 回り縁を水平に使う。

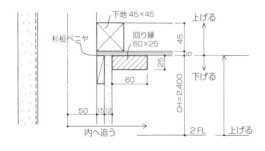

下地 45×45
上げる
杉柾ベニヤ
回り縁 60×25
45
25
60
下げる
内へ追う
CH=2,400
2 FL
上げる

② 回り縁を縦に使う。

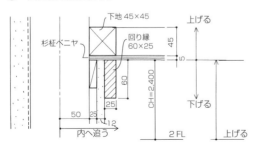

下地 45×45
上げる
杉柾ベニヤ
回り縁 60×25
45
60
25
CH=2,400
下げる
内へ追う
2 FL
上げる

＊回り縁の寸法は同じでも使い方で雰囲気は変わる。

28) 2階天井を決める(勾配天井の場合)

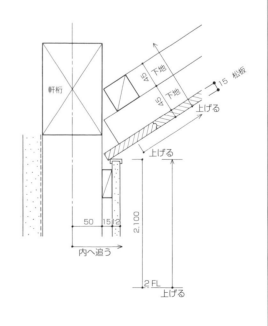

軒桁
下地 45
下地 45
15 松板
上げる
上げる
内へ追う
2,100
2 FL
上げる

＊床から勾配の一番低い所を決め、そこから勾配を上げる。

29）矩計図のでき上がり

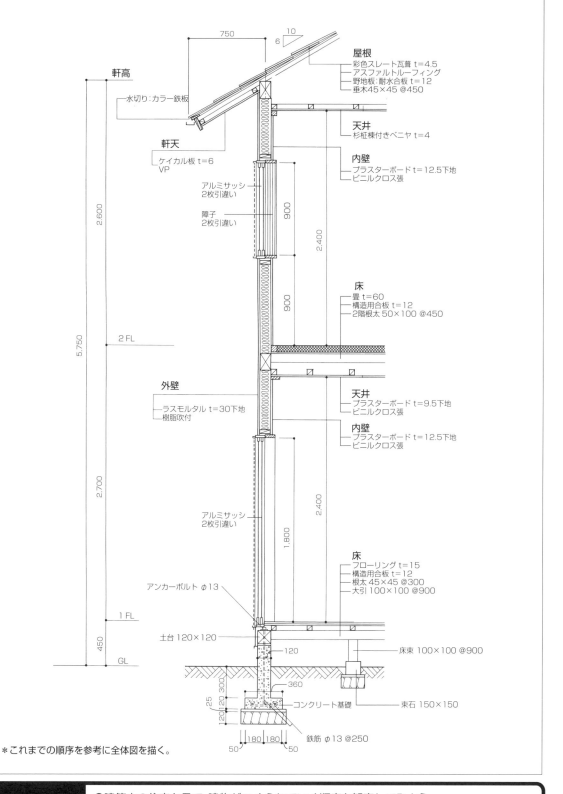

屋根
－彩色スレート瓦葺 t=4.5
－アスファルトルーフィング
－野地板：耐水合板 t=12
－垂木45×45 @450

天井
－杉柾棟付きベニヤ t=4

内壁
－プラスターボード t=12.5下地
－ビニルクロス張

床
－畳 t=60
－構造用合板 t=12
－2階根太 50×100 @450

天井
－プラスターボード t=9.5下地
－ビニルクロス張

内壁
－プラスターボード t=12.5下地
－ビニルクロス張

床
－フローリング t=15
－構造用合板 t=12
－根太 45×45 @300
－大引 100×100 @900

床束 100×100 @900

束石 150×150

コンクリート基礎

鉄筋 φ13 @250

軒高

水切り：カラー鉄板

軒天
－ケイカル板 t=6
　VP

アルミサッシ
2枚引違い

障子
2枚引違い

外壁
－ラスモルタル t=30下地
－樹脂吹付

アルミサッシ
2枚引違い

アンカーボルト φ13

土台 120×120

2 FL

1 FL

GL

750　　10
6

2.600　5.750　2.700　450

900　2.400　900　2.400　1,800

120　360　180　180　50　50　25 20 300 120

*これまでの順序を参考に全体図を描く。

考えてみよう　●建築中の住宅を見て、建物がつくられていく順序を観察してみよう。
●矩計図の中に表記された材料を実物で確認してみよう。

■ 学生作品（学内での実測訓練）。ハガキ大のカード9枚に記録

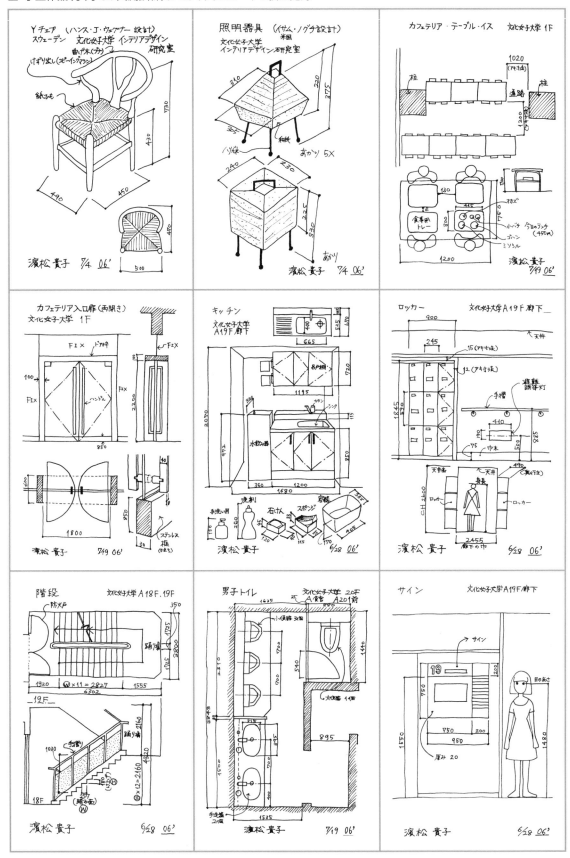

インテリア産業の歴史とその課題

小原二郎

インテリアとデザインという言葉

今、インテリアという言葉を聞いて意味のわからない人はいないであろうが、この言葉が官庁用語として採用されたのは昭和45年のことであった。現在インテリア産業と呼ぶ分野に含まれている家具・テキスタイル・照明器具・壁紙などの業種は、昭和60年ごろまでは相互に関連をもつことなく生産され、産業界の中では陽の当たらない底辺に近いところに置かれていた。通産省(現・経済産業省、以下同じ)の産業分類では雑貨の中の一つとして取り扱われていた。だからそれを取り扱う人たちの社会的地位もまた低かったのである。

昭和40年代の中ごろから、住宅産業が国の重要政策として取り上げられた。それに関連して室内装備の分野にも、改良と生産の合理化が要求されるようになった。そこで通産省はこれらの業種をひとまとめにして、魅力的な名称を付け、活性化させようと考えた。だが、適当な名前が見付からないまま時が過ぎた。

そのころたまたま文部省(現・文部科学省)では、工業高校で家具の製作を教えていた木材工芸科が、戦後になって志望者が減り、生徒不足の学校が多くなったので、その対策に頭を悩ませていた。昭和45年になって科名をインテリア科に改名したところ、志願者が増えて女子生徒まで入学するようになった。

それにヒントを得た通産省は、雑貨課の商品群の中から13業種を抽出し、そのグループにインテリア産業の名称を付け、新しく始まった住宅産業に連繋させて、活性化を図る案を立てた。これがインテリア産業の始まりになったのである。ちなみにデザインという言葉が官庁用語に採用されたのは昭和30年代の後半であった。戦前はそれを図案と呼んでいたし、戦後は意匠と名付けていた。その後はデザインという言葉が広く使われるようになった。現在では、IT産業の普及もあって、片仮名の名称が溢れているが、昭和45年ごろまでは、片仮名の名称は官庁用語としては避ける方針が取られていたのであった。

昭和48年に通産省は、インテリア産業を振興させることを重要政策の一つとして取り上げた。そのため委員会を設けて指導応援し、昭和58年になってインテリアコーディネーターを誕生させる段階にまで発展させたのであった。通産省に設置された委員会は、まず外国の事情を調査することから作業を始めた。その結果、アメリカにはシカゴのマーチャンダイズマートやロサンゼルスのデザインセンターをはじめとして、各地に大規模な市場があって、華やかな産業として活動していること、さらにまた公認の資格をもつ技術者がいて、それぞれの分野で活躍していることなどがわかってきた。

そこで委員会は、従来のようなばらばらの業種指導の考え方を改める必要があると提案した。そして「住空間はトータルのシステムを持ってこそ、使いやすくて品質の高いインテリアを創り出すことができる。そのシステムを駆使できる技術者を養成することが急務である」という趣旨の報告書を提出したのである。

専門技術者の誕生

以上に述べたことは、今では至極当たり前のことであるが、当時はトータルインテリアという言葉は耳新しかったので流行語になった。そこで通産省は毎年多額の補助金を出して、東京と大阪で交互にトータルインテリアショーを開催してその普及を図った。この催しは数年続いて好評であったが、最後の年にはハウスメーカーと、インテリア部品のメーカーとがペアになって作品の優劣を競い合い、優秀作に賞を出すなどの奨励策が取られた。これによってインテリアは大衆の間に急速に浸透していった。

委員会は、それに続いてインテリアマートの設置を提案した。それはアメリカのインテリアマートを手本にしたものであったが、デパートの家具売り場が、真っ先にアメリカスタイルに変身して衆目を集めた。委員会は、日本の場合はそれを都市型と郊外型と地方型に分け、地域の実情に合わせて設けるのが望ましいという注意を付け加えた。この提案は2年ほどの間に全国に行きわたるほどの影響を与えて成功した。

この段階に至るまでに、委員会は10年の歳月を必要とした。私はその委員長を務めたが、協力していただいた委員の数は200人を超えた。その多くの方々の努力によってインテリア産業の基盤はようやく築かれたのであった。そこで通産省は昭和58年に通産大臣認定のインテリアコーディネーター制度を発足させた。

これによってインテリアの分野に、初めて公認の資格をもつ技術者が誕生したのであった。コーディネーターは女性の志望する職業のベストテンの一つに数えられ、受験者は男女合わせて1万7千人に達した時も

あり、業界に迎え入れられて活動を始めた。

　ところがここで問題になったことがある。それは建築士との関係であった。コーディネーターは新しく始まった住宅産業の、住宅部品の流通のために生まれた専門職であった。だから設計や施工の技術はもっていない。一方、インテリアといえば住宅の中だけに限らない。公共建築や商業建築の中には、もっと大きくて重要なインテリアの空間がある。それは本来建設省（現・国土交通省、以下同じ）の所管に含まれるべきものであるが、それまで建設省はインテリアという視点から建物をとらえていなかった。

　そこでこの空隙を埋めるための人材を養成する必要があるという意見が出てきた。さまざまな対策が検討された結果、設計と施工を担当する技術者としてインテリアプランナーの制度が設けられることになった。建設省はそのための委員会を設置した。それによって昭和62年にインテリアプランナー制度が創設された。そしてプランナーには一級建築士並みの資格が与えられた。このようにしてインテリア分野の技術者は次第に多くなり、インテリア業務にかかわる人たちの社会的地位もまた向上していくことになったのである。

　ところでしばしば、コーディネーターとプランナーはどう違うのか、という質問を受けることがある。答えは前述したように、コーディネーターは住宅部品の流通の専門家であり、プランナーは設計と施工の専門家として認められた資格である。両者は入門時の専門は違うが、実績を積むうちに次第に同じ技術者に育っていくと考えればよいであろう。

　コーディネーターもプランナーも、当初は大臣認定の資格としてスタートしたが、その後に制度の変更があって、現在は協会認定の資格になっている。しかし創設以来の歴史と実績をもっているから、実質的には変化はないと考えてよいであろう。

　なおインテリアに関係する技術者の資格としては、上記のほかにもキッチンスペシャリストやマンションリフォームマネジャー、フリーランスのインテリアデザイナー、さらに資格はもたないが立派な業績を積んだ人たちなどさまざまな専門家がいるので、現在のところインテリアの分野にかかわる技術者の数は、数万人を超えているとみてよいであろう。

　こうした情勢の変化に応じて、さまざまな教育機関が設けられるようになった。インテリア教育を担当する人たちも増えたので、その研鑽を目的にして平成元年に日本インテリア学会が創設された。従来からインテリア分野では、基礎研究が不足していると指摘されてきたので、学会の設置によって若い研究者が育っていくことが強く望まれている。

インテリア学を担う人々

　昭和51年から55年にかけて、住宅に関連した国の大プロジェクト「ハウス55計画」が実施された。それが終了したあとに産業構造審議会が設置されて、企画の総括が行われた。その答申書の中に下記のような趣旨の記述がある。「この計画の狙いは、音楽にたとえてわかりやすく説明すれば、名器を作ってばら撒けば、誰でも名曲が弾けるという発想で始まっている。だがその狙いには錯覚があった。名曲を弾くにはどうすればよいかというソフトの研究が欠けていたからである。それなくして名器をばら撒いても、雑音が出るばかりで名曲は弾けない」というのが反省の記述のポイントの一つであった。

　考えてみると、住まいのソフト面の快適さを、具体的に解決しようというのがインテリア計画の目的であり、それを実現させる部品の生産組織がインテリア産業だ、といってよいであろう。そのように考えてくると、インテリア計画の研究は建築学の一端を担う重要な役割を背負っているといってよい。

　日本の建築学会は、創立120年余の歴史の上に立って、いまや世界のトップレベルに位置していることは広く認められているところである。建築学の研究はその長い歴史の期間の中で、高さ方向については超高層にまで、平面方向については都市計画にまで拡張された。しかしそれを構成する個々の住空間を、人間を中心に置いてインテリアという視点から見る研究は、まだ満足できるレベルにまで進んでいるとはいい難い。

　インテリア学は今ようやく芽を出して伸び始めたところである。住宅産業がたどってきた道を10年遅れて追いかけてきたのがインテリア産業の実態であった。今、この段階で来し方を振り返ると、運よく順調に発展してきた業界だといってよかろう。われわれはさらにその成果を向上させなくてはならない。それにはインテリア学の確立が必要である。若い研究者に大きな期待をかけたいと思う。

（こはら　じろう　千葉大学名誉教授）

＊初版当時の内容による

図版出典リスト・参考文献

I章　基礎知識

1. インテリアとその歴史—①　日本の室内意匠の歴史

図表1、6、18　太田博太郎『新訂　図説日本住宅史』彰国社、1971

図表2　住宅史研究会編『日本住宅史図集』理工図書、1970

図表3　白木小三郎『住まいの歴史』創元社、1978

図表4、15　日本建築学会編『日本建築史図集　新訂第二版』彰図社、2007

図表5　藤井恵介・玉井哲雄『建築の歴史』中央公論社、1995（群馬県・茶臼山古墳出土。家形埴輪による復元）

図表7、11　平井聖『図説日本住宅の歴史』学芸出版社、1980

図表9、16、23　小原二郎・加藤力・安藤正雄編『インテリアの計画と設計　第二版』彰国社、2000

図表10　正倉院宝物

図表12〜14、17　日本建築学会編『日本建築史図集　新訂版』彰国社、1980

図表20　川崎市立日本民家園資料

図表21、22　国立国会図書館蔵

図表24〜27　小泉和子『家具と室内意匠の文化史』法政大学出版局、1979

図表28『建築世界』明治42年9月号

図表29　国民新聞社『理想の家庭』大正4年

図表30　藤井厚二『日本の住宅』1928

図表31『建築写真類聚』洪洋社（日本建築協会出品第1号住宅）

図表32『建築写真類聚』洪洋社（朽木義男邸）

図表36、37　彰国社写真部

図表38　『建築と社会』1935年9月号（吉田五十八研究室）

図表39　東京都市大学図書館蔵（池田三四郎、型而工房　竹製応接セットA）

図表40　彰国社写真部

1. インテリアとその歴史—②　西欧の室内意匠の歴史

図表1、8、11、12、17、18、20　中林幸夫『図でみる洋家具の歴史と様式』理工学社、1999

図表2、10、19　嶋佐知子『洋家具とインテリアの様式』婦女界出版社、1987

図表4、5　『建築用語辞典』

図表6　提供／佐藤達生

図表9　（上）小原二郎・加藤力・安藤正雄編『インテリアの計画と設計　第二版』彰国社、2000
（下）嶋佐知子『洋家具とインテリアの様式』婦女界出版社、1987

図表14　『図解百科　様式の要素』同朋舎出版

図表15、22　田島恭子『写真でたどるヨーロッパ建築インテリア大辞典』柏書房、2007

図表16、32　日本建築学会編『西洋建築史図集　三訂版』彰国社、1983

図表27、28　光藤俊夫『椅子劇場』彰国社、1992

図表22　田島恭子『写真でたどるヨーロッパ建築インテリア大辞典』柏書房、2007

図表25　日本建築学会編『近代建築史図集　新訂版』彰国社、1976

図表26　豊田市美術館蔵

図表29　シュレーダー邸蔵

図表33　Werner Blaser"Mies van der Rohe" Birkhäuser
若宮信晴『西洋装飾文様の歴史』文化出版局、1980

2. インテリアと住生活—①　ライフサイクルとその変化

図表1　国立社会保障・人口問題研究所「日本の世帯数の将来推計（全国推計）」2018年推計より作成

図表2　国勢調査（2020年）時系列データより作成

図表3　井上輝子、江原由美子編『女性のデータブック　第4版』有斐閣、2005

図表4　岸本幸臣『図説テキスト　住居学　第二版』彰国社、2001より作成

図表5　内閣府『令和3年度高齢社会白書（全体版）』（高齢化の国際的動向）より作成

図表6　国立社会保障・人口問題研究所　人口ピラミッドのデータより作成

図表7　厚生労働省「人口動態統計」、国立社会保障・人口問題研究所「日本の将来推計人口（平成29年推計）」データより作成

図表8　厚生労働省「人口動態統計」より作成

2. インテリアと住生活—②　ライフスタイルとその変化

図表1　岸本幸臣『図説テキスト　住居学　第二版』彰国社、2001

図表2〜4　総務省統計局「社会生活基本調査　令和3年」より作成

図表5　内閣府男女共同参画局「男女共同参画白書　平成26年版」より作成

図表6　内閣府『令和4年版高齢社会白書（全体版）』（労働力人口の推移）より作成

図表7　内閣府男女共同参画局「平成19年版男女共同参画白書」より作成

図表8、10、11　内閣府男女共同参画局「男女共同参画白書　令和5年版」より作成

図表9　内閣府男女共同参画局「男女共同参画白書　令和2年版」より

図表10　「2022年度　新しいライフスタイル、新しい働き方を踏まえた男女共同参画推進に関する調査（2022年度内閣府委託調査）」より作成

図表11　OECD 'Balancing paid work, unpaid work and lesure（2021）' より作成

2. インテリアと住生活—③　生活環境の変化

図表1　住環境研究所「20〜40代世帯　間取り実態調査」より

図表2　内閣府経済社会総合研究所　景気統計　消費動向調査

図表3、4　総務省統計局「全国消費実態調査」より作成

図表5　総務省「通信利用動向調査」データより作成

図表6、8　消費者庁「消費者意識基本調査」（2020年度）により作成

図表7　総務省「情報通信白書令和5年版」より作成

図表9　厚生労働省「経済社会の変化、デジタル化による働き方の変化、コロナ禍等による労働者の意識変化等について」より

3. インテリアと人間—①　人間の視覚

図表2　小木曽定彰『新訂建築学大系8　音・光・熱・空気・色』彰国社、1969

図表5　H. Dreyfuss：The Measure of Man Human, Factors Design, Whitney Library of Design（1959）、
人間–環境系編集委員会編『人間–環境系　下巻』人間と技術社、1973
日本建築学会編『建築設計資料集成　人間』丸善、2003

図表6　小原二郎・加藤力・安藤正雄編『インテリアの計画と設計　第二版』彰国社、2000

図表7　日本建築学会編『建築設計資料集成 1　環境』丸善、1978

図表8　日本建築学会編『建築設計資料集成　人間』丸善、2003

図表10　松田隆夫『視知覚』培風館、1995

日本建築学会編『建築設計資料集成　人間』丸善、2003

日本建築学会編『人間環境学-よりよい環境デザインへ』朝倉書店、1998

文部科学省『高等学校用　インテリア計画』実教出版、2003

3. インテリアと人間―② 人間の聴覚・嗅覚・皮膚感覚

図表2 東京都立大学身体適正学研究室編『日本人の体力標準値』不味堂出版、1975

図表3 和田陽平、大山正、今井省吾『感覚・知覚心理学ハンドブック』誠信書房、1969

図表4 小原二郎・加藤力・安藤正雄編『インテリアの計画と設計 第二版』彰国社、2000

図表5 岡島達雄ほか『建築仕上げ材料の感覚的評価に関する研究(その1)(その2)(その3)』日本建築学会論文報告集、第245号、246号、261号(1976.7、1976.8、1977.11)

日本建築学会編『人間環境学-よりよい環境デザインへ』朝倉書店、1998

文部科学省『高等学校用 インテリア計画』実教出版、2003

3. インテリアと人間―③ 人間の形態

図表1 岡田光正『空間デザインの原点』理工学社、1993

図表2、6、8 小原二郎・加藤力・安藤正雄『インテリアの計画と設計 第二版』彰国社、2000

図表3 (社)人間生活工学研究センター『日本人の人体計測データ1992～1994』より作成

図表4 文部省大臣官房調査課『学校保健統計調査報告書 昭和51年度』大蔵省印刷局、1977

図表5 小原二郎『人間工学からの発想』講談社、1982

図表7 小原二郎・内田祥哉・宇野英隆編『建築・室内・人間工学』鹿島出版会、1969

3. インテリアと人間―④ 人間の動作

図表1 日本建築学会編『建築設計資料集成3 単位空間Ⅰ』丸善、1980

図表2、3、8、10、11 インテリア大事典編集委員会『インテリア大事典』壁装材料協会、1988

図表4～7 小原二郎・内田祥哉・宇野英隆編『建築・室内・人間工学』鹿島出版会、1969
　　　　千葉大学小原研究室資料より作成

図表9、13 小原二郎『人間工学からの発想』講談社、1982

図表12 若井、大内「日本大学工学部環境造形研究室資料」日本建築学会編『建築人間工学事典』彰国社、1999

3. インテリアと人間―⑤ 人間の行動

図表2 上段：A. Hotta, T. takahashi, K. takahashi, and K. Kogi : Relation Between Derection-of-Motion Stereotypes for Indicator Controls, J. Human Ergol., 12(1983)
　　　下段：大阪府立公衆衛生研究所、石橋富和資料、1973

図表3 高橋鷹志、西出和彦ほか「空間における人間集合の研究 その4 Personal Spaceと壁がそれに与える影響」日本建築学会大会学術講演梗概、1981

図表4 日本建築学会編『建築設計資料集成 人間』丸善、2003

図表5 Osmond, H. : Function as the basis of psychiatric ward design, Mental Hospitals(1957)

図表6 進士五十八「公園設計に関する基礎的研究 第Ⅰ報」(『造園雑誌』Vol.33、No.3)

図表7 松本哲夫ほか「通勤用7人掛座席の有効利用の提案」旅客車サービス設備近代化の研究報告書(2)、日本鉄道技術協会、1975

図表8 Cook, M. : Experiments on orientation and proxemics, Human Relations, 23(1970)

図表9 高橋鷹志ほか「住居における行動場面に関する研究―人の居方から住居の公的空間を考察する」住宅総合研究財団研究年報 No18、1992

図表10 橋本都子、西出和彦ほか「指示代名詞の使い分けによる3次元空間の領域文節」日本建築学会計画系論文集、第552号、2002

高橋鷹志・長澤泰・西出和彦編『シリーズ〈人間と建築〉1―環境と空間』朝倉書店、1997

J.J・ギブソン著、古崎敬ほか訳『生態学的視覚論』サイエンス社、1985

佐々木正人『アフォーダンス―新しい認知の理論』岩波書店、1994

3. インテリアと人間―⑥ 椅子・机と人間

図表1、12、13 小原二郎・内田祥哉・宇野英隆編『建築・室内・人間工学』鹿島出版会、1969

図表2 Åkerblom(小原二郎・内田祥哉・宇野英隆編『建築・室内・人間工学』鹿島出版会、1969)

図表3 Etienne Grandjean著、洪悦郎ほか訳『住居と人間』日本出版サービス、1978
Yamaguchi Y. and Umezawa F.：Development of a chair to minimize disc distortion in the sitting posture. Paper presented at the 4th International Congress on Ergonomics, Strasbourg, July 1970, unpublished

図表4 Kiegan(小原二郎・内田祥哉・宇野英隆編『建築・室内・人間工学』鹿島出版会、1969)

図表5 Etienne Grandjean著、洪悦郎ほか訳『住居と人間』日本出版サービス、1978より作成

図表6 日本建築学会編『建築設計資料集成3 単位空間Ⅰ』丸善、1980

図表7 小原二郎『人間工学からの発想』講談社、1982

図表9 小原二郎編『インテリアデザイン2』鹿島出版会、1976

図表11 小原二郎・加藤力・安藤正雄編『インテリアの計画と設計 第二版』彰国社、2000

3. インテリアと人間―⑦ ベッドと人間

図表1 小原二郎『人間工学からの発想』講談社、1982

図表2、3、5～7、9 小原二郎・加藤力・安藤正雄編『インテリアの計画と設計 第二版』彰国社、2000

図表4、8 小原二郎・内田祥哉・宇野英隆編『建築・室内・人間工学』鹿島出版会、1969

図表10 インテリア大事典編集委員会『インテリア大事典』壁装材料協会、1988

4. インテリアと環境―① 光と色彩のコントロール

図表2 日本建築学会編『建築環境工学用教材 環境編』1988、丸善より加筆

図表3 日本建築学会編『設計計画パンフレット24 日照の測定と検討』彰国社、1977

図表6、10～12 土田義郎ほか『図説テキスト 建築環境工学』彰国社、2002

図表9 JIS Z9110-1979より抜粋、再構成

図表13右 マンセル色相環 JIS Z 8721-1977

4. インテリアと環境―② 熱のコントロール

図表3 日本建築学会編『建築環境工学用教材 環境編』

図表4 日本建築学会編『建築設計資料集成Ⅰ(環境)』丸善、1988

4. インテリアと環境―③ 空気のコントロール

図表3 高部和子編集代表『家庭科指導資料図解大事典』全教図、1983より一部改変

図表4 土田義郎ほか『図説テキスト 建築環境工学』彰国社、2002

図表7 風工学研究所『ビル風の基礎知識』鹿島出版会、2005

4. インテリアと環境―④ 音のコントロール

図表1～4、6 土田義郎ほか『図説テキスト 建築環境工学』彰

国社、2002より一部改変

図表5　日本建築学会編『建築設計資料集成　環境』丸善、2007

4. インテリアと環境―⑤　設備の計画

図表4　日本建築学会編『建築環境工学用教材　設備編』丸善、1995より一部改変

図表5　日本建築設備安全センター編『新訂換気設備技術基準・同解説』1983

5. インテリアと安全―①　日常災害と安全計画

図表1　日本建築学会編『建築設計資料集成　人間』丸善、2003

図表2〜4　日本建築学会編『建築人間工学事典』彰国社、1999

図表5　直井英雄ほか『新建築学大系12　建築安全論』彰国社、1983

高橋鷹志＋チームEBS編著『環境行動のデータファイル―空間デザインのための道具箱』彰国社、2003

5. インテリアと安全―②　地震・火災と安全計画

図表1　日本建築学会編『建築設計資料集成　総合編』丸善、2001

図表2　日本建築防災協会「特殊建築物等調査資格者講習テキスト」

図表3、5　インテリア産業協会『インテリアコーディネーターハンドブック　技術編』2003

図表4　室崎益輝『建築防災・安全』鹿島出版会、1993

図表6　日本建築センター『新・建築防災計画指針』1995

5. インテリアと安全―③　群集事故と安全計画

図表1　阿久津邦男『歩行の科学』不味出版、1975
　　　日本建築学会編『建築設計資料集成　人間』丸善、2003

図表2、4、6　日本建築学会編『建築設計資料集成―人間』丸善、2003

図表3　日暮里駅事件、二重橋事件、弥彦神社事件、京都駅事件―岡田光正ほか『建築と都市の人間工学』鹿島出版会、1977
横浜体育館事件―岡田光正『空間デザインの原点』理工学社、1993
明石花火大会事故―日本建築学会編『建築設計資料集成―人間』丸善、2003

図表5　①木村幸一郎、伊原貞敏「建物内における群衆流動状態の観察」日本建築学会論文集大会号、1973
②戸川喜二「群衆流の観測に基づく避難施設の研究」建築研究所報告、建設省建築研究所、1955
③打田富夫「電車駅の乗降場及び階段幅員」鉄道技術研究所中間報告、1956
④宮田一「列車運転になぞらえた歩行者の人間工学的考察」鉄道OR論文集、1966
⑤B. S. Pushkarev : Urban Space for Pedestrian, MIT Press（1975）

5. インテリアと安全―④　防犯と安心計画

図表1　小出治監修、樋村恭一編集『都市の防犯　工学・心理学からのアプローチ』北大路書房、2003

図表2、3　財団法人都市防犯研究センター資料

図表4　Newman（1979）、（ジョン・ラング著、高橋鷹志監訳、今井ゆりか訳『建築理論の創造』鹿島出版会、1992）

図表5　Newman（1974）、（ジョン・ラング著、高橋鷹志監訳、今井ゆりか訳『建築理論の創造』鹿島出版会、1992）

5. インテリアと安全―⑤　シックハウスと防止計画

図表1　吉澤晋『空気調和・衛生工学 Vol.62、No7.』pp.551-553、1988

図表2〜4　日本建築学会編『シックハウス事典』技報堂出版、2001

6. インテリアと構法―①　建物の構法

図表1　日本建築学会編『建築設計資料集成　総合編』丸善、2001

図表2〜6　日本建築学会編『構造用教材』丸善、2014

図表7　羽切道雄『耐震構造のしくみ　木造住宅編』技術書院、2006

6. インテリアと構法―②　床の構法と仕上げ

図表1、4、5　小原二郎・加藤力・安藤正雄編『インテリアの計画と設計　第二版』彰国社、2000

図表3、6、7　日本建築学会編『コンパクト建築設計資料集成〈住居〉』丸善、1991

図表8　青山良穂・武田雄二『建築学テキスト　建築施工』学芸出版社、2004

6. インテリアと構法―③　壁の構法と仕上げ

図表1　元結正次郎ほか『初学者の建築講座　建築構造』市ヶ谷出版社、2004

図表2、3　小原二郎・加藤力・安藤正雄編『インテリアの計画と設計　第二版』彰国社、2000

図表4　宮野道雄ほか『図解住居学3　住まいの構法・材料』彰国社、2004

6. インテリアと構法―④　天井の構法と仕上げ

図表1、2　小原二郎・加藤力・安藤正雄編『インテリアの計画と設計　第二版』彰国社、2000

図表3　元結正次郎ほか『初学者の建築講座　建築構造』市ヶ谷出版社、2004

図表4　日本建築学会編『構造用教材』丸善、2014

6. インテリアと構法―⑤　開口部の構法と仕上げ

図表1、2　小原二郎・加藤力・安藤正雄編『インテリアの計画と設計　第二版』彰国社、2000

図表3　彰国社編『ディテール入門』彰国社、1976

図表4　日本建築学会編『ガラスの建築学』学芸出版社、2004

7. インテリア関連法規

インテリア産業協会『インテリアコーディネーターハンドブック統合版　下』2023

II章　設計の知識

1. 住まいのインテリア設計―①　住まいの計画と設計

図表1、2　小川信子、高橋公子ほか『日本女子大学家政学シリーズ　住居学』朝倉書店、1988

図表3　小原二郎・加藤力・安藤正雄編『インテリアの計画と設計　第二版』彰国社、2000

図表4　住環境の計画編集委員会編『住環境の計画2　住宅を計画する　第二版』彰国社、1998

図表5　住環境の計画編集委員会編『住環境の計画2　住宅を計画する　第二版』彰国社、1998
池辺陽『すまい（岩波婦人叢書）』岩波書店、1954
右図：「住居の基本組織図」による作品No.20

図表6　住環境の計画編集委員会編『住環境の計画2　住宅を計画する　第二版』彰国社、1998より作成

図表7　深尾精一「グリッドの重ね合せ」（『ディテール』120号、彰国社、1994）

1. 住まいのインテリア設計―②　家族と住まい

図表4　住宅・都市整備公団『家事空間を重視した都市住宅のあり方に関する研究』1995

図表5　吉田桂二『家づくりの原点』彰国社、1976
図表6　住宅・都市整備公団シニア住宅パンフレット
篠原聡子・大橋寿美子・小泉雅生『変わる家族と変わる住まい』彰国社、2002

1. 住まいのインテリア設計—③　**住要求と住まい**
図表1　岸本幸臣『図説テキスト　住居学　第二版』彰国社、2001
図表3　住宅・都市整備公団パンフレット(リベレ向原台)
図表6　ベターリビング26号、1978
図表7　住宅・都市整備公団『可変型集合住宅の居住履歴に関する報告書』
図表8、9　大阪ガス実験集合住宅NEXT21パンフレット

1. 住まいのインテリア設計—④　**住まいの集合**
図表1　小原二郎・加藤力・安藤正雄編『インテリアの計画と設計　第二版』彰国社、2000
図表2　鈴木成文『新訂建築学大系27　集合住宅』彰国社、1971
図表3　鈴木成文『新訂建築学大系27　集合住宅』彰国社、1971より作成
図表4　住宅・都市整備公団パンフレット(天王州ビュータワー)
図表6　提供／NPO法人コレクティブハウジング社
図表7　日本建築学会編住宅小委員会編『事例で読む現代集合住宅のデザイン』彰国社、2004
図表8　松陰コモンズ『男女7人古民家暮らし　松陰コモンズ2001-2003』2004
　　イラスト／粟田幸子
住田昌二・藤本昌也ほか『参加と共生の住まいづくり』学芸出版社、2002

2. 施設のインテリア設計—①　**商業施設のインテリア**
図表3、4、5、7〜9、13〜18　『商業施設体系Ⅱ　商業施設の構成計画』商業施設技術団体連合会より作成
『建築雑誌』日本建築学会、1988年4月号

2. 施設のインテリア設計—②　**教育施設のインテリア**
図表4、5　日本建築学会編『建築設計資料集成〔教育・図書〕』丸善、2003
図表6　長倉康彦編著「学校建築の変革〜開かれた学校の設計・計画〜」彰国社、1993
図表8　長澤悟・中村勉編著「スクール・リボリューション〜個性を育む学校〜」彰国社、2001

2. 施設のインテリア設計—③　**医療施設のインテリア**
図表1、2　長澤泰・西出和彦・在塚礼子編著「建築計画」市ヶ谷出版社、2011
図表5、6　日本建築学会編「コンパクト建築設計資料集成〔バリアフリー〕」丸善、2002

2. 施設のインテリア設計—④　**業務施設のインテリア**
オカムラ『Office Data Report 2022』
オフィスづくりの基礎知識作成チーム『オフィスづくりの基礎知識』日本オフィス家具協会、2021

2. 施設のインテリア設計—⑤　**宿泊施設のインテリア**
図表1　厚生労働省「旅館業法概要」

2. 施設のインテリア設計—⑥　**地域コミュニティ施設のインテリア**
図表2　日本建築学会編「建築設計資料集成〔教育・図書〕」丸善、2003
図表3、5　日本建築学会編「建築設計資料集成〔集会・市民サービス〕」丸善、2002

3. インテリアエレメントの設計—①　**家具**
図表9右図　小原二郎編『インテリアデザイン1』鹿島出版会、1973
図表19　岡村製作所
図表22〜25　剣持仁ほか編『家具の事典』朝倉書店、1986
インテリア産業協会『インテリアコーディネーターハンドブック　統合版　上』2003

3. インテリアエレメントの設計—②　**照明器具**
図表2、3　インテリア産業協会『インテリアコーディネーターハンドブック　統合版　下』2023
中島龍興『あかりと照明の科学』彰国社、1988

3. インテリアエレメントの設計—③　**ウィンドウトリートメント**
図表2、122頁　トーソー出版編『プロがつくるカーテンの本』トーソー出版、2006
図表18　公益財団法人日本防災協会ウェブサイト
122頁右上、右下　株式会社ニチベイ提供
インテリア産業協会『インテリアコーディネーターハンドブック　統合版　上』2023

Ⅲ章　表現・伝達の知識

2. インテリアプレゼンテーション—①　**プレゼンテーションのテクニック**
図表1、2　提供／株式会社シードスペースデザイン　松井芳雄

2. インテリアプレゼンテーション—②　**パースによる表現**
図表1　小原二郎・加藤力・安藤正雄編『インテリアの計画と設計　第二版』彰国社、2000
図表2、3　提供／株式会社シードスペースデザイン　松井芳雄
図表4　河村容治『Vector Worksインテリアデザインガイド』ワークスコーポレーション、2005
図表6　提供／庵デザイン一級建築士事務所　安松一雄

2. インテリアプレゼンテーション—③　**立体表現とイメージボード**
図表1、2　小原二郎・加藤力・安藤正雄編『インテリアの計画と設計　第二版』彰国社、2000

2. インテリアプレゼンテーション—④　**PC活用とインテリア模型**
図表4　日本インテリアファブリックス協会webサイト
図表5　提供／内田真由美
図表7　提供／福田久美子
図表8　文化女子大学(現文化学園大学)学生作品
図表6　光栄堂webサイト

2. インテリアプレゼンテーション—⑤　**BIMの活用**
庵デザイン一級建築士事務所　安松一雄

●明記のない図表は、著者提供による。

●索引

●あ

アイソメトリック	136
あき寸法	142
アクソノメトリック	136
アーツ・アンド・クラフツ運動	18
アフォーダンス	34
アール・デコ	13, 19
アール・ヌーヴォー	13, 18
暗順応	27

●い

椅子	37
椅子座	12
椅子の支持面のプロトタイプ	37
1級建築士	76
移動する	145, 153
イメージボード	137
医療施設	102
色温度	117
インフラストラクチャー	51

●う

ウィンドウトリートメント	118
ウォークスルー	135
ウォータハンマ	50

●え

衛生を保つ	145, 150
エクステンション	114
SI住宅	85
A特性	48
A特性音圧レベル	48
ABW	104
延焼のおそれのある部分	74, 124
演色性	42, 117

●お

黄金比	30
大壁造	12, 67
大引き	129
オストワルト表色系	43
音の焦点	49
オフィス	104
オフィスの運用方式	104
オフィスプランニング	104

音響障害	49
温度差換気	46
音場	48

●か

開口部	70, 72
外周壁	66
階段各部の寸法	73
階段の寸法	145
外部仕上げ表	124
買回品店	89
外力	62
家屋文鏡	8
家具	110
拡散音場	49
学習スタイル	101
火災被害	55
可視光域	26
可視光線	40
荷重	62
風の道	47
家族構成	20
家族で憩う	143, 148
カーテン	119
家電リサイクル法	77
カバリエ図	136
カバーリング	112
壁	66
壁式構造	62
カラースキーム	137
簡易宿泊所営業	106
簡易耐火建築物	74
感覚	26
換気回数	47
環境音楽	28
換気量	47
乾式工法	67
間接営業部門	90
桿体	27

●き

機械換気	46
基礎伏図	129
輝度	41
キープラン	127, 128

客席回転数	94
客席の利用率	94
客席比率	94
客単価	94
CAD	133, 135
キャビネット図	136
吸音率	48
嗅覚	29
給排水設備図	131
教育施設	98
教科教室型	99
居室	72
居室の採光および換気	72
居室の天井の高さ	72
居室の床の高さ	72
居住水準	82
許容濃度	46
均斉度	41
筋電図	37

●く

空気音	48
空気調和設備	51
グリッドプランニング	81
グリーン建築	45
グレア	42
群集事故	56
群集なだれ	57

●け

ゲストハウス	106
結露	45
建築化照明	117
建築基準法	72
建築基準法施行令	72
建築士法	76
顕熱	44
現物サンプル	137

●こ

コインシデンス効果	49
公衆距離	35
恒常視	27
構造	62
光束	40

光束発散度 41
光束法 41
高置タンク方式 50
光度 41
構法 62
高齢化 21
高齢化社会 21
高齢者、障害者等の移動等の
　円滑化の促進に関する法律 76
顧客動線 90
戸境壁 66
コ・ジェネレーション 50
ゴシック建築 15
個室的多床室 103
固体音 48
個体距離 35
子どもが育つ 144, 150
個別商業施設 88
コーポラティブハウス 87
コミュニティセンター 108
小屋束 130
小屋伏図 130
コラージュ 137
コールドドラフト 46
コレクティブハウス 87

●さ
座位基準点 37
彩度 42
在来軸組構法 62
作業域 32
座骨結節部 37
差尺 37
座の占め方 35
残響時間 49

●し
シェアハウス 87
紫外線 40
視覚 26
色彩調和理論 43
色相 42
軸測投影図 136
地震災害 54
視線角度 26

自然換気 46
シックハウス症候群 60
実効面積 47
実際的障壁 59
湿式工法 67
実測 142
質量 31
質量則 49
シティホテル 106
湿り空気線図 45
社会距離 35
斜投影図 136
視野範囲 26
自由音場 49
重心 31
就寝分離 83
住宅の品質確保の促進等に
　関する法律 77
周辺視 26
宿泊施設 106
主殿造 10
準人体系家具 36, 113
準不燃材料 74
書院造 10
生涯学習センター 108
消火設備 51
将棋倒し 57
商業施設 88
少子化 21
少子社会 21
小中一貫教育 98
象徴的障壁 59
照度 40, 116
照度基準 41
消防法 76
照明器具リスト 131
食事をつくる 142, 146
食寝分離 83
植物が育つ 152
シルエット現象 42
真壁造 12, 67
寝具 39
シングルルーム 107
新JIS規格 101
人体系家具 36, 110

人体寸法 30
寝殿造 9, 67

●す
錐体 27
垂直作業域 32
水道直結方式 50
水平作業域 32
睡眠 38
数寄屋風書院 11
スタッキング 112
図面 124
3D-CG 134
スロープの勾配 145
座り心地 37

●せ
生活財 24
生活時間 22
成形合板 111
生産性向上 105
制震構造 62
製造物責任法 77
赤外線 40
セセッション 13, 18
設計と工事監理 76
設計図書 76, 124
セミパブリックスペース 58
セミプライベートスペース 58
背もたれ点 37
セルフ販売方式 91
全天空照度 41
潜熱 44

●そ
騒音レベル 28
総合学科制高等学校 98
相当開口面積 47
側面販売方式 91
側路伝搬 49
ソシオフーガル 35
ソシオペタル 35
ソファベッド 113
ソーラーハウス 45
ゾーンプランニング 80

●た
体圧分布 37, 39
耐火建築物 74
耐火構造 74
対人距離 35
対比(コントラスト) 43
ダイメトリック 136
対面販売方式 91
対流 44
ダイレクトゲイン 45
竪穴住居 8
縦型配置 95
建具表 128
建物概要 124
建物系家具 36, 114
縦・横型配置 95
ダブルスキン 45
食べる 143, 147
垂木 130
単位制高等学校 98
断面図 126

●ち
地下室 73
逐点法 41
知的生産性 105
昼光率 41
中心視 26
厨房作業 96
チューダー様式 16
聴覚 28
直材 111
直接営業部門 90
直通階段 73

●つ
墜落 52
ツインルーム 107
通風 46
机 37

●て
出入口 71
テクスチャー 29
デシベル(dB) 28

鉄筋コンクリート構造(RC造) 62
鉄骨構造(S造) 62
鉄骨鉄筋コンクリート(SRC造) 62
展開図 127
電気設備図 131
点在型配置 95
天井 68
天井伏図 129
転倒 52
伝導 44
転落 52

●と
等価音圧レベル 49
等角投影図 136
透過損失 48
透過率 48
動作空間 33
動線計画 80
特殊建築物等 74
特定家庭用機器再商品化法 77
独立基礎 129
土台 129
特記仕様書 124
トラップ 50
トリメトリック 136
トロンブ壁 45
トーン(色調) 43

●な
内装制限 74
内部結露 45
内部仕上げ表 125
鳴き籠 49
難燃材料 74

●に
2級建築士 76
日影図 40
日常災害 52
日常生活姿勢 32
二等角投影図 136
二方向避難 73

●ぬ
布基礎 129
塗籠 9

●ね
ネスティング 114
根太 129
熱貫流率 44
熱損失係数 45
熱伝導率 29, 44
熱容量 44
寝る 144, 149

●は
廃棄物処理法 77
廃棄物の処理および
　清掃に関する法律 77
配光曲線 117
配光分布 41
配置図 124
バウハウス 18
パース 134
パーソナルスペース 35
パーツシステム式(収納家具) 114
パブリックスペース 58
バリアフリー 50
バリアフリー新法 76
梁伏図 130
バロック建築 16

●ひ
PL法 77
比視感度 27
ビジネスホテル 106
PCCS 43
必要換気量 47
ヒートアイランド 47
ヒートショック 45
ヒートポンプ 50
避難計画 55
避難設備 51
皮膚感覚 29
表色系 42
標準世帯 82
標準比視感度 40

表面結露　45
ビル風　47
品確法　77

●ふ
ファミリールーム　103
風力換気　46
フォールディング(椅子)　112
フォールディング(テーブル)　114
不快グレア　42
複合商業施設　88
輻射　44
不等角投影図　136
不燃材料　74, 129
プライベートスペース　58
ブラインド　120
フラッターエコー　49
フリーアドレス　104
プルキンエ現象　27
プレイルーム　103
プレゼンテーション　137
フロント　107

●へ
平面図　124
ヘルツ(Hz)　28
変形型配置　95

●ほ
防炎規制　76
防火構造　74
防災設備　51
放射　44
防水材料　129
防犯　58
防犯環境設計　58
防犯設備　51
ホテル　106
ポピュレーションステレオタイプ　34
ホワイトモデル　139
ポンプ直送方式　50

●ま
曲木　111

間仕切り壁　64
マッキントッシュ　18
マットレス　39
マッハバンド　43
マッピング　135
窓　70
マンセル表色系　42

●み
ミース・ファン・デル・ローエ　19
密接距離　35
見積書　124

●む
棟木　130

●め
明順応　27
明度　42
免震構造　62
面積効果　43
面密度　49

●も
木質構造　62
木造建築士　76
模型　139
モデュラーコーディネーション　81
モデュール　30, 81
モデュロール　30
モデリング　42
ものの寸法　142
母屋　130
最寄品店　90
モリス、ウィリアム　18

●や
屋根伏図　130

●ゆ
床　64
床組　64
床座　24
床伏図　129
ユースホステル　106

ユニット式(収納家具)　114

●よ
洋館　12
余弦則　41
横型配置　95

●ら
ライト、フランク・ロイド　19
ライフサイクル　20
ライフサイクルコスト　51
ライフサイクルCO_2　51
ライフステージ　20
ライフライン　51
ラーメン構造　62

●り
リゾートホテル　106
立体角投射率　42
立体作業域　32
立体視　27
立面図　126
リートフェルト　19
旅館　106
旅館業法　106

●る
ル・コルビュジエ　19

●れ
冷暖房設備　51

●ろ
廊下の幅　73
露点温度　45
ロングパスエコー　49

●わ
ワーカー　104
枠組壁構法　62
ワークスタイル　104
ワークプレイス　104
和洋館並列型住宅　12
和洋折衷化　13

●略歴

渡辺秀俊（わたなべ ひでとし）
1962年　群馬県生まれ
1985年　千葉大学工学部建築工学科卒業
1990年　東京大学大学院博士課程修了
現　　在　文化学園大学教授／造形学部長／副学長、
　　　　　日本インテリア学会副会長、工学博士
専門分野　建築人間工学、環境心理学、環境行動デザイ
　　　　　ン
受　　賞　日本建築学奨励賞
著　　書　『インテリアの人間工学』（共著、ガイアブッ
　　　　　クス）、『環境行動のデータファイル』『建築
　　　　　人間工学事典』（共著、ともに彰国社）
　　　　　『建築設計資料集成［拡張編］人間』（共著、丸
　　　　　善）

内田青藏（うちだ せいぞう）
1953年　秋田県生まれ
1975年　神奈川大学工学部建築学科卒業
1983年　東京工業大学大学院博士課程満期退学
現　　在　神奈川大学特任教授、工学博士
専門分野　日本近代住宅史
受　　賞　今和次郎賞（日本生活学会賞）、日本生活文
　　　　　化史学会賞、日本建築学会（論文）賞
著　　書　『日本の近代住宅』（鹿島出版会）、『同潤会に
　　　　　学べ―住まいの思想とそのデザイン』（王
　　　　　国社）、『間取りで楽しむ住宅読本』（光文
　　　　　社）、『図説・近代日本住宅史』（共著、鹿島出
　　　　　版会）

奥平与人（おくだいら ともひと）
1946年　神奈川県生まれ
1971年　早稲田大学理工学部建築学科卒業
1973年　早稲田大学大学院修士課程修了
1973年　鹿島建設（株）建築設計本部
2006年　文化学園大学教授
現　　在　奥平アトリエ代表、（公社）商業施設技術団
　　　　　体連合会副会長、一級建築士、マイスター商
　　　　　業施設士
専門分野　商業建築
受　　賞　愛知県新文化会館コンペ優秀賞、商環境デ
　　　　　ザイン賞奨励賞ほか
著　　書　『商業建築・店づくり　法規マニュアル』（共
　　　　　著、商店建築社）、『シリーズ地球環境建築専
　　　　　門編2　資源・エネルギーと建築』（共著、彰
　　　　　国社）

木村戦太郎（きむら せんたろう）
1939年　東京都生まれ
1963年　東京芸術大学美術学部金工科卒業
1963年　通産省工業技術院産業工芸試験所
　　　　　文化女子大学教授、筑波技術大学名誉教授
2020年　没
専門分野　家具・インテリアデザイン
受　　賞　日本デザイン学会・年間作品賞、籐材の改質
　　　　　処理方法・特許ほか
著　　書　『官公庁オフィスインテリア』（共著、JID）
　　　　　『オフィス環境の行方』（共著、ED研究所）
　　　　　『図解住まいとインテリアデザイン』（共著、
　　　　　彰国社）

小原二郎（こはら じろう）
1916年　長野県生まれ
1945年　京都大学農学部林学科卒業
1960年　千葉大学工学部建築学科教授
1979年　工学部長
1982年　千葉工業大学教授
　　　　　千葉大学名誉教授、農学博士、日本インテリ
　　　　　ア学会名誉会長
2016年　没
受　　賞　日本建築学会賞、藍綬褒章、勲二等瑞宝章、
　　　　　みどりの文化賞、日本建築学会大賞
著　　書　『インテリア学辞典』『インテリア大事典』
　　　　　（編著、ともに壁装材料協会）
　　　　　『建築・室内・人間工学』（編著、鹿島出版会）

佐野友紀（さの とものり）
1968年　東京都生まれ
1991年　早稲田大学理工学部建築学科卒業
1997年　早稲田大学大学院博士後期課程学位取得修
　　　　　了
現　　在　早稲田大学教授、博士（工学）、一級建築士
専門分野　建築人間工学、建築計画、建築防災
受　　賞　日本火災学会内田奨励賞
著　　書　『建築と都市のための空間計画学』（共著、井
　　　　　上書院）、『建築設計資料集成［拡張編］人間』
　　　　　（共著、丸善）

谷口久美子(たにぐち くみこ)
1963年　東京都生まれ
1986年　日本女子大学家政学部住居学科卒業
1988年　日本女子大学大学院修士課程修了
現　　在　文化学園大学教授、一級建築士
専門分野　住居計画
著　　書　『コンパクト建築設計資料集成[住居]』『建築設計資料集成[総合編]』、『建築設計資料集成[拡張編]物品』、『住まいの百科事典』（共著、ともに丸善）

土田義郎(つちだ よしお)
1961年　神奈川県生まれ
1985年　早稲田大学理工学部建築学科卒業
1987年　東京大学大学院修士課程修了
1990年　東京大学大学院博士課程単位取得退学
現　　在　金沢工業大学教授、博士(工学)
専門分野　建築環境工学、環境心理学
著　　書　『都市・建築空間の科学―環境心理生理からのアプローチ―』（共著、技報堂出版）『図説テキスト建築環境工学』（共著、彰国社）、『人間計測ハンドブック』（共著、朝倉書店）

鳥井貴正(とりい たかまさ)
1957年　神奈川県生まれ
1979年　日本デザイナー学院インテリアデザイン科
現　　在　アトリエノース(株)代表取締役
　　　　　(公社)日本インテリアデザイナー協会理事／特別事業委員長、文化学園大学／東京工芸大学／東京造形大学非常勤講師、インテリアコーディネーター
受　　賞　都心居住・SOHO住宅のライフスタイル/インテリア提案入賞
著　　書　U-CAN『インテリアコーディネーター講座』（共著、日本通信教育連盟）インテリア産業協会『インテリアコーディネーターハンドブック』日本ライフスタイル協会『リフォームスタイリスト資格試験公式テキスト』

花田　愛(はなだ あい)
1978年　福岡県生まれ
2001年　名古屋市立大学芸術工学部生活環境学科卒業
2003年　名古屋市立大学大学院芸術工学研究科博士前期課程修了
現　　在　株式会社オカムラワークデザイン研究所リサーチセンター所長、博士 学術 、大阪大学国際公共政策学部招聘教員、名古屋市立大学芸術工学部非常勤講師
著　　書　『行きたくなるオフィス　集う場のデザイン』（彰国社）、『オフィスはもっと楽しくなるはたらき方と空間の多様性』（共著、プレジデント社）、『芸術工学への挑戦　人の心と体に挑む環境デザイン』（共著、岐阜新聞社）

久木章江(ひさぎ あきえ)
1969年　東京都生まれ
1991年　日本女子大学家政学部住居学科卒業
1993年　日本女子大学大学院修士課程修了
現　　在　文化学園大学教授、博士(学術)、一級建築士
専門分野　建築構造、構造安全、防災教育
受　　賞　日本建築学会奨励賞
著　　書　『はじめてまなぶ　ちからとかたち』（共著、丸善）、『建築物荷重指針・同解説』（共著、日本建築学会）、『シリーズ〈生活科学〉住居学』（共著、朝倉書店）

丸茂みゆき(まるも みゆき)
1964年　神奈川県生まれ
1987年　文化女子大学家政学部生活造形学科卒業
現　　在　文化学園大学教授
専門分野　インテリアデザイン・家具
著　　書　『コンパクト建築設計資料集成〔インテリア〕』（共著、丸善）

宮宇地一彦(みやうぢ かずひこ)
1943年　広島県生まれ
1967年　法政大学工学部建築学科卒業
1971年　早稲田大学文学部美術専修卒業
1974年　ワシントン大学建築学科大学院MA取得
1976年　菊竹清訓建築設計事務所
1987年　(株)宮宇地一彦建築研究所開設
2001年　文化女子大学教授
現　　在　工学博士、一級建築士
専門分野　建築計画、建築設計
著　　書　『デザイン脳を開く―建築の発想法』（彰国社）、『プロセスで学ぶ独立住居と集合住居の設計』（共著、彰国社）

柳澤　要（やなぎさわ　かなめ）
1964年　愛知県生まれ
1987年　横浜国立大学工学部建築学科卒業
1989年　東京大学大学院修士課程修了
1992年　東京大学大学院博士課程修了
現　在　千葉大学教授、博士（工学）、一級建築士
専門分野　建築計画、建築デザイン、環境行動デザイン
受　賞　日本建築学会奨励賞、日本建築学会作品選奨
著　書　『アメリカの学校建築』（ボイックス社）、『S.D.S 2 学校』（共著、新日本法規出版）『建築空間のヒューマナイジング』（共著、彰国社）

湯澤幸子（ゆざわ　さちこ）
1965年　東京都生まれ
1988年　東京造形大学美術学科卒業
2024年　京都芸術大学大学院修士課程修了
現　在　多摩美術大学美術学部 建築・環境デザイン学科教授、一級建築士
専門分野　空間デザイン
受　賞　日本空間デザイン賞大賞、グッドデザイン賞、商環境デザイン賞金賞
著　書　『空間創造発想帖』『空間デザイン帖』（共著、ともに六耀社）

インテリア計画の知識　第2版
2008年 4 月10日　第 1 版　発　行
2024年 7 月10日　第 2 版　発　行

編者　渡　辺　秀　俊
著者　内 田 青 藏・奥 平 与 人
　　　木 村 戦 太 郎・小 原 二 郎
　　　佐 野 友 紀・谷 口 久 美 子
　　　土 田 義 郎・鳥 井 貴 正
　　　花 田　愛・久 木 章 江
　　　丸 茂 み ゆ き・宮 宇 地 一 彦
　　　柳 澤　要・湯 澤 幸 子
　　　渡 辺 秀 俊

著作権者との協定により検印省略

自然科学書協会会員
工学書協会会員

発行者　下　出　雅　德
発行所　株式会社 彰 国 社
162-0067　東京都新宿区富久町8-21
電　話　03-3359-3231（大代表）
振替口座　00160-2-173401

Printed in Japan

© 渡辺秀俊（代表） 2024年
印刷：壮光舎印刷　製本：プロケード

ISBN978-4-395-32208-4　C3052　https://www.shokokusha.co.jp